Gabriel Felbermayr & Martin Braml

Der Freihandel hat fertig

Gabriel Felbermayr & Martin Braml

Der Freihandel hat fertig

Wie die neue Welt(un)ordnung unseren Wohlstand gefährdet

Amalthea

Für Sophie und Markus

Bleiben wir verbunden!

Besuchen Sie uns auf unserer Homepage **amalthea.at** und abonnieren Sie unsere monatliche Verlagspost unter **amalthea.at/newsletter**

Wenn Sie immer aktuell über unsere Autor:innen und Neuerscheinungen informiert bleiben wollen, folgen Sie uns auf Instagram oder Facebook unter **@amaltheaverlag**

Sie möchten uns Feedback zu unseren Büchern geben?
Wir freuen uns auf Ihre Nachricht an **verlag@amalthea.at**

Redaktioneller Hinweis:
In Fällen, in denen aus Gründen der Stilistik das generische Maskulinum verwendet wird, sind grundsätzlich immer alle Geschlechter gemeint.

Der Umwelt zuliebe #ohnefolie

Umschlaggestaltung und Satz: Anna Haerdtl und Barbara Reiter mit Andrea Weingrill, Bureau A/O
Lektorat: Martin Bruny
Herstellung: VerlagsService Dietmar Schmitz, Erding
Gesetzt aus Freight Text Pro, Neue Haas Grotesk Display Pro, Ysans
Designed in Austria, printed in the EU
ISBN 978-3-99050-266-2

MIX
Papier | Fördert gute Waldnutzung
FSC® C014889
FSC www.fsc.org

INHALT

INHALT

Vorwort

Der Freihandel hat fertig. Warum? Was hat das für unseren Wohlstand und unsere Sicherheit zu bedeuten? Was sollte nun passieren?

DIE AUTOREN beschäftigen sich schon viele Jahre mit den handelspolitischen Weichenstellungen der jeweiligen Zeit. Sie konzentrierten sich noch bis in das Jahr 2016 hinein auf Maßnahmen, die den Freihandel befördern sollten, wie das in Verruf geratene transatlantische Freihandelsabkommen TTIP oder andere ambitionierte Initiativen wie das geplante EU-Mercosur-Abkommen. Mit der Wahl Donald Trumps zum US-Präsidenten im Jahr 2016 geriet jedoch eine fast 30-jährige Freihandelsperiode an ihr jähes Ende, auch wenn Trumps Handelspolitik zwischen Protektionismus und Deal-Making hin- und herschwankte. Im Zuge des Brexits konnte der Austritt des Vereinigten Königreichs aus dem Europäischen Binnenmarkt nicht verhindert werden. Auch darin sehen wir eine Abwendung von grenzüberschreitenden ökonomischen Verflechtungen.

Spätestens mit dem Ausbruch der Coronapandemie im Jahr 2020 erlebten wir hautnah, wie sehr unsere Volkswirtschaften im globalen Maßstab mit anderen Ländern verflochten sind. Lockdowns erzeugten weltweite Lieferschwierigkeiten, Staaten reagierten mit Abschottung. Alles hängt mit allem in komplexen und stets veränderlichen Netzwerken zusammen.

Seit 2022 werden wir in Europa Zeugen eines Eroberungs- und Vernichtungskrieges, der uns endgültig in eine neue Ost-West-Blockkonfrontation zurückkatapultiert. Dabei mussten wir mitansehen, wie Energie- und Weizenexporte strategisch ausgenutzt, ja sogar als Waffe missbraucht werden. Welche Abhängigkeiten hat der Welthandel noch geschaffen, die wir heute gar nicht im Blick haben? Wer besitzt noch eine Art Gashahn, mit dem er uns unter Druck setzen kann? Die Verunsicherung über den weiteren Fortgang dieser Entwicklungen ist groß. Manche fühlen sich nach 1913 zurückversetzt, andere an 1938 erinnert. Es ist Putins Werk und Chinas Beitrag.

Diese sechs Jahre zwischen 2016 und 2022 markieren eine epochale Wendung weg vom *Ende der Geschichte* (Francis

Fukuyama). In der Rückschau wird man die Handelspolitik Trumps während seiner ersten Präsidentschaft nicht als Ursache, sondern eher als Katalysator für eine tieferliegende Entwicklung begreifen. US-Präsident Joe Biden führte die Handelspolitik seines Vorgängers fort, indem er an den massiven Handelsschranken gegen China festhielt und am 14. Mai 2024 mit einem gewaltigen Zollschlag (unter anderem 100-Prozent-Zölle gegen Elektrofahrzeuge) noch einen draufsetzte. »Fortiter in re, suaviter in modo.« (Hart in der Sache, gemäßigt in der Art und Weise.) Diese parteiübergreifende Position der USA findet sich auch in der Ablehnung der Rechtsprechung der Welthandelsorganisation (WTO) wieder, die bereits unter Barack Obama begann und die gesamte Organisation lähmt. Die WTO ist aber auch aufgrund historischer Pfadabhängigkeiten nicht in der Lage, angemessene Lösungen für die Probleme unserer Zeit zu finden. Ihre Liberalisierungsbemühungen verfangen nicht mehr.

Dagegen werden laufend neue Handelsbarrieren geschaffen, etwa mit Lieferkettengesetzen, der zollpolitischen Absicherung nationaler Klimapolitik und mit immer neuen Wirtschaftssanktionen. Auch hier zeigt sich eine Abkehr vom Freihandel als die idealtypische Zielvorstellung – ob berechtigt oder nicht, sei einmal dahingestellt. Der Nobelpreisträger und Erfinder des Vorschlags eines weltumspannenden Klimaclubs William D. Nordhaus (*1941) würde das Welthandelssystem nötigenfalls über Bord werfen, um damit das Klima zu schützen. Damit verfolgt er gewiss ein hehres Ziel, aber zu welchen Kosten? Mit den in Europa voranschreitenden Lieferkettengesetzen erleben wir einen neuen Protektionismus mit bestenfalls zweifelhaften Erfolgsaussichten. In einer deglobalisierten Welt wird es auf Dauer nicht einfacher, Wohlstand und Sicherheit für möglichst viele Menschen zu schaffen.

Der Harvard-Ökonom Dani Rodrik stellte noch in seinem Anti-Globalisierungs-Bestseller »The Globalization Paradox« aus dem Jahr 2011 die Frage, ob wir mit unseren ökonomischen Verflechtungen »nicht zu weit gegangen« wären. Er kritisierte, dass durch den weltweiten Freihandel Demokratie und nationale Selbstbestimmung ausgehöhlt wurden, weil die Logik der Märkte die Umsetzung nationaler Alleingänge erschwert oder gar verunmöglicht und weil immer mehr supranationales Recht die politische Macht unserer Parlamente relativiert. Die Globalisierungskritiker von damals sind heute, wenn nicht verstummt, so doch leiser geworden. Die Sorgen *um* die Globalisierung – und nicht die Angst *vor* der Globalisierung – treibt viele weit mehr um. Rodrik hatte allerdings recht: Wir gingen zu weit und büßten durch die Globalisierung an nationaler Souveränität ein. Nicht so sehr in seinem Sinne, sondern indem wir besorgniserregende Entwicklungen ignorierten und dem Irrtum aufsaßen, uns in der Hoffnung auf *Wandel durch Handel* wirtschaftlich an die teils ruchlosesten Diktaturen zu ketten.

Unsere Aufgabe ist es nun, Fehlentwicklungen zu korrigieren. Unter dem Schlagwort der Wirtschaftssicherheit müssen westliche Staaten wieder ihre nationale Souveränität auch im ökonomischen Sinne zurückerlangen. Genauso muss es das Ziel sein, die Menschenrechtseinhaltung entlang der Lieferkette zu stärken und den Freihandel mit Klimaschutzpolitik kompatibel zu machen. Dabei sehen die Autoren jedoch die Gefahr, dass das Pendel zu sehr in Richtung Protektionismus zurückschwingt. Ein Autarkismus von der Wiege bis zur Bahre machte uns nicht nur bedeutend ärmer; vor allem würde die Welt dadurch nicht sicherer und gewiss auch nicht grüner. Vorsicht ist also geboten, denn es gibt viel zu verlieren: Es gilt, das Kind nicht mit dem Bade auszuschütten. Nie war die Welt als Ganzes so wohlhabend wie heute. Und die deutschsprachigen Länder Mitteleuropas spielen ganz oben mit: Unter 200 von der Weltbank erfassten Ländern liegt die Schweiz hinsichtlich des in Kaufkraftparitäten bewerteten BIP pro Kopf im Jahr 2019 an Stelle 10, Österreich an Stelle 18 und Deutschland an Stelle 23. Mehr als 93 Prozent der Weltbevölkerung leben in Ländern, die ein niedrigeres Durchschnittseinkommen aufweisen als Deutschland; nimmt man die USA aus, sind es gar fast 98 Prozent. Dieser Wohlstand ist nicht reichen Rohstoffvorkommen zu verdanken, wie etwa in einigen kleinen erdölexportierenden Ländern, die reicher sind als wir, oder steuerpolitischen Vorteilen für die Superreichen der Welt. Der heimische Wohlstand verdankt sich einer mittelständisch geprägten Wirtschaftsstruktur, die allerdings auf den freien Welthandel angewiesen ist. Nur so finden hoch spezialisierte Unternehmen genügend Absatzmärkte und sorgen für Wohlstand und hohe Löhne in ihrer Heimat.

Die grundsätzliche Vorteilhaftigkeit des Freihandels ist unbestreitbar. Wir wollen daher die unterschiedlichen Motive für den Freihandel und die dahinterstehenden wissenschaftlichen Konzepte angemessen würdigen. Staatlich verordnete Handelsbeschränkungen – wir werden diese zuhauf diskutieren – sollen immer dem Idealtypus des Freihandels gegenübergestellt werden. Nicht der freie Handel ist rechtfertigungsbedürftig, sondern der Eingriff in diesen. Dabei versuchen wir, den institutionellen Rahmen des Welthandels sowie geschichtliche Hintergründe und Anekdoten in den aktuellen Kontext zu setzen. Auch mit dem einen oder anderen wirtschaftspolitischen Mythos möchten wir aufräumen. Gesonderte Erklärboxen zu manchen volkswirtschaftlichen Konzepten sollen zur besseren Lesbarkeit beitragen, denn wir wenden uns mit diesem Buch explizit an eine breite Leserschaft, die insbesondere Nichtvolkswirte und diejenigen einschließt, die bisweilen über die angesprochenen Themen nur beiläufig aus Nachrichten oder Zeitungen erfuhren. Die Autoren befassen sich seit Jahrzehnten mit dem Phänomen der Globalisierung und mit wirtschaftspolitischen Optionen zur Regulierung des weltweiten Wirtschaftslebens. Sie haben gemeinsam und getrennt zahlreiche wissenschaftliche Studien, Auftragsstudien für Ministerien, Institutionen und Verbände in verschiedenen Ländern durchgeführt und publiziert. Dabei stand bisher aber immer das Fachpublikum im Fokus der Autoren. Mit diesem Buch wollen wir auf eingängliche und (hoffentlich) unterhaltsame Art und Weise erklären, wie man konsistent über Globalisierung in einer Welt im Umbruch nachdenken kann.

Erste Ideen zu diesem Buch entstanden schon während Donald Trumps erster Präsidentschaft. Die rasante Schlagzahl an weltpolitischen Ereignissen führte nun erst zur umfänglichen Ausarbeitung und Fertigstellung. Für dieses Buch erhielten die Autoren keine Zuwendungen Dritter. Alle hierin vertretenen

Ansichten sind ausschließlich die der Autoren und nicht die der mit ihnen in Verbindungen stehenden Institutionen.

Für wertvolle Hinweise und anregende Diskussionen möchten die Autoren in alphabethischer Reihenfolge folgenden Personen besonders danken: Richard Baldwin, Cosimo Beverelli, Chad Bown, Michael Eichenseer, Andreas Esche, Lionel Fontagné, Matthias Giesecke, Jasmin Gröschl, Inga Heiland, Martin Hellwig, Christoph Herrmann, Julian Hinz, Eckhard Janeba, Cora Jungbluth, Katrin Kamin, Alexander Keck, Wilhelm Kohler, Rolf Langhammer, Mario Larch, Dalia Marin, Devashish Mitra, Arash Molavi, Clifton Morgan, Martin Mosler, Simon Neumüller, Ralph Ossa, Thiess Petersen, Alexander Sandkamp, Hans-Werner Sinn, Moritz Schularick, David Streich, Jens Südekum, Constantinos Syropoulos, Feodora Teti, Erdal Yalcin und Yoto Yotov.

Kapitel 1

Wohlstands-motor Freihandel

»But the Russian invasion of Ukraine has put an end to the globalization we have experienced over the last three decades. We had already seen connectivity between nations, companies and even people strained by two years of the pandemic. It has left many communities and people feeling isolated and looking inward.«

Doch der russische Einmarsch in der Ukraine hat der Globalisierung, die wir in den letzten drei Jahrzehnten gekannt haben, ein Ende gesetzt. Wir hatten bereits erlebt, wie die Verbindungen zwischen Nationen, Unternehmen und sogar Menschen durch die zwei Jahre andauernde Pandemie belastet wurden. Sie hinterließ viele Gemeinschaften und Menschen mit dem Gefühl der Isolation und dem Blick nach innen.[1]

LARRY FINK (*1952)

DEUTSCHLAND, Österreich und die Schweiz sind offene Volkswirtschaften. Sie verfügen über wenige eigene Rohstoffe. Ihre mittelständisch organisierte Industrie und auch immer mehr Dienstleister sind hoch spezialisiert und leben vom Exportgeschäft. Auf Basis der internationalen Arbeitsteilung erreichten unsere Volkswirtschaften hohe Pro-Kopf-Einkommen und eine hohe Lebensqualität. Die freiheitliche Welthandelsordnung gerät nun aber seit gut zehn Jahren massiv unter Druck, und damit steht auch unser Wohlstandsmodell im Feuer. Seine Gegner sitzen nicht nur in Moskau, Peking oder bisweilen Washington; sie sind auch innerhalb unserer eigenen Gesellschaften zu finden. Die Globalisierung weckt nicht mehr Hoffnungen auf Wohlstand für alle, sondern schürt Ängste vor Kontrollverlust, Abhängigkeiten und ausländischen Erpressungsversuchen.

Handel gehört zur Fortschrittsgeschichte der Menschheit untrennbar dazu. Seit jeher trieben Menschen Handel – er ist nichts anderes als der Tausch wirtschaftlicher Güter. Handel ist immer für beide Seiten vorteilhaft, solange er freiwillig erfolgt, denn niemand würde einer Transaktion zustimmen, die individuelle Nachteile erzeugt. Handel erscheint als etwas sehr Natürliches, denn schon Kinder beginnen früh damit, Dinge untereinander zu tauschen oder mit ihren Eltern zu (ver-)handeln. Freier Handel liegt einer freien Gesellschaft zugrunde. Wir wollen einen engeren Fokus setzen und uns in diesem Buch mit dem internationalen Handel, dem sogenannten Außenhandel beschäftigen.

Die Unterscheidung zwischen Binnen- und Außenhandel ist erst sinnvoll, seit es staatliche Gebilde gibt. Damit blickt der Außenhandel zwar mittlerweile auf eine über 3000-jährige Geschichte, aber mitunter wirkt die Unterscheidung zwischen Binnen- und Außenhandel arbiträr: Wirtschaftlicher Austausch zwischen dem niederbayerischen Passau und dem oberösterreichischen Steyr – den Geburtsstädten der Autoren – fällt trotz einer Fahrdistanz von nur 139 Kilometern unter den Außenhandel, während etwa jener zwischen Passau und Flensburg mit einer Distanz von 979 Kilometern dem deutschen Binnenhandel zugerechnet wird. Dies ist so lange sinnvoll, wie der Nationalstaat unseren primären politischen Bezugsrahmen bildet. In der Europäischen Zollunion mit ihrer gemeinsamen Außenhandelspolitik sollte diese Unterscheidung aber an Relevanz verlieren. Es ist wenig verwunderlich und viel erforscht, dass der Handel mit der physischen Distanz abnimmt, sowohl innerhalb von Staaten als auch zwischen ihnen. Staatliche Grenzen wie die deutsch-österreichische stellen dennoch ein zusätzliches Handelshindernis dar, selbst wenn sich Währung, Sprache und Kultur gar nicht ändern. Gesetze, Regulierungen, Institutionen, Netzwerke und vieles mehr sind trotzdem anders. Innerhalb der EU ist der handelsabschreckende Effekt von nationalen Grenzen im Durchschnitt so hoch, wie das ein Zoll in der Höhe von 30 bis 60 Prozent wäre. Das sind sehr große Effekte, die den katalanischen Top-Ökonomen Jaume Ventura in einer aktuellen Studie zur Behauptung veranlasst, dass »Europa weit weg davon ist, einen gemeinsamen Binnenmarkt zu besitzen«.[2]

Außerhalb der EU sind diese Grenzeffekte noch mal virulenter. US-Präsident Trumps ehemaliger Handelsbeauftragter Robert Lighthizer (*1947) betitelte seine Memoiren, auf die wir noch an der einen oder anderen Stelle eingehen werden, mit der treffenden Feststellung: »No Trade is Free« (Kein Handel ist frei). Innerhalb gut integrierter Märkte, wie etwa jenem der USA, ist der Effekt von Grenzen als Handelsbarrieren allerdings um ein Vielfaches geringer, man ist also näher dran am idealtypischen Freihandel – obwohl auch dort etwa zwischen den vormaligen Parteien des Amerikanischen Bürgerkrieges (1861–1865) die Grenzen der Bundesstaaten immer noch deutliche handelssenkende Wirkungen haben.[3] Globalisierung bedeutet, dass die handelsbeschränkende Wirkung von Grenzen abnimmt. Gleichzeitig haben Grenzen auch ihr Gutes, denn nur innerhalb von Grenzen kann ein Staat seine Klima- und Umweltpolitik umsetzen und seine Sicherheitspolitik definieren. Dieses Spannungsfeld ist Kern dieses Buchs.

Bevor wir auf den institutionellen Rahmen des Welthandels eingehen – die Regeln der WTO bilden trotz aller Unzulänglichkeiten nach wie vor die Basis dafür (vgl. Kapitel 2) –, wollen wir uns kurz der Geschichte der Globalisierung widmen und in die wesentlichen Theorien der Freihandelsliteratur einführen. Sodann tauchen wir in die Frage ein, ob es aus strategischen und ökonomischen Gesichtspunkten sinnvoll ist, Handelsüberschüsse zu erwirtschaften (vgl. Kapitel 3). Mit Blick auf die anstehenden US-Präsidentschaftswahlen im November 2024 wollen wir in Kapitel 4 die Handelskriege aus der Zeit Trumps erster Präsidentschaft Revue passieren lassen und daraus Schlüsse für die Zukunft ziehen. Kapitel 5 befasst sich mit den derzeitigen geopolitischen Rivalitäten. In Kapitel 6 bis 8 diskutieren wir, wie es gelingen kann, kritische Abhängigkeiten zu verringern, Technologieführerschaft zu bewahren und Handelskriege auch offensiv zu führen – im Wesentlichen geht es dabei um handelsbeschränkende Maßnahmen. Der Anspruch dabei ist, trotz der Sicherung einer wohlverstandenen nationalen (oder europäischen) Souveränität so viel Freihandel wie möglich zu erhalten. Kapitel 9 zu Klima- und Menschenrechtsaspekten befasst sich ebenfalls mit Handelsbeschränkungen.

EINE KURZE IDEENGESCHICHTLICHE EINORDNUNG

Phönizier in der Antike, Venezianer im Spätmittelalter, Spanier und Portugiesen, die damit die Neuzeit begründeten, später Holländer und Briten – die Geschichte ist reich an Beispielen erfolgreicher Handelsnationen. Analytisch beschäftigten sich erstmalig die britischen Ökonomen Adam Smith (1723–1790) und David Ricardo (1772–1823) mit etwas, was man heute als die ersten Handelstheorien bezeichnet.

Auf Ricardo geht das bis heute fundamentale Konzept der *komparativen Handelsvorteile* (auch Kosten- oder Wettbewerbsvorteile) zurück: Danach haben selbst Länder mit einem *absoluten Produktivitätsnachteil* in der Produktion sämtlicher Güter in mindestens einem Gut einen komparativen Handelsvorteil. Ricardo leitet an seinem berühmt gewordenen Beispiel des Handels von Wein und Tuch zwischen Portugal und England, das heute jeder Erstsemesterstudent der Volkswirtschaftslehre kennenlernt, die Handelsgewinne her, die entstehen, wenn sich beide Volkswirtschaften auf ihren komparativen Vorteil spezialisieren. Die Arbeitsteilung schafft einen Mehrwert, weil sich die Länder auf die Herstellung jener Güter und Dienstleistungen spezialisieren können, bei denen sie im Vergleich zu anderen Branchen die höchste Produktivität aufweisen. Handel erlaubt allen teilnehmenden Ländern also gleichzeitig, ihre knappen Ressourcen in den Bereichen zu konzentrieren, in denen ihre Produktivität am höchsten ist.

Die Implikationen reichen allerdings weit über den simplen Lehrbuchfall hinaus: Auch wenn wir Handelsvorteile beziehungsweise -nachteile heute meist als Wettbewerbsfähigkeit bezeichnen, liefert uns diese Theorie die Rechtfertigung dafür, warum Handel selbst zwischen sehr unterschiedlichen Volkswirtschaften wie den reichen Ländern der Nordhalbkugel und den ärmsten Volkswirtschaften Afrikas für beide Seiten vorteilhaft ist. In einem ricardianischen Handelsmodell sind die Handelsgewinne – also die entstehenden Mehrwerte – umso größer, je unterschiedlicher die beteiligten Volkswirtschaften sind. Deutschland ist besser in der Fertigung von Maschinen und Argentinien in der Aufzucht von Rindern. Daher sollten Maschinen gegen Rindfleisch getauscht werden. In diesem Konzept ist der Handel mit Österreich aus deutscher Sicht weniger attraktiv; schlicht weil die Österreicher auch gute Maschinen bauen und die Rinderaufzucht ähnlich teuer ist wie in Deutschland.

Die Gründe für die komparativen Handelsvorteile sind bei Ricardo erst mal nachrangig. Entscheidend ist, wer ein Gut zu den geringeren *relativen* Kosten herstellen kann. Dabei nahm er Unterschiede im Klima und in der Bodenbeschaffenheit an, die für komparative Vorteile in Portugal bei Wein und in England bei Wolle sorgten. In modernen Volkswirtschaften sind es oft Unterschiede in den verfügbaren Produktionstechnologien und -verfahren.

Die schwedischen Ökonomen Eli Heckscher (1879–1952) und Bertil Ohlin (1899–1979) entwickelten in der ersten Hälfte des 20. Jahrhunderts ein Handelsmodell, das die Struktur des Außenhandels als Folge von »Ausstattungen« liefert: Manche Länder sind mit viel Kapital ausgestattet, andere Länder wiederum mit einer großen Anzahl an Arbeitskräften. In einem kapitalreichen Land sind die Kapitalkosten relativ zu den Lohnkosten niedriger, folglich bilden sich in der kapitalintensiven Produktion komparative Kostenvorteile. Vice versa verfügt ein Land mit relativ vielen Arbeitskräften über komparative Vorteile bei der Produktion arbeitsintensiver Güter. Dass hoch entwickelte Volkswirtschaften heute einen Großteil ihrer Textilien importieren, liegt weniger daran, dass die Fertigungstechnik dafür nicht (mehr) bekannt wäre, sondern dass die Arbeitskosten dafür zu hoch sind.

Wir können heute mit dem sogenannten Balassa-Index die komparativen Vor- und Nachteile für alle Wirtschaftszweige und alle Volkswirtschaften quantifizieren. So ist nach wie vor empirisch klar, dass Deutschland, Österreich und die Schweiz in vielen Industriesektoren komparative Vorteile besitzen, wir gehen in Kapitel 7 darauf näher ein. Allerdings, das zeigen empirische Untersuchungen, wurden diese in den letzten Jahrzehnten kleiner. Wenn die Globalisierung für eine schnelle und gleichmäßige Verbreitung von Technologien sorgt, dann treten allmählich andere Determinanten komparativer Vorteile in den Vordergrund. Sowohl das Modell von David Ricardo als auch die Heckscher-Ohlin-Variante können nicht erklären, warum ein großer Teil des Handels zwischen Volkswirtschaften stattfindet, die einander sehr ähnlich sind. Produktionstechnologien dürften sich heutzutage insbesondere dadurch angeglichen haben, dass sie durch global operierende Unternehmen in aller Herren Länder gelangen. Damit entfiele ein Grund für David Ricardos Handel. Das Heckscher-Ohlin-Modell greift insofern jedoch zu kurz, als dass effiziente Produktion über unterschiedliche Input-Kombination gelingen kann. Die Automobilindustrie in Deutschland wurde mit der relativen Verknappung an Arbeitskräften über die Zeit immer stärker automatisiert und damit kapitalintensiver. Industrien sind dynamisch anpassungsfähig.

In den 1970er-Jahren, als neben der theoretischen Analyse immer bessere empirische Beobachtungen in den Wissenschaftskanon einflossen, konnten die Handelsstatistiken immer weniger mit den beiden Theorien in Einklang gebracht werden. Warum exportiert Frankreich Käse nach Italien und umgekehrt? Warum importieren die USA Automobile aus Japan und exportieren ihre eigenen anderswohin? Wenn die komparativen Vorteile rein industriespezifisch aufgeteilt wären, sollte man Käse oder Autos entweder importieren oder exportieren, aber nicht beides gleichzeitig. Statt *interindustriellem* Handel beobachtet man vorwiegend *intraindustriellen Handel.* US-amerikanische Ökonomen lieferten die Erklärung: Die nach ihren Erfindern benannten *Dixit-Stiglitz-Präferenzen* beschreiben Konsumwünsche in Form von *Bündeln an Produktvarianten.* Wer gerne Käse isst, möchte eben nicht nur eine Käsesorte essen, sondern eine Vielzahl genießen: Manchego aus Spanien, Parmesan aus Italien, Gruyère aus der Schweiz, französischen Camembert und so weiter. Waren kann man folglich nach ihrer Machart, den Zutaten und der Herkunft differenzieren. Anstelle von *homogenen Gütern* geht man heute bei den meisten Produkten von *heterogenen Gütern* aus. Rohstoffe sind typischerweise homogene Güter: Wer Benzin tankt, dem ist egal, ob es aus saudischem oder kolumbianischem Öl hergestellt wurde, ob Aral oder Shell oder Jet es vertreibt. Preis und Menge sind die einzig relevanten Faktoren. Aber schon ein Liter Milch ist nicht gleich ein Liter Milch: Regionalität, Tierfutter, Haltungsform und vieles mehr geben dem Produkt spezielle Charakteristika. Milch ist ein heterogenes Gut, unsere Supermärkte, Kaufhäuser, Modegeschäfte und Webstores sind voll mit verschiedenen Varianten aus denselben Güterklassen. Man kann getrost das Hauptanliegen aller Marketingabteilungen dieser Welt darin sehen, ihre Produkte möglichst stark auszudifferenzieren. Damit wird dann vielleicht sogar Benzin zum differenzierten Gut.

Durch die Annahme von Konsumpräferenzen, wonach die Verfügbarkeit möglichst vieler Varianten einen Mehrwert darstellt, und der Unterscheidbarkeit von Gütern ein und derselben Güterklasse wurde die sogenannte Neue Handelstheorie maßgeblich vom späteren Nobelpreisträger und heutigen Kolumnisten der »New York Times« Paul Krugman (*1953) entwickelt. Ab den 1980er-Jahren konnte damit erklärt werden, warum nahezu gleiche (aber nicht perfekt gleiche) Waren durch die Welt hin- und hergehandelt werden. Zu den Handelsgewinnen zählt nun auch die immer größer werdende Produktvielfalt, gerade bei individuellen Konsumwünschen ein nicht zu unterschätzender Mehrwert. Auch schlechtere Qualität verschwindet dadurch vom Markt. Die Ostdeutschen haben diese neue Vielfalt nach der Wiedervereinigung kennen- und schätzen gelernt. Den Russen kam sie infolge der Handelssanktionen nach der Annexion der Krim im Sommer 2014 und noch mehr nach dem 24. Februar 2022 teilweise abhanden.

All diesen Theorien ist aber eine zentrale Botschaft gemein: Die Möglichkeit, Handel zu treiben, schafft Mehrwerte, die weit über bloße Umverteilung hinausreichen. Die Spieltheorie nennt dies in Abgrenzung zum Nullsummenspiel ein Positivsummenspiel. Eine Partie Schafkopf oder Skat ist ein Nullsummenspiel: Was der eine am Tisch gewinnt, verliert der andere. Die

Summe aller Gewinne und Verluste am Ende eines Spieleabends ist gleich null. Bei einem Positivsummenspiel ist dies anders, denn dabei kann jeder gewinnen. Roulette hingegen ist ein Beispiel für ein Negativsummenspiel, sofern man die Bank nicht als Spieler zählt, und genau deswegen bieten Spielkasinos nur solche Spiele an. Donald Trump (*1946) und seine zahlreichen Anhänger sitzen genau diesem fundamentalen Missverständnis auf, indem sie auch beim internationalen Handel eine Nullsummenlogik unterstellen. Wenn China so sehr vom Handel profitiert, müsse schließlich jemand anderer verlieren. Ein Win-Win findet in einer solchen Gedankenwelt keinen Platz.

HANDELSOFFENHEIT ALS MASS FÜR TEILNAHME AM WELTHANDEL

Die Außenhandelsquote Deutschlands lag 2021 bei 89 Prozent, in Österreich bei 111 Prozent und in der Schweiz sogar bei 130 Prozent. Sie ist ein Maß für die *Handelsoffenheit einer Volkswirtschaft*, also wie sehr ein Land in das internationale Handelssystem integriert ist, und errechnet sich, indem Importe und Exporte von Gütern und Dienstleistungen addiert und ins Verhältnis zum Bruttoinlandsprodukt gesetzt werden. In anderen europäischen Ländern ist diese Quote geringer, zum Beispiel in Frankreich (61 Prozent), Italien (63 Prozent) oder dem Vereinigten Königreich (59 Prozent). In China liegt sie bei 37 Prozent, in den USA gar nur bei 25 Prozent.[4] Woher stammen diese Unterschiede?

Grundsätzlich gibt es einen Zusammenhang zwischen der Größe einer Volkswirtschaft und ihrer Offenheit. Danach gilt, dass kleinere Länder tendenziell offener sind. Dieser Zusammenhang ist kein Naturgesetz, zumal Handelspolitik eine große Rolle spielt. Nordkorea ist klein und de facto geschlossen für den internationalen Handel. Deutschland und Japan sind die dritt- und viertgrößte Volkswirtschaft der Welt und relativ offen. Vielmehr ist dieser Zusammenhang ein Durchschnitt, siehe dazu Abbildung 1:

Abbildung 1: Zusammenhang zwischen volkswirtschaftlicher Offenheit und Größe der Volkswirtschaft

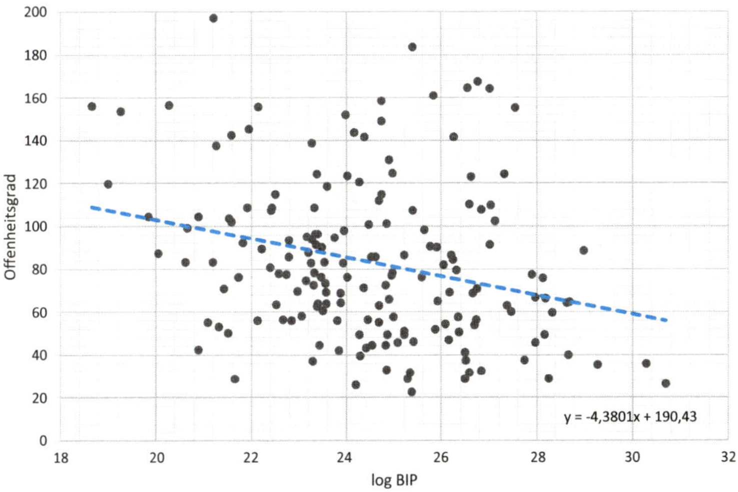

Quelle: Daten der Weltbank von 2019. Eigene Darstellung (171 Länder). Die gezeigte Regressionsgerade hat eine Steigung von circa – 5. Das bedeutet: Ein Land, das ein um 100 Prozent höheres BIP als der Länderdurchschnitt aufweist, hat einen Offenheitsgrad, der um fünf Prozentpunkte unter dem Länderdurchschnitt (83 Prozent) liegt. Für das BIP ist eine logarithmierte Darstellung gewählt (log BIP).

Dieser grundsätzliche Zusammenhang folgt dennoch einer Logik: Internationaler Handel bedeutet internationale Arbeitsteilung. Arbeitsteilung ist dort am sinnvollsten, wo Spezialisierungsvorteile vorliegen und diese im Inland nicht erreicht werden können. Für Luxemburg mit seinen knapp 700.000 Einwohnern erschiene es wenig sinnvoll, wenn es eine eigene Automobilindustrie, Flugzeugindustrie, Fabriken für Kühlschränke und Fernseher und so weiter unterhalten müsste. Spezialisierung und technischer Fortschritt wären dann kaum erzielbar, weshalb kleine, geschlossene Volkswirtschaften – man denke wieder an Nordkorea als Extrembeispiel – so ineffizient wirtschaften und verarmen. Große Volkswirtschaften wie die USA mit ihren 330 Millionen Einwohnern oder China mit seinen 1,4 Milliarden Einwohnern können dagegen schon im Inland viele Spezialisierungsvorteile erreichen. Deshalb können sie deutlich autarker sein. Bei den USA kommt hinzu, dass sie über viele Rohstoffe einschließlich fossiler Energien verfügen und ob ihrer gewaltigen Landesfläche – mehr als das Doppelte der EU – eine ungemein leistungsfähige Landwirtschaft hervorbrachten. Entsprechend ist der Bedarf an Importen geringer, und damit wird auch weniger exportiert. Eine wichtige Funktion von Exporterlösen ist nämlich, Erlöse zu erwirtschaften, mittels derer Importe finanziert werden können. Möglichst hohe Exporte zu erzielen, wie es der Merkantilismus nach Jean-Baptiste Colbert (1619–1683) im vorrevolutionären Frankreich zum Staatsziel erklärte, widerspricht allen Grundprinzipien moderner Wohlfahrtstheorie. Exporte sind kein Selbstzweck, sondern Mittel, um Importe finanzieren zu können. Darauf – und ob sicherheitspolitische Überlegungen nicht doch eine Rechtfertigung des Colbert'schen Merkantilismus geben können – gehen wir in Kapitel 3 ein.

DER KOMPARATIVE VORTEIL IN MITTELEUROPA

Mitteleuropa ist deutlich ärmer an Rohstoffen als zum Beispiel die USA, sodass vieles zunächst importiert werden muss. Daraus entwickelte sich die Spezialisierung hin zur Weiterverarbeitung, auch *Veredelung* genannt. In den Veredelungsindustrien werden etwa aus Rohstahl Maschinen, aus Seltenen Erden Halbleiter und aus Erdöl Plastik hergestellt. Der Zweck der Importe ist dabei nicht immer der Letztverbrauch, sondern die Weiterverarbeitung. Das treibt mitunter bizarr anmutende Blüten: So wurde Deutschland etwa zum weltgrößten Exporteur von Kaffeeprodukten, ohne dass zwischen Garmisch-Partenkirchen und Flensburg je Kaffeebohnen kultiviert worden wären. Auch Schokolade aus der Schweiz erfordert offenbar keine heimische Kakaoproduktion. Die Spezialisierung auf die Weiterverarbeitung im Zuge der Globalisierung wurde charakteristisch für die Volkswirtschaften Mitteleuropas. Das verarbeitende Gewerbe ist damit der zentrale Wettbewerbsvorteil von Ländern wie Deutschland, Österreich oder der Schweiz. Die Ausrichtung der Handelspolitik und die Konsequenzen aus neuen geopolitischen Gegebenheiten müssen dies mitdenken. Durch die Spezialisierung auf das verarbeitende Gewerbe entsteht nämlich eine doppelte Abhängigkeit vom außenhandelspolitischen Umfeld: einerseits von den Zulieferern, von denen die Inputs stammen, und andererseits von den Absatzmärkten, an die die Finalgüter verkauft werden sollen. Diese Mittellage in der Wertschöpfung hat erhebliche strategische Konsequenzen: Offene Märkte sind für das Wohl und Wehe der Staaten Mitteleuropas viel wichtiger als für andere Länder – die angeführten Außenhandelsquoten zu Beginn des Kapitels legen davon Zeugnis ab. Mittels moderner Handelsmodelle lässt sich ein Gefühl für die Größenordnungen ermitteln, die mit dem Welthandel zur Disposition stehen:

Abbildung 2: Wohlfahrtsverluste bei Einstellung des internationalen Handels, in %

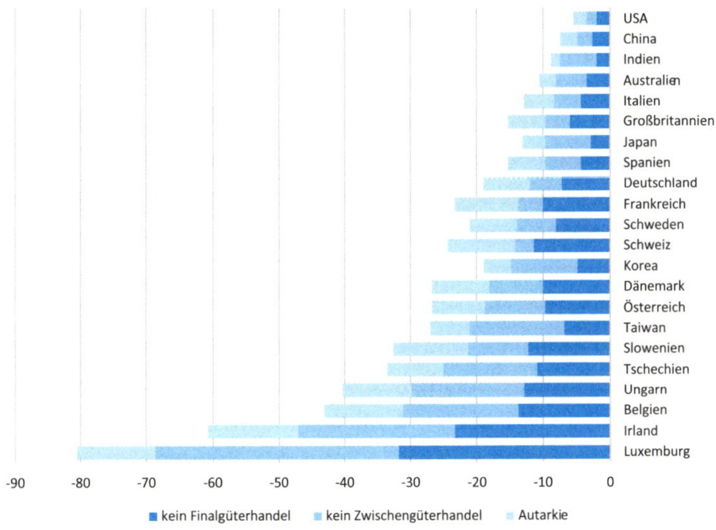

Quelle: Eigene Berechnungen.

Abbildung 2 entstammt einer aktuellen eigenen Studie, die untersucht, wie eine Abschottung von Volkswirtschaften vom Welthandel auf die Wohlfahrt – gemessen als das reale BIP pro Kopf – wirken würde.[5] Dabei wird ein sehr umfangreiches Modell eingesetzt, das alle wesentlichen Länder der Welt auf detaillierter sektoraler Ebene erfasst und vor allem auch die komplexen inter- und intranationalen Lieferverflechtungen abbildet.

Große Volkswirtschaften wie die USA, China oder Indien würden weniger als zehn Prozent ihrer Wohlfahrt einbüßen, wenn sie in Autarkie leben müssten; mittelgroße Länder wie die Schweiz oder Österreich verlören mehr als 25 Prozent, die größere deutsche Volkswirtschaft knapp unter 20 Prozent, eine sehr kleine Volkswirtschaft wie Luxemburg sogar 80 Prozent ihres Wohlstands. Würden die globalen Wertschöpfungsnetzwerke (»kein Zwischengüterhandel«) zerstört, aber immerhin der Handel von fertigen Gütern bliebe erhalten, wären die Effekte naturgemäß kleiner. In den allermeisten Ländern wäre der damit verbundene Wohlfahrtsverlust jedoch größer, als wenn der Handel mit Finalgütern zum Stillstand käme. Solche Szenarien sind sicherlich extrem; sie illustrieren aber die zentralen Mechanismen, mit denen die internationale Arbeitsteilung unseren Wohlstand und unsere Art zu leben beeinflusst. Es steht einiges auf dem Spiel.

In letzter Konsequenz erfordern diese Außenhandelsverflechtungen und der damit verbundene Wohlstand eine sehr hohe Bereitschaft, den europäischen Binnenmarkt auszubauen (mindestens zu erhalten!), das Welthandelssystem gegenüber Protektionismus zu verteidigen und sich klug auf Handelskriege vorzubereiten (vgl. Kapitel 5 bis 7).

Ausweislich amtlicher Statistiken haben Österreich und die Schweiz Außenhandelsquoten von über 100 Prozent. Das ist kein statistischer Fehler, sondern deutet darauf hin, dass ein wesentlicher Teil der Importe eben wieder reexportiert wird, was die klassische Handelsstatistik unterschlägt: Es werden darin Umsätze erfasst, und diese führen zu Mehrfachzählungen, je öfter ein Gut Landesgrenzen passiert. Die Wertschöpfungskette eines in China gefertigten Smartphones kann wie folgt stilisiert beschrieben werden: Grafikelemente aus den USA, Software-Codes aus Frankreich, Silikon-Chips aus Singapur, Edelmetalle aus Bolivien. Nur etwa 30 Prozent des Handels finden in finalen Gütern statt, 70 Prozent sind Vorprodukte als Teil von Wertschöpfungsketten.[6]

AUF DIE WERTSCHÖPFUNG KOMMT ES AN

Wenn das bloße Ziel der Globalisierung möglichst viel Handel wäre, dann könnten wir den Welthandel ganz einfach dadurch verdoppeln, dass jegliche Ware, bevor sie ihr endgültiges Ziel erreicht, beispielsweise noch eine Station auf Malta macht und von dort aus wieder exportiert würde. Materiell änderte sich allerdings gar nichts an den ökonomischen Abhängigkeiten, nur die Transportkosten stiegen. Dies verdeutlicht, woran gewöhnliche Handelsstatistiken kranken. Um etwa festzustellen, wie wichtig der heimische Beitrag zum Endprodukt ist und welche ökonomischen Abhängigkeiten tatsächlich bestehen, muss auf den Handel im Sinne von Wertschöpfungsbeiträgen abgestellt werden. Die OECD führte hierzu eine entsprechende Datenbank ein (TiVA). Daraus lassen sich nicht nur viele Rückschlüsse über den Aufbau von Wertschöpfungsketten ziehen, sondern auch Abhängigkeiten besser bewerten.

In Deutschland liegt der heimische Wertschöpfungsanteil bei Güterexporten bei rund 78 Prozent, in Österreich bei 70 Prozent und in der Schweiz bei 77 Prozent (Zahlen für 2020). Die Differenzen zu 100 Prozent zeigen spiegelbildlich die Importabhängigkeit von Vorprodukten, die benötigt werden, um überhaupt exportieren zu können. Abbildung 3 gliedert diese Differenzen näher nach Partnerländern auf. Es zeigt sich für alle drei Volkswirtschaften, dass Inputs aus der Volksrepublik China quantitativ kaum relevanter sind als aus den USA, in der Schweiz haben sogar die USA die Nase leicht vorn. Dies spiegelt sich nicht so sehr in der amtlichen Handelsstatistik wider, die wie oben erwähnt den bloßen Bruttohandel misst. Ein Grund für die vergleichsweise hohe Bedeutung der USA liegt darin, dass 90 Prozent der US-Exporte wiederum tatsächlich US-amerikanischer Wertschöpfung entspringen, während Chinas Exporte zu rund einem Fünftel vorher von anderswo importierte Vorleistungen enthalten (häufig aus Japan, Korea und Taiwan). Dennoch wird man unseren Partnern in Übersee mit dem Hinweis, dass unsere wesentlichen Abhängigkeiten aus innereuropäischen Verflechtungen erwachsen, keinen Tort antun.

Dass insbesondere die Bedeutung Chinas häufig überschätzt wird, zeigt noch ein anderer Vergleich: Deutschland und Österreich importieren etwa im gleichen Maß Zulieferungen aus den Visegrád-Staaten – Polen, Tschechien, Slowakei, Ungarn – wie aus China. Dieses aggregierte Bild sagt noch wenig über produktspezifische Abhängigkeiten, die mitunter viel höher sein können. Aber es dient der quantitativen Einordnung davon, welches Land in welchem Ausmaß für uns wirtschaftlich wichtig ist.

Abbildung 3: Importierte Wertschöpfung nach Partnerland, Anteil an Exporten, 2020, in %

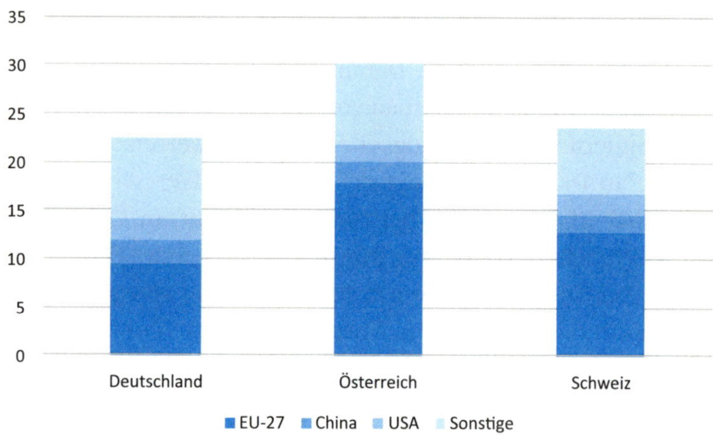

Quelle: Daten von OECD-TiVa. Eigene Darstellung.

Inländische Wertschöpfungsanteile sind auch für andere wirtschaftspolitische Fragestellungen von höchster Relevanz: In Deutschland wird derzeit eine Debatte über eine vermeintlich stattfindende Deindustrialisierung geführt. Die Industrieproduktion, gemessen am Produktionsindex, liegt 2023 tatsächlich etwa 14 Prozent unter dem Niveau der Jahre 2017/18. Doch der Produktionsindex täuscht, denn gleichzeitig änderte sich die industrielle Wertschöpfung nicht merklich. Das bedeutet, dass die Wertschöpfungstiefe gestiegen sein muss, also weniger ausländische Wertschöpfung in der deutschen Industrie als Input dient.[7] Es lohnt sich daher genau hinzusehen, bevor man wirtschaftspolitische Rückschlüsse zieht.

DIE GÜTERHANDELSSTATISTIK

Beim internationalen Handel denken wir üblicherweise an Waren, die von Fabriken meist per Lkw und seltener per Bahn zu Frachthäfen transportiert, dort zu Containertürmen gestapelt und schließlich auf gigantischen Schiffen durch die Weltmeere gefahren werden. Ganze 24.346 solcher standardisierter 20-Fuß-Container kann beispielsweise das weltgrößte Frachtschiff aufnehmen. Es zeigt damit die Dimension, in denen Handel des 21. Jahrhunderts stattfindet.[8]

Der Austausch dieser Waren wird in den amtlichen Import- und Exportstatistiken erfasst und monatlich veröffentlicht. Die Erfassung durch die Zollverwaltungen ist derart akkurat, dass nicht bloß die Zahl angelieferter Container oder der darin enthaltene Warenwert gemessen wird, sondern detailliert Buch über jeden einzelnen Warentyp geführt wird.

In der EU gibt es zur Klassifizierung von Gütern eine achtziffrige Systematik, wovon die ersten sechs Ziffern sogar weltweit harmonisiert sind: Hinter dem Code 84183020 verbergen sich beispielsweise *hüfthohe Gefriertruhen* mit einem Volumen von maximal 400 Litern. Dabei stehen die ersten beiden Ziffern für das Kapitel 84: »Kernreaktoren, Boiler, Maschinen und mechanische Anwendungen sowie Teile davon«. Der Viersteller 8418 spezifiziert dann näher: »Kühlschränke, Gefrierschränke, andere Kühl- und Gefriergeräte (elektrisch und andere) sowie Wärmepumpen und Klimaanlagen, sofern sie nicht unter 8415 fallen.« Der Sechssteller spezifiziert noch näher, der Achtsteller noch weiter. Wer einen *mannshohen Gefrierschrank* sucht, der sei auf 84184080 verwiesen, zumindest bei einem Volumen zwischen 250 und 900 Litern.

Wozu überhaupt eine solch akribische Buchführung? Die EU-Klassifizierung definiert rund 10.000 Güter, muss laufend an neue technische Entwicklungen angepasst werden und erfordert beim Abschluss eines Handelsabkommens, dass für alle diese Güter Zollsätze definiert werden. Wie so oft ist auch hier die Realität eine Reminiszenz der Vergangenheit: Traditionell waren Zölle auf Waren eine wichtige Einnahmequelle für Staaten, mitunter sogar die einzigen. Ein- und ausgehende

Waren ließen sich seit jeher relativ leicht erfassen, sodass diese Form der Steuererhebung seit der Antike breite Anwendung findet. Kapitalertragssteuern, Lohnsteuern, Mehrwertsteuern hingegen erfordern eine deutlich komplexere Feststellung der Steuerbasis. Zur Zollerhebung reicht es, einen Zöllner am Wegesrand zu postieren oder auf die Hafenmauer zu setzen. Die Klassifikation hat allerdings ihre Tücken. Manche Segmente der Statistik sind extrem detailliert, auch wenn die Handelsströme klein sind – Lebensmittel etwa; andere, wichtige Bereiche, sind wenig untergliedert, zum Beispiel Personenkraftfahrzeuge.

Eine Anekdote über König Christian IV. von Dänemark und Norwegen (1577–1648) zeigt indes, wie kreativ man bei der Zollerhebung vorgehen kann: Zwischen 1426 und 1857 mussten ein- und ausfahrende Schiffe aus der Ostsee den sogenannten Sundzoll entrichten, wenn sie den Öresund passierten. Die Einnahme war wirtschaftlich sehr bedeutend für Dänemark und ein Ärgernis für alle Ostsee-Anrainerstaaten sowie die Städte der Hanse. Listige Händler versuchten damals, nicht anders als heute, den Warenwert ihrer Schiffsladungen bei der Zolldeklaration zu untertreiben, denn der Sundzoll war, wie heute auch die meisten Zölle, ein *Ad-Valorem*-Zoll, also ein wertbezogener Zoll (in Prozent des Warenwertes).[9] Vom Jahr 1624 an behielt sich Dänemark allerdings das Recht vor, die Warenladung eines jeden Schiffs zu dem vom Kapitän deklarierten Wert zu kaufen. Damit war ein Anreiz hergestellt, den Warenwert wahrheitsgemäß zu deklarieren.[10] Bis heute gilt dies als Musterbeispiel für ein Gesetz, das sich qua seiner Ausgestaltung selbst durchsetzt.

Heute sind Zolleinnahmen nur für weniger entwickelte Länder eine bedeutsame staatliche Einnahmequelle: In Namibia oder Botswana etwa machen diese über 30 Prozent des staatlichen Budgets aus.[11] In hoch entwickelten Volkswirtschaften sind Zolleinnahmen dagegen vergleichsweise unbedeutend, sie tragen in Deutschland gerade einmal zu 0,7 Prozent zum Gesamtsteueraufkommen bei. Mitgliedstaaten der EU reichen diese abzüglich einer 25-prozentigen Erhebungsgebühr als sogenannte EU-Eigenmittel nach Brüssel weiter, denn die EU-Mitgliedstaaten bilden eine Zollunion, das heißt, ihre Mitglieder haben einheitliche

Zölle nach außen und keine Zölle untereinander. Da die EU selbst nicht die Kapazität hat, Zölle zu erheben, ist die Erhebung aber weiterhin an die Mitgliedstaaten delegiert. Durch die prozentuale Beteiligung der Mitgliedstaaten am Zollaufkommen soll ein Anreiz gesetzt werden, diese auch ordentlich einzutreiben.[12]

Freihandelsabkommen beinhalten meist eine vollständige Aufhebung aller bestehenden Zölle. Dies legt nahe, dass Zölle kaum mehr der staatlichen Einnahmenerzielung dienen, ansonsten würde die EU nicht so eifrig Freihandelsabkommen mit anderen Staaten verhandeln. Bestehende Zölle sind meist als Schutzzölle gedacht, das heißt, sie sollen die heimischen Produzenten vor ausländischem Wettbewerb schützen (Protektionismus).
Ist ein Zoll prohibitiv hoch, unterbindet er den Handel sogar vollständig. Damit lassen sich paradoxerweise überhaupt keine Einnahmen erzielen. Das Pendant zum Schutzzoll ist der aufkommensmaximierende Zoll.

Wie wir später noch sehen werden, ist die feine Granularität in der Güterhandelsstatistik sehr nützlich, etwa um spezifische Abhängigkeiten zu identifizieren. Theoretisch kann auf jedes der 10.000 Produkte ein anderer Einfuhrzoll gesetzt werden, auch unterschiedlich je nach Herkunftsland. Geschieht dies wohlüberlegt, fällt einem eine wirksame Waffe in Zollkriegen in die Hände (vgl. Kapitel 2 und 4).

WARUM DIENSTLEISTUNGSHANDEL IMMER WICHTIGER WIRD

Wir bezeichnen uns nicht ohne Stolz als »Industrienationen«, in Deutschland am liebsten noch mit dem Zusatz »führend«, wobei es zunehmend weniger selbstverständlich zu sein scheint, dass andere Länder Deutschland folgen wollen. In der Tat ist es die Industrie, in der ein großer Anteil des Produktivitätsfortschritts stattfindet, der für das gesamtwirtschaftliche Wachstum so wichtig ist. Die Industrie bezahlt typischerweise sehr gute Löhne für Menschen mittleren Ausbildungsniveaus und ist daher auch sozialpolitisch höchst bedeutend. Und sie ist für viele Dienstleistungsbetriebe, den Bau, den Rohstoffsektor und die Landwirtschaft ein sehr wichtiger Nachfrager.

Gleichwohl bleibt zu konstatieren, dass die Industriegüterproduktion in Deutschland und der Schweiz gerade einmal für 18 Prozent des BIP steht, in Österreich nur für 16 Prozent. In vielen hoch entwickelten Staaten liegt der Industrieanteil sogar noch niedriger, etwa im Vereinigten Königreich bei acht, in Frankreich bei zehn und den USA bei elf Prozent. Der Agrarsektor – neben der Industriegüterproduktion der zweite Sektor, der traditionell Waren herstellt, die auf Weltmärkten gehandelt werden – trägt in keinem der genannten Länder zu mehr als zwei Prozent zum BIP bei, in Deutschland und der Schweiz sogar zu weniger als einem Prozent. Die »Industriestaaten« sind in Wahrheit »Dienstleistungsstaaten«, denn im dominierenden Dienstleistungssektor werden zwischen 62 und 77 Prozent des BIP erwirtschaftet.[13]

Betrachtet man hingegen rein den Außenhandel, scheint die Bezeichnung Industrienation so falsch nicht: Hier beträgt das Verhältnis von Güter- zu Dienstleistungshandel etwa vier zu eins, es werden also viermal so viele Waren gehandelt wie Dienstleistungen. Was ist der Grund für diese Service-Schlagseite, und warum ist der Güterhandel so viel stärker internationalisiert?

Der US-amerikanische Ökonom Richard Baldwin (*1958) erklärt die Globalisierungsgeschichte anhand der *Three Unbundlings*, dreier großer technischer Revolutionen, die zur sukzessiven Auflösung von beinah allen natürlichen Handelsbarrieren führen: In der vorindustriellen Dorfwirtschaft waren Produktion und Konsum örtlich aneinandergeknüpft. Der Schmied produzierte, was er selbst und der Landwirt brauchten und umgekehrt. Städte waren zwar schon immer Handelszentren, aber alles von größerem Gewicht – Baustoffe, Grundnahrungsmittel, Werkzeuge – wurde selten über weite Wege gehandelt, am ehesten noch entlang von Flüssen. Der grenzüberschreitende Handel hingegen florierte insbesondere bei Luxusgütern: Seide aus China, Schokolade und Tabak aus der Neuen Welt, Porzellan aus Meißen, Salz aus dem Hochgebirge. Die Industrialisierung schuf mit Eisenbahn und großen Dampfschiffen schließlich gewaltige Transportkapazitäten, die physische Distanzen überwindbar machten. Mit diesen Transportkapazitäten fielen die Handelskosten dramatisch: Statt auf Postkutschen konnten Dinge schnell und günstig über die Weltmeere gefahren werden, die Landmassen der Kontinente wurden in der Tiefe erschlossen. Man denke etwa an den Bau der Transsibirischen Eisenbahn oder die Erschließung des amerikanischen Westens. Dadurch entwickelten sich völlig neue Wirtschaftsstrukturen. In Fabriken konnte die Massenproduktion einsetzen, und der lokale Überschuss an Waren konnte fast überallhin verkauft werden. Ohne entsprechende Transportkapazitäten in das gesamte Deutsche Reich hätte sich etwa die Kohle- und Stahlindustrie des Ruhrgebiets überhaupt nicht in dieser Größe herausbilden können. In den sich entwickelnden Produktionsclustern konnte schließlich ein viel höheres Maß an Spezialisierung erreicht werden, die Volkswirtschaften wurden arbeitsteiliger und damit effizienter.

Diese Transportrevolution hatte auch handelspolitische Implikationen zur Konsequenz: Massenproduktion erforderte große Absatzmärkte, die nicht durch Zölle geschlossen waren. Somit dürfte es kein Zufall sein, dass die Gründung des Deutschen Zollvereins 1834, der mit der wirtschaftlichen Kleinstaaterei Schluss machte (auch wenn Österreich, immerhin Teil des Deutschen Bundes, kein Teil davon war), in diese Zeit fiel. Ein Jahr später fuhr die erste deutsche Eisenbahn zwischen Nürnberg und Fürth. Im Europa des 19. Jahrhunderts wuchsen die Reiche beständig, auch um die Binnenmärkte zu erweitern. Der Nationalismus verfolgte ökonomische Ziele. Die Suche nach Absatzmärkten setzte sich fort als *Great Game* bei der Kolonisierung Afrikas. Und die USA erzwangen 1853 mit Kanonenbooten die wirtschaftliche Öffnung Japans, das fortan am Welthandel teilnehmen musste. Die Transportrevolution entwickelte weitere Dynamiken bis hin in unsere Zeit. Der Grundstein für die globale Handelbarkeit von Gütern jedweder Art wurde allerdings mit der Industrialisierung des 19. Jahrhunderts gesetzt und begründete die sogenannte erste Phase der Globalisierung bis zum Ausbruch des Ersten Weltkrieges 1914.

Die moderne Informationstechnik, die nach dem Zweiten Weltkrieg und insbesondere seit den 1980er-Jahren die Welt im Sturm eroberte, erlaubte mit einem Schlag die globale Diffusion von Wissen, Technologien, Prozessen und Verfahren. Der Datenaustausch in Echtzeit konnte genutzt werden, um immer komplexere Wertschöpfungsketten aufzubauen, in denen ein Auto mit Rohstahl aus Indien, Halbleitern aus Taiwan, Kautschuk aus Brasilien und so weiter gefertigt wurde. Gehandelt wurden nicht mehr nur fertige Waren, sondern auch Teile und Komponenten, die zur Weiterverarbeitung bestimmt waren. Die Endmontage konnte zum Teil wieder näher an die Absatzmärkte gebracht werden. Aus ehemals nationalen Firmen wurden multinationale Konzerne. Entscheidend dabei war Koordination und das Teilen von Know-how, Daten und Technologien. Während die erste Revolution die Kosten verringerte, um Waren zu bewegen, hob die IT-Revolution die Kosten auf, um Ideen und Wissen zu transportieren. Es handelt sich um die größte Diffusion von Wissen in der Menschheitsgeschichte.

Die dritte Entwicklung, der die Coronapandemie ungewollt erheblichen Vorschub leistete, ist die sogenannte Tele-Revolution. Im 21. Jahrhundert wurden immer bessere Technologien entwickelt, die die menschliche Arbeitskraft vom Aufenthaltsort der Person trennen. Arbeitsangebot und -nachfrage müssen nicht mehr am selben Ort aufeinandertreffen, der Faktor Arbeit wird dadurch viel mobiler. Statt einen Spezialisten für Herzchirurgie einfliegen zu müssen, können diese zunehmend remote operieren. IT- und Finanzdienstleister sind weltweit verstreut, Unternehmens- und Steuerberater, Layouter, Architekten, Ingenieure, Professoren, Psychologen und viele mehr können zumindest teilweise von überall aus arbeiten. Die telefonische Arztsprechstunde ist von Deutschland nach Österreich und umgekehrt möglich, sofern die gesprochenen Dialekte nicht zu sehr auseinanderfallen. Perspektivisch, insbesondere wenn die künstliche Intelligenz auch Sprachbarrieren sicher und kostengünstig überwinden hilft, wird ein Großteil der Dienstleistungserbringung von überall aus möglich sein und damit potenziell Gegenstand des internationalen Handels. Freilich, bei manchen Dienstleistungen wird dies niemals möglich sein. Haare lassen sich wohl auch in Zukunft nicht per Zoom-Call schneiden, dafür hilft allenfalls die Automatisierung. Dass immer mehr Dienstleistungen handelbar werden, bedeutet folglich ein weiter wachsendes Globalisierungspotenzial, insbesondere, wenn man sich die Bedeutung des Dienstleistungssektors für unsere Volkswirtschaften vor Augen führt. Im Jahr 2022 sind 23 Prozent des Welthandels Dienstleistungshandel. Mit dem derzeitigen rasanten Aufstieg Indiens tritt zudem eine Volkswirtschaft auf die Weltbühne, die im Dienstleistungshandel schon jetzt eine gewichtige Rolle spielt: Seine Englisch sprechenden IT-Fachkräfte sind bereits heute nicht mehr wegzudenken aus den globalen Wirtschaftsverflechtungen.

Dieser kurze geschichtliche Abriss legt den Schluss nahe: Globalisierung ist keine Erfindung universalistischer Eliten und auch kein Einfall weitsichtiger Politiker, sondern zuvorderst die unmittelbare Folge des technischen Fortschritts. Politische Rahmenbedingungen können den Prozess der Globalisierung allerdings erheblich behindern oder befördern. Ob man sie im Kern dauerhaft rückabwickeln kann, ist offen und hängt davon ab, wie viel Zwang die Politik gegen die freien Marktkräfte mobilisieren kann. Über Jahrhunderte aufgebautes und vermehrtes menschliches Wissen müsste unterdrückt, über Jahrzehnte gelebte Praxis unterbunden werden. Gerade für Demokratien ist dies kaum vorstellbar, daher stellt sich aus unserer Sicht die Frage nach einer Deglobalisierung gar nicht.

Im historischen Rückblick folgen das Nachdenken über Globalisierung und die wirtschaftspolitischen Ableitungen daraus langen Wellen. Nach Zeiten technologisch getriebener stürmischer Globalisierung kam es immer wieder zu politischen Eindämmungsmaßnahmen, die später, wenn die wirtschaftlichen Nachteile spürbar wurden, langsam wieder abgebaut wurden. Der Wirtschaftshistoriker Douglas Irwin vom renommierten Dartmouth College an der Ostküste der USA beschrieb und analysierte dieses Auf und Ab der Globalisierung in vielen bahnbrechenden Werken. Vereinfacht kann man wohl sagen, dass der lange Trend in der Menschheitsgeschichte für eine immer weiter schreitende Integration von Wirtschaftsräumen spricht, politische Verwerfungen aber immer wieder zu Rückschritten oder Unterbrechungen dieses Trends führen.

In den letzten Jahrzehnten haben Phänomene wie der Klimawandel, die Übernutzung der Ozeane, der Verlust von Biodiversität, Pandemien, grenzüberschreitende Terrornetzwerke und nicht zuletzt Russlands Angriffskrieg gegen die Ukraine klar gemacht, dass wir in einer vielfältig globalisierten Welt leben. Wir wollen insbesondere die Frage nach der nationalen Souveränität im Kontext des sich abzeichnenden neuen Ost-West-Konflikts diskutieren. Welche Abhängigkeiten sind als kritisch zu betrachten, und wie können sie aufgelöst werden? Unser Referenzpunkt dabei ist jedoch nicht der Nationalstaat, sondern Europa – im Sinne der EU, aber auch im weiteren Sinne unter Einschluss der Schweiz und der EWR-Staaten. Für weitere Überlegungen spielen als Partnerländer die westlichen Demokratien eine große Rolle: Wie sich im Verlauf der Analysen immer wieder zeigen wird, unterscheiden sich strategische Kalküle von Diktaturen fundamental von denen demokratisch verfasster Staaten. Der wirtschaftliche Austausch unter marktwirtschaftlichen Demokratien basiert auf der gemeinsamen Vorteilhaftigkeit eines einigermaßen freien Handels. Diesen »Freihandel« gilt es zu erhalten. In Bereichen, in denen der Freihandel ausgedient hat, gilt es die wirtschaftlichen Nachteile aus immer neuen Handelseinschränkungen so gering wie möglich zu halten, denn Autarkie schafft am Ende weder Wohlstand noch ökonomische Sicherheit.

Kapitel 2

Ist die WTO hirntot?

»If they don't shape up, I would withdraw from the WTO.«

Wenn sie sich nicht in Form bringen, würde ich aus der WTO austreten.[14]

DONALD TRUMP

DER DAMALIGE US-PRÄSIDENT Donald Trump drohte 2018 gleichermaßen nichtssagend wie unverhohlen mit dem Rückzug der USA aus der Welthandelsorganisation (WTO). Was meinte er damit, dass »sie sich in Form bringen« sollen? Interessanterweise hatte schon Barack Obama so seine Probleme mit der WTO, und diese wurden auch unter Joe Biden nicht gelöst. Vielleicht sind Trumps Anklagen doch mehr als Schall und Rauch. Welche Konsequenzen hätte es für die handelsorientierten Volkswirtschaften Europas wie Deutschland, Österreich und die Schweiz, zöge sich die größte Volkswirtschaft der Welt aus der WTO zurück? Was bedeutet ein solcher Schritt für unseren Wohlstand? Insbesondere bei der in den USA offenbar tief verwurzelten Skepsis gegen eine regelbasierte Handelsordnung ist das ein Szenario, auf das man sich besser vorbereitet.

WIE ES ZUR WELTHANDELSORGANISATION KAM

Der Zweite Weltkrieg hatte zur Folge, dass die USA zur uneingeschränkten Führungsmacht der westlichen Welt aufstiegen. Anders als nach dem Ersten Weltkrieg, als diese *Power Transition* vom British Empire hin zu den USA noch nicht als abgeschlossen angesehen werden konnte, widerstanden die US-Präsidenten Roosevelt und Truman isolationistischen Versuchungen und machten sich daran, künftige Kriege durch den Aufbau einer *umfassenden regelbasierten* Ordnung für die freien Länder des Westens zu verhindern. Regelbasiert meint dabei, rechtsstaatliche Prinzipien auf der zwischenstaatlichen Ebene zu etablieren. So wie das Zivilrecht und staatliche Strukturen im

Kleinen für Ordnung und Ausgleich sorgen, müssen Völkerrecht und internationale Institutionen Länder befrieden. Vom Recht des Stärkeren hin zur Stärke des Rechts.

Eine *machtbasierte* Ordnung ist das Gegenteil der regelbasierten Ordnung, in der eben nicht alle Staaten gleiche Rechte haben. Einiges spricht dafür, dass die Weltwirtschaft schleichend in eine solche Ordnung – oder sollte man besser sagen: Unordnung – hineingerät. Für mittelgroße oder kleine außenhandelsorientierte Volkswirtschaften wie Deutschland, Österreich und die Schweiz ist das eine enorme Herausforderung. Sie verfügen über keine nennenswerten Rohstoffe, dafür viele exportstarke Mittelständler. Anders als Großkonzerne können diese nicht so ohne Weiteres in allen Weltregionen eine Produktion aufbauen, sondern sind auf offene Märkte und verlässliche Handelsregeln angewiesen.

Doch zurück zur Nachkriegsordnung: Mit dem Marshallplan unterstützten die USA den westeuropäischen Wiederaufbau, gaben Europa durch die NATO eine Sicherheitsgarantie und schufen mit dem Abkommen von Bretton Woods ein Festkurswechselsystem mit dem Dollar-Goldstandard als Anker. Als bekannte Institutionen gingen daraus die Weltbank und der Internationale Währungsfonds (IWF) hervor. Beide sind in Washington, D. C., ansässig.

Weniger bekannt ist, dass in Bretton Woods 1944 auch eine internationale Handelsorganisation vorgeschlagen wurde. Zur Ratifizierung der Gründungsurkunde kam es aber nicht, weil der US-Kongress dann doch nicht so weit gehen wollte. Grundlage für die Nachkriegsordnung im Welthandel wurde somit ein Vertragswerk ohne institutionellen Überbau, das *General Agreement on Tariffs and Trade* (*GATT*), das Allgemeine Zoll- und Handelsabkommen, das 1948 unter seinen 23 Vertragsstaaten in Kraft trat. Darin wurden die noch heute (weitgehend) anerkannten Grundlagen des Welthandels kodifiziert. Mit Frankreich, dem Vereinigten Königreich und den USA waren die westlichen Schwergewichte vertreten, aber dass auch das ferne Australien, die frischgebackenen Staaten Myanmar und Pakistan, Brasilien, Südafrika oder Zimbabwe mit an Bord waren, zeigt den weltumspannenden Anspruch des GATT gleich während seiner Gründung.[15] Nicht dabei waren damals übrigens Deutschland, Österreich (Beitritt 1951) und die Schweiz (Beitritt 1966), obwohl Letztere in Genf sogar das GATT-Büro beheimatete. Die Sowjetunion und ihre Verbündeten – die sozialistische Tschechoslowakei blieb die Ausnahme – traten dem Vertragswerk nicht bei. Die Welthandelsordnung galt also während des Kalten Krieges im Wesentlichen nur für die USA, ihre westlichen Verbündeten und blockfreie Staaten.

Die Anzahl der Staaten, die das GATT ratifiziert hatten, wuchs bis 1994 auf 128 Unterzeichner an, und nach siebenjährigen Verhandlungen bei der sogenannten Uruguay-Runde (1986–1994) – die GATT-Zollverhandlungen fanden stets in verschiedenen Ländern statt, wonach die einzelnen Runden benannt wurden – einigten sich diese, dem GATT einen institutionellen Überbau zu geben: Damit war die Welthandelsorganisation am 1. Januar 1995 geboren. Heute gehören ihr 164 Staaten an, die nach WTO-Angaben für 98 Prozent des Welthandels stehen. Weitere 25 Staaten haben Beobachterstatus und wollen, mit Ausnahme des Heiligen Stuhls, Mitglied werden. Darunter sind beispielsweise Algerien, Belarus, Irak, Iran und Serbien.[16] Beim GATT lag der Fokus noch rein auf dem Güterhandel, die WTO erfasst auch die Bereiche des Dienstleistungshandels und den Schutz geistigen Eigentums. Die in Kapitel 1 beschriebenen *Unbundlings* spiegeln sich damit auch in dieser institutionellen Entwicklung wider.

DAS ERSTE GRUNDPRINZIP DES WELTHANDELS: MEISTBEGÜNSTIGUNG

Die Idee des GATT ist so schlicht wie bestechend: keine Diskriminierung beim Angebot von Waren und Dienstleistungen. Weder unter ausländischen Anbietern noch zwischen ausländischen und inländischen Anbietern. Jeder soll seine Güter frei anbieten können, und die Konsumenten entscheiden ebenso frei, was sie von wem beziehen wollen. Dies maximiert die Wohlfahrt aller.

Das Verbot, unter ausländischen Anbietern zu diskriminieren, wird als *Meistbegünstigung* bezeichnet. Nach diesem Prinzip muss ein WTO-Mitglied jedem anderen WTO-Mitglied dieselbe Art von Marktzugang gewähren wie dem *am meisten begünstigten Drittstaat*. Praktisch bedeutet das Folgendes: Auf Automobile hat die EU beispielsweise einen Einfuhrzoll in Höhe von zehn Prozent; dieser gilt für alle Länder. Die EU darf nun nicht nach Gutsherrenart US-Amerikaner zollseitig bevorteilen oder Chinesen benachteiligen, je nach politischer Großwetterlage. Umgekehrt sind unsere Handelspartner daran gehindert, uns schlechter zu behandeln als andere. Das Prinzip der Meistbegünstigung schützt insbesondere die kleineren Staaten vor der Macht der Großen. Zudem wird die Zollpolitik weniger erratisch und anfällig für Lobbyismus: Jeder muss sich überlegen, ob er an der Zollschraube dreht, denn er muss sie gegenüber all seinen Handelspartnern drehen.

Abbildung 4 zeigt für die Gruppe der G20-Staaten die durchschnittliche Höhe dieser Meistbegünstigungszölle. Diese sind im Wesentlichen unverändert seit der zuvor erwähnten Uruguay-Runde.[17] Sie war die achte Verhandlungsrunde seit Bestehen des GATT und die letzte, die auch abgeschlossen wurde. Dabei wurden Zollobergrenzen verhandelt, die ein Land natürlich auch einseitig absenken kann, solange dies *erga omnes*, also gegenüber *allen* Handelspartnern geschieht. Nur so wird der Meistbegünstigungsgrundsatz eingehalten.

Seit den frühen 1990er-Jahren gelangen auf multilateraler Ebene keine Liberalisierungen mehr, denn die 2001 initiierte Doha-Runde endete ergebnislos. Der durchschnittliche Importzoll der EU beträgt demnach 5,3 Prozent, jener der USA 4,4 Prozent und jener Chinas 11,8 Prozent. Es besteht also ein erhebliches Gefälle: Chinesische Firmen haben damit einen bedeutend besseren Zugang zu unseren Märkten oder in die USA als umgekehrt. Gleiches gilt gegenüber Indien und den meisten G20-Staaten. In einem Beitrag zum möglichen Ende der WTO aus dem Jahr 2018 kommentierten die Autoren die aktuell gültigen Zollsätze und kritisieren insbesondere deren Asymmetrie:

»Vor allem die USA, aber auch die EU machten im Zuge der Uruguay-Runde, die in der Gründung der WTO mündete, weitreichende Konzessionen hinsichtlich der Zollsenkungen. Sie reduzierten ihrerseits die Zölle weit mehr als die damaligen

Schwellenländer, um diese überhaupt zum Mitmachen zu bewegen. Das Verhandlungsergebnis spiegelt somit die Welt von vor 25 Jahren wider, als sich China noch nicht geöffnet hatte, als an den breiten Aufstieg Asiens noch nicht zu denken war, als Russland im postkommunistischen Chaos versank und in Südamerika junge Demokratien Militärdiktaturen beerbten. Es war wichtig und richtig, dass unter Federführung des Westens ein multilaterales Handelssystem geschaffen wurde, das die Anpassungskosten vieler Mitgliedstaaten minimierte, indem ihnen weiterhin vergleichsweise hohe Zölle zugestanden wurden. Man verschrieb sich dem Prinzip Hoffnung, nämlich dass weitere Zollsenkungen in Zukunft folgen würden, wenn denn alle mal unter einem Dach versammelt sind. Dieser Ansatz übersah auf fatale Weise seine Langfristfolgen, weil er die Mitgliedstaaten mit unterschiedlicher Verhandlungsmacht bei künftigen Zollsenkungsrunden ausstattete. Da es eine natürliche Untergrenze für Zölle gibt (vollständige Eliminierung), können die USA und die EU den Schwellenländern kaum mehr etwas anbieten, für das diese im Gegenzug ihre hohen Zölle abbauten. Diese Zollasymmetrie trug letztlich zum De-facto-Scheitern der Doha-Runde bei und macht die WTO seitdem weitestgehend handlungsunfähig.«[18]

Abbildung 4: Durchschnittliche Meistbegünstigungszölle, G20

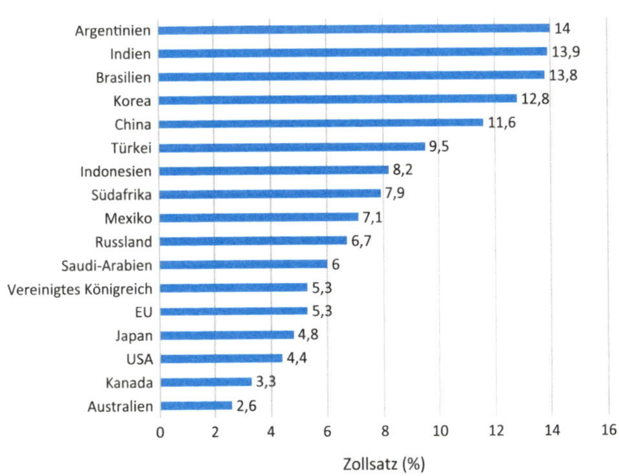

Quelle: Ifo-Zolldatenbank. Eigene Darstellung.

Zollverhandlungen nach dem Prinzip der Meistbegünstigung offenbaren damit eine wesentliche Schwäche: Dynamischen Entwicklungen über die Zeit können sie kaum Rechnung tragen. Dazu hätten Zollabbaupläne verhandelt werden müssen, die an wirtschaftliche Entwicklungen geknüpft sind, sodass mit fortschreitendem Wohlstand auch eine zunehmende Marktöffnung verbunden gewesen wäre. Die heutige Asymmetrie der Zollsätze führt berechtigterweise zu Unmut, denn China und zunehmend auch Indien sind ökonomische Schwergewichte und ernst zu nehmende Konkurrenten für hiesige Mittelständler und Großkonzerne. Vor dem Hintergrund dieser Pfadabhängigkeit scheinen multilaterale Zollsenkungen auf gewöhnlichem Verhandlungsweg ausgeschlossen.

Man kann das Gedankenexperiment wagen, wie die Meistbegünstigungszollsätze ausfielen, wenn die Verhandlungen der Uruguay-Runde basierend auf heutigen ökonomischen Gewichten stattfänden. WTO-Ökonomen kommen zu dem Schluss, dass die weltweiten jährlichen Zollkosten um rund zehn Prozent beziehungsweise 26,4 Milliarden US-Dollar sinken müssten, wovon China den größten Anteil zu tragen hätte. Zölle im Automobil- und Maschinenbausektor müssten am stärksten fallen.[19] In Mitteleuropa wäre man gut beraten, wenigstens den Versuch neuer Verhandlungen zu wagen.

Donald Trump verfolgte während seiner Präsidentschaft den Ansatz, Zölle zu erhöhen. Dahinter kann durchaus strategisches Kalkül stecken: Zollerhöhungen schaffen neue Verhandlungsmasse, die Asymmetrie wird aufgehoben, und symmetrische Senkungen können die Folge sein, sofern man kooperieren will.

Eine solche Verhandlungsstrategie kennen wir aus anderen Bereichen. Dem NATO-Doppelbeschluss von 1979 liegt dieselbe Logik zugrunde, wonach der Westen zunächst mit der atomaren Rüstung des Ostens gleichzog und gleichzeitig Verhandlungen zum gemeinsamen Abrüsten anbot. Dies hatte weitreichende Abrüstungsverträge Ende der 1980er-Jahre zur Folge, vielleicht sogar den Kollaps der Sowjetunion.

Trumps Handelspolitik fehlte hingegen (bisher) eine erkennbare Bereitschaft, auch den zweiten Schritt zu gehen, also das gemeinsame »Abrüsten«.[20] Aus Sicht der Autoren sind die derzeit asymmetrischen Zollsätze ein wesentlicher Grund, warum die WTO insbesondere aus westlicher Perspektive dauerhaft in die Kritik gerät.

Das Meistbegünstigungsprinzip verbietet eigentlich die Schaffung von sogenannten *präferenziellen Handelsabkommen* zwischen zwei oder mehreren Mitgliedern der WTO, denn deren Sinn und Zweck ist ja genau die Einräumung spezieller Handelsvorteile, etwa niedrigerer Zölle. Im GATT gibt es jedoch in Artikel XXIV eine Ausnahme für Zollunionen, die auch auf Freihandelsabkommen angewendet wird.[21] Und es gibt noch einen zweiten, erst im Jahr 1979 hinzugefügten Ausnahmetatbestand: Reiche Industriestaaten dürfen Entwicklungsländern einseitige Zollvergünstigungen gewähren, sogenannte nichtreziproke Abkommen. Diese speziellen Regelungen für arme Länder sind dann ein Problem, wenn diese Länder sich wirtschaftlich weiterentwickeln und längst keine Entwicklungsländer mehr sind. Denn damit werden weitere Asymmetrien begründet, die bei den Handelspartnern zunehmend auf Unverständnis stoßen. So reklamiert China trotz der spektakulären Zugewinne beim Pro-Kopf-Einkommen immer noch den Entwicklungsland-Status für sich.

DAS ZWEITE GRUNDPRINZIP DES WELTHANDELS: INLÄNDERBEHANDLUNG

Das zweite Diskriminierungsverbot, das Diskriminierung zwischen ausländischen und heimischen Wettbewerbern verbietet, nennen Handelsrechtler auch *Inländerbehandlung*. Die Inländerbehandlung gilt nicht in der Zollpolitik, denn Zölle bedeuten qua Konstruktion eine Benachteiligung ausländischer Wettbewerber. Für unseren Alltag ist sie dennoch höchst relevant. Zum Tragen kommt dieses Prinzip etwa bei der Ausgestaltung von Subventionen (in der Sprache von Politikern »Förderungen«): Eine Kaufprämie für Elektrofahrzeuge in Deutschland darf zum Beispiel nicht nur für deutsche Fahrzeuge gewährt werden. Schlösse man etwa chinesische Hersteller davon aus, wäre das Prinzip der Inländerbehandlung verletzt. Ein Verfahren vor den WTO-Gerichten drohte, die Niederlage wäre vorprogrammiert. Der in Europa bisweilen viel diskutierte Inflation Reduction Act – ein grünes Subventionsprogramm der Biden-Regierung, das mit Inflationsbekämpfung überhaupt nichts zu tun hat – sieht genau solche diskriminierenden Subventionen für Elektrofahrzeuge vor.[22] Um in den Genuss der Subventionen zu gelangen, ist der US-Wertschöpfungsanteil maßgeblich. Am 28. März 2024 leitete China, wenig verwunderlich, ein Verfahren dazu bei der WTO ein.[23]

Immer wieder tauchen politische Forderungen auf, doch »deutsches Geld nur für deutsche Waren« aufzuwenden (und analog genauso in Österreich und der Schweiz). Auch ein heute immer wieder diskutierter *Buy American Act* – der originale BAA stammt aus 1933, der Hochphase des Protektionismus nach der Weltwirtschaftskrise – entspringt derselben Geisteshaltung. Diese ist nichts anderes als plumper Populismus und auch intellektuell sehr kurz gesprungen: Natürlich würde es deutschen Autobauern nützen, wären sie in Deutschland bessergestellt als ausländische. Chinesen, Japaner, Koreaner, Amerikaner agierten dann aber genauso und würden deutsche Autobauer im Ausland benachteiligen. Für Länder wie Deutschland, Österreich und die Schweiz brächte dies düstere Aussichten mit sich: Alle drei Länder exportieren mehr als sie importieren. Damit gibt es im Ausland mehr »zu verlieren« als zu Hause »zu gewinnen« (auch wenn wir, wie Kapitel 3 zeigen wird, die Vorteilhaftigkeit von Handel nicht am Vorzeichen der Handelsbilanz festmachen dürfen).

Im Übrigen: Wer sich daran stört, dass heimische Subventionen ins Ausland abfließen, sollte sich die Frage stellen, was überhaupt das Subventionsziel ist: Möchte man mehr Elektrofahrzeuge auf den Straßen haben, verfolgt man mutmaßlich ein klimapolitisches Ziel. Woher die Fahrzeuge stammen, sollte dann aber egal sein. Klimapolitik würde noch sehr viel teurer werden, wollte man sie rein durch heimische Produktion bestreiten. Und wer die inländische Produktion anregen möchte, sollte die Standortbedingungen verbessern. Aber selbst dann ist man nicht davor gefeit, dass die heimisch produzierten Waren ihren Weg in die Weltmärkte finden.

WARUM HANDELSREGELN?

Die beiden zuvor besprochenen Grundprinzipien, deren zahlreiche Ausnahmen wir an dieser Stelle nicht en détail vertiefen wollen, dürften einigermaßen einleuchten. Zur Frage aber, wozu es überhaupt solch kodifizierter Handelsregeln bedürfe, bemerkte der schon erwähnte Paul Krugman im Jahr 1997: »If economists ruled the world, there would be no need for a World Trade Organization. The economist's case for free trade is essentially a unilateral case: a country serves its own interests by pursuing free trade regardless of what other countries may do.« (Würden Ökonomen die Welt regieren, gäbe es keine Notwendigkeit für eine Welthandelsorganisation. Das Argument des Ökonomen für Freihandel ist im Wesentlichen ein unilaterales: Ein Land dient seinen eigenen Interessen, indem es Freihandel betreibt, ganz egal, was andere Länder tun.)[24]

Dieses Statement klingt heute vermutlich provokanter als vor der Jahrtausendwende. Damals gab es in der Tat noch keine theoretische Begründung dafür, warum Länder ihre Zollobergrenzen quasi im Stuhlkreis verhandeln sollten. Kyle Bagwell und Robert W. Staiger konnten 1999 eine Erklärung dafür etablieren. Vereinfacht gesagt verheirateten sie dazu zwei Konzepte aus unterschiedlichen volkswirtschaftlichen Dörfern: erstens das oben gemachte Argument, dass das Ausland auf Protektionismus mit Gegenprotektionismus reagiert. Spieltheoretisch lösen multilaterale Zollverhandlungen damit ein sogenanntes *Gefangenendilemma*. Zweitens die Tatsache, dass die inländische Zollpolitik schädigend auf die Wohlfahrt des Auslands wirken kann. Ökonomisch betrachtet handelt es sich dabei um eine *Externalität*.[25]

Für den letztgenannten Mechanismus liefert der EU-USA-Zollkonflikt ein griffiges Beispiel: Nach längerem Hin und Her verhängte Trump im Mai 2018 zusätzliche Importzölle auf Stahl (25 Prozent) und Aluminium (zehn Prozent) aus der EU.[26] In der deutschen Debatte war dabei häufig von »Strafzöllen« die Rede, wobei »punitive tariff« weder in der Sprache des damaligen US-Präsidenten Verwendung fand, noch in den Rechtswissenschaften gebräuchlich ist. Gerade die im WTO-Recht erlaubten Zölle sollen nie bestrafen, sondern immer nur der Schadensregulierung dienen. In dieser Tautologie – Zölle sind per definitionem strafend, weil sie diskriminieren – kommt gewissermaßen eine Opfermentalität zum Ausdruck, als wollte Trump die Europäer damit bestrafen. Vielmehr wollte er dagegen die US-Stahlindustrie begünstigen. Die USA rechtfertigten diese Einfuhrzölle übrigens mit dem Schutz der nationalen Sicherheit (Artikel XXI GATT), auch wenn diese Begründung einigermaßen hanebüchen erscheint, richteten sich die Zölle doch gegen militärische Alliierte der USA.

Jedenfalls verhängte die EU im Gegenzug Zölle auf US-Importe in der gleichen Höhe (2,8 Milliarden Euro). Dank der hohen Granularität der Güterhandelsstatistik konnten die betroffenen Güter sorgfältig ausgewählt werden; darunter waren Motorräder mit großem Hubraum. Die einzig effektiv betroffene US-Firma war Harley-Davidson, nur sie verkauft solche Motorräder nach Europa. Harley-Davidson-Motorräder wären mit den neuen Zöllen um etwa 2200 Euro teurer geworden, und da die Firmenleitung Absatzschwierigkeiten im zweitwichtigsten Markt erwartete, entschied man sich zu Preissenkungen, sodass der Endkundenpreis in Europa unverändert blieb.[27] Aus europäischer Perspektive ein geniales Geschäft: Die Verbraucher tragen keine höheren Kosten, und der Staat bekommt zusätzliche Zolleinnahmen. Für Harley-Davidson im Speziellen und die US-amerikanische Volkswirtschaft im Allgemeinen bot sich wenig Grund zur Freude, denn sie zahlten die Zeche. Ökonomisch gesprochen fand ein Wohlstandstransfer von den USA hin zur EU statt.

Das Harley-Davidson-Beispiel illustriert, welchen Einfluss die heimische Zollsetzung auf ausländische Produzenten hat, die ihre Preise daraufhin anpassen. Man nennt dies auch *Beggar-thy-neighbour-Politik*, also eine Politik, die den Nachbarn zum Bettler machen will. Der Handelspartner soll verarmen. Eine solche Vorgehensweise ist verführerisch, denn zunächst verspricht sie Gewinne. Problematisch ist hingegen die Retourkutsche, sodass infolge von Zollkriegen in der Regel beide Seiten verarmen.

Die nachfrageseitige Marktmacht, auf Angebotspreise Einfluss zu nehmen, zeigt nebenbei auch den unschätzbaren Wert großer Binnenmärkte. Österreich und anderen kleineren

Volkswirtschaften allein wäre ein solcher Schlag gegen die USA vermutlich nicht gelungen; und selbst Deutschland wohl nur mit Abstrichen. Neben dem Vorteil der schieren Größe bewies die EU zudem ihre Handlungsfähigkeit, diesen Konflikt auszutragen. Zollfragen sind Teil ihrer ausschließlichen Kompetenz.

Dass unilaterale handelspolitische Entscheidungen auch Folgen für andere Länder haben, erscheint wenig überraschend: Große Staaten haben mehr Marktmacht, auch *Terms-of-Trade-Power* genannt. Kleine Staaten gerieten schnell unter die Räder, wenn sie ausschließlich mit den drei Großen der Welt – EU, USA, China (G3) – über Zölle verhandeln müssten. Die regelbasierte Handelsordnung mit ihrem Meistbegünstigungsgrundsatz hindert vor allem die Großen daran, ihre Marktmacht zum Nachteil anderer auszuspielen. Das System ist inhärent auf Ausgleich bedacht.

WIE HANDELSSTREITIGKEITEN GELÖST WERDEN

Wer aber schafft diesen Ausgleich? Die WTO selbst hat schließlich keine Polizei, die sie zur Disziplinierung ihrer Mitglieder schicken könnte. Auch die Vereinten Nationen werden keine Blauhelme entsenden, um die Einhaltung von Handelsregeln zu überwachen. Die Misere des Völkerrechts besteht bekanntlich in seiner schwierigen Durchsetzbarkeit. Den GATT-Vätern schwebte jedoch gar nicht vor, das geltende Handelsrecht in letzter Konsequenz tatsächlich durchzusetzen. Vielmehr sollte es sich von selbst durchsetzen.

Bleiben wir beim fiktiven Beispiel einer E-Auto-Kaufprämie, die importierte Fahrzeuge schlechterstellt als heimisch produzierte: Würde ein WTO-Gericht diese für unzulässig erklären und wollte es das Prinzip der Inländerbehandlung durchsetzen, müsste es die deutsche Regierung zwingen, die E-Auto-Kaufprämie wieder abzuschaffen beziehungsweise auch auf importierte E-Autos anzuwenden. Diese Macht hat die WTO allerdings nicht; kein Land der Welt würde eine so zentrale Frage von gesetzgeberischer Souveränität und Autonomie an eine internationale Organisation delegieren. Es geht um den unveräußerlichen Kern von Staatlichkeit. Und für Deutsche, Österreicher und Schweizer sowie alle anderen, die sich glücklich schätzen dürfen, in einer Demokratie zu leben, auch um das Primat demokratisch legitimierter Entscheidungen.

Selbst innerhalb der EU ist die Rechtsdurchsetzung von Urteilen des Europäischen Gerichtshofs (EuGH) gegen den Willen eines Mitgliedstaats keine Petitesse: Gegen einen delinquenten Mitgliedstaat muss zunächst ein Vertragsverletzungsverfahren eröffnet werden. Wenn dieser sich dennoch auf Biegen und Brechen weigert, europäisches Recht umzusetzen, bleiben Sanktionen wie das Kürzen von EU-Mitteln. Am Ende kann sogar die Suspendierung der Mitgliedschaft stehen, ein Mechanismus, der bisher noch nie zur Anwendung kam. Aber selbst diese Ultima Ratio kann geltendes Recht nicht wirklich durchsetzen, sondern nur die Zuwiderhandlung bestrafen. Man bleibt auf Sanktionen beschränkt.

Auch das WTO-Recht beschränkt sich auf Sanktionen. Wem die Bibel geläufiger ist als die rechtstechnischen Begriffe des GATT, der sei an dieser Stelle auf das zweite Buch Mose verwiesen.[28] Das Grundprinzip zur Lösung von Handelsstreitigkeiten ist darin bereits idealtypisch zusammengefasst: »Entsteht ein dauernder Schaden, so sollst du geben Leben um Leben, Auge um Auge, Zahn um Zahn, Hand um Hand, Fuß um Fuß, Brandmal um Brandmal, Beule um Beule, Wunde um Wunde.«

Der Terminus technicus dieser Regel aus dem Alten Testament lautet im Kontext der WTO: »Zurücknehmen substanziell gleichwertiger Konzessionen«. Im Beispiel der diskriminierenden E-Auto-Kaufprämie müssten andere WTO-Mitglieder zunächst nachweisen, dass ihnen dadurch Nachteile entstehen und diese der Höhe nach beziffern. Anschließend können sie sich selbst in Höhe des entstandenen Schadens kompensieren, was in der Praxis bedeutet, dass Ausgleichszölle verhängt werden. Autos expandierende Länder könnten in dem hypothetischen Beispiel Zölle gegen Waren aus der Bundesrepublik Deutschland erheben. Gleichzeitig dürfte Deutschland seine WTO-rechtsinkompatible E-Auto-Kaufprämie weiterhin anwenden, niemand könnte das der Bundesregierung verbieten.

Die Vergeltung ist absolut symmetrisch angelegt, genau wie im Buch Mose eben, wo auch nicht zwei Augen für eines gegeben werden müssen. Auch deshalb ist die Rede von »Strafzöllen« falsch; es geht einzig um Ausgleich und Schadensersatz. Zollspiralen, wo bei einer übermäßigen Vergeltung mit einer weiteren übermäßigen Vergeltung begegnet würde, sind durch die Beschränkung auf eine symmetrische Vergeltung schlechterdings ausgeschlossen. Eine handelsrechtlich unzulässige Maßnahme eines WTO-Mitglieds wird zwar benannt, aber der Streit wird durch die Kompensation für den Schaden beigelegt (weswegen diese Verfahren im WTO-Rechtsjargon Streitbeilegungsverfahren heißen). Einem immer weiteren Eskalieren von Handelskriegen sollte damit vorgebeugt werden. Dieser auf Ausgleich basierende Ansatz funktionierte über viele Jahrzehnte erstaunlich gut, obwohl es immer wieder Differenzen über Handelspraktiken gab, bei denen man sich mal mehr und mal weniger geräuschlos, letztlich aber immer gütlich einigte. Eine Auswahl berühmter Fälle (und Possen):

→ In den 1960er-Jahren, als Tiefkühltransporte über den Atlantik billiger wurden, stiegen europäische Importe von US-amerikanischem Hühnerfleisch stark an. Angesichts des zunehmenden Angebots an amerikanischen Hühnern in Europa befürchteten die europäischen Landwirte, vom Hähnchenmarkt verdrängt zu werden. Sie forderten von der Europäischen Wirtschaftsgemeinschaft (EWG), der Vorgängerin der EU, Gegenmaßnahmen und erhielten zum Schutz der heimischen Produzenten Preiskontrollen auf US-Importe. In der Folge gingen die US-Einfuhren um ein Viertel zurück. Nach gescheiterten Regierungskonsultationen mit der EWG führte Präsident Lyndon B. Johnson 1963 Vergeltungszölle ein, unter anderem auf Kartoffelstärke, Branntwein und bestimmte Automobile. Die meisten dieser Zölle konnten über die Zeit in verschiedenen Handelsrunden wieder wegverhandelt werden, aber nicht alle. Die damals eingeführten hohen Importzölle der USA auf leichte Lastkraftwagen in Höhe von 25 Prozent gelten heute noch. Obwohl sie sich längst nicht mehr auf Geflügel beziehen, sondern den Schutz einer damals wie heute tendenziell wettbewerbsschwachen Branche bezwecken, ist dabei nach wie vor von der »chicken tax« die Rede.[29]

→ In der EU ist der Verkauf von hormonbehandeltem Rindfleisch seit 1988 gesetzlich verboten. Dies ist bei nüchterner wissenschaftlicher Betrachtung einigermaßen willkürlich, denn gesundheitliche Gefahren gehen von Wachstumshormonen erwiesenermaßen nicht aus. Auch könnte durch eine entsprechende Kennzeichnungspflicht jeder Verbraucher selbst entscheiden, ob er solches Fleisch konsumieren möchte. So sehen das jedenfalls die USA, die klagten, und ein von der WTO eingesetztes Schiedsgericht, das ebenfalls keine gesundheitlichen Gründe feststellen konnte, die ein solches Importverbot rechtfertigen würden. Innerhalb der EU ist dieses Thema aber hoch emotional aufgeladen, und es ist das gute Recht der Europäer, an dem Verbot festzuhalten. Sie müssen nur damit leben, dass die USA im Rahmen der Streitbeilegung Ausgleichszölle erheben dürfen und der wirtschaftliche Schaden damit auch Europa erreicht. Wer an weiteren Details interessiert ist, möge den Streitbeilegungsfall »DS26: European Communities – Measures Concerning Meat and Meat Products (Hormones)« auf der Website der WTO nachlesen. Alle Dokumente abgeschlossener Streitfälle sind öffentlich zugänglich.

→ Legendär ist die sogenannte EU-Bananenverordnung von 1993, wonach Bananen eine Länge von mindestens 14 Zentimetern und eine Dicke von mindestens 2,7 Zentimetern aufweisen müssen (entgegen vielen anderslautenden Behauptungen wurde die Krümmung nie festgelegt). Sie wird bis heute völlig zu Unrecht als Sinnbild der Brüsseler Regulierungswut gegeißelt. Ihr Zweck war keineswegs Ausdruck bürokratischen Übereifers, sondern kühl kalkulierter Handelsprotektionismus. Ihr Ziel war, die damals (und heute) marktführenden Chiquita-Bananen auf den europäischen Märkten gegenüber anderen Bananen – scherzhaft *Euro- beziehungsweise Gemeinschaftsbananen*[30] genannt – schlechterzustellen. Es wurden Einfuhrzölle auf Bananen verhängt, die die oben genannte Norm nicht erfüllten, was häufig auf Chiquita-Bananen zutraf. Dies geschah insbesondere auf Betreiben Frankreichs, Spaniens und des Vereinigten Königreichs. Sie wollten der lateinamerikanischen Übermacht an Chiquita-Bananen damit trotzen, dass ihre ehemaligen Kolonien, noch existenten Überseegebiete beziehungsweise der Bananenanbau auf den Kanaren begünstigt werden sollten. Und dort wurden eben keine Chiquita-Bananen kultiviert. Die Verwicklung von US-amerikanischen Konzernen, die wiederum im lateinamerikanischen Bananenanbau investiert waren, brachte schließlich die US-Regierung auf den Plan, und so wurde der sogenannte Bananenkrieg vom Zaun gebrochen. Dieser erreichte 1995 die WTO als einer ihrer ersten Streitfälle überhaupt: »DS16: European Communities – Regime for the Importation, Sale and Distribution of Bananas«. Nachdem die USA Ausgleichszölle in Höhe von 100 Prozent auf EU-Waren erhoben hatten, die nur Frankreich und das Vereinigte Königreich in die USA exportieren, wurde der Streit durch die Anpassung der Bananenmarktverordnung und die Zuteilung von zollfreien Importquoten an lateinamerikanische Staaten beigelegt.[31] 2012 wurde die Bananenverordnung ganz aufgehoben. Ihr Beispiel zeigt allerdings mustergültig, wie technische Normierungen als sogenannte nichttarifäre (nicht auf Zölle abstellende) Handelsbarrieren missbraucht werden können. Protektionismus par excellence.

→ Ebenfalls berühmt und genauso alt wie die WTO selbst sind die Auseinandersetzungen zwischen der EU und den USA bezüglich ihrer Luftfahrtriesen Airbus und Boeing, über die hier nur auszugsweise erzählt werden kann. Beide Unternehmen erhalten hohe Subventionen in ihren Heimatländern, was naturgemäß den jeweils anderen benachteiligt. Am 14. Oktober 2019 autorisierte daraufhin das zuständige WTO-Schiedsgericht die USA, Ausgleichszölle in Höhe von 7,5 Milliarden US-Dollar auf EU-Importe zu verhängen. Betroffen von einem 25-prozentigen Ausgleichszoll waren unter anderem Werkzeuge aus Deutschland, französischer Wein und die Mast-Jägermeister SE, die den gleichnamigen Likör vertreibt. Selbst Exporteure aus europäischen Nicht-Airbus-Ländern wie Österreich waren betroffen. Fast auf den Tag genau ein Jahr später autorisierte die WTO auch die EU, ihrerseits Ausgleichszölle auf US-Importe in Höhe von vier Milliarden US-Dollar zu verhängen. Diese Streitigkeiten haben mit Ausnahme der zeitlichen Überschneidung mit Trumps Präsidentschaft nichts originär mit seinen Handelsstreitereien zu tun. Am 5. März 2021 vereinbarten die EU und die USA, alle Ausgleichszölle in diesem Kontext zu suspendieren.[32] Dieses Beispiel illustriert insbesondere, wie Subventionswettläufe Zollspiralen in Gang setzen können.

Interessant ist im Zusammenhang mit der Verhängung von Ausgleichs- beziehungsweise Vergeltungszöllen, welche Produktkategorien dafür ausgewählt werden, denn anders als bei Moses kann hier auch nach dem Motto »Auge für Brandmal« oder »Beule für Wunde« vergolten werden. Die WTO ermittelt nämlich nur den entstandenen Schaden und autorisiert den Geschädigten, sich einen gleich hohen Schadensersatz über Zölle zu organisieren. Sie sagt aber nichts dazu, *worauf* diese Zölle erhoben werden sollen. Die Symmetrie in der Vergeltung bezieht sich auf die Handelsvolumina und die Zollhöhe. Spielraum besteht allerdings darin, welchen Schaden man im Sinne von Wohlfahrtsverlusten beim Gegenüber erzeugt. Auch bei Moses ist schließlich nicht gesagt, dass man lediglich das schlechtere Auge geben muss. Neue Zölle bedeuten indes eine Spielwiese für Lobbyisten, und diese werden sogar auf doppelte Weise aktiv. Sie werden im *sanktionierenden* Land ihren jeweiligen Regierungen kreativ und mit großer Überzeugungskraft vortragen, warum ausgerechnet ihre Wettbewerber mit Zöllen belegt werden sollen. Protektionismus für einen guten Zweck eben. Europäische Motorradhersteller wie BMW, KTM und Ducati waren sicherlich nicht unglücklich darüber, dass die EU-Kommission Harley-Davidson auswählte. Dass keinerlei Transparenz darüber herrscht, nach welchen Kriterien die EU-Kommission aus über 10.000 Produkten die Auswahl für ihre Vergeltungszölle trifft, leistet dem Verdacht des versteckten Lobbyismus erheblichen Vorschub. Die Intransparenz ist nicht nur deshalb falsch, sie ist auch ein strategischer Fehler, denn eine frühzeitige Ankündigung erzeugt wirkmächtigen Lobbyismus in eigener Sache, und zwar auf der anderen Seite: Die geschädigten Unternehmen im *sanktionierten* Land laufen nämlich bei ihren jeweiligen Regierungen Sturm, um eine Abkehr von den unlauteren Handelspraktiken einzufordern, die die Vergeltungszölle überhaupt erst auslösten. Harley-Davidson hatte in der Folge von Trumps Stahl- und Aluminium-Zöllen gegen die EU einen beträchtlichen wirtschaftlichen Schaden. Aufgabe der Firmenleitung ist dann, der eigenen Regierung die Leviten zu lesen und sie bestenfalls von ihrem geplanten Regelbruch abzubringen. Je früher Harley-Davidson weiß, dass es in solche Konflikte verwickelt wird, desto frühzeitiger wird es den Versuch des Gegenlobbyismus unternehmen.

Dass unbeteiligte Produzenten in Mitleidenschaft gezogen werden – Harley-Davidson, französische Winzer oder die Mast-Jägermeister SE –, sollte insgesamt disziplinierend auf Politiker wirken, sich an das Handelsrecht zu halten. Wer Handelsrechtsverletzungen begeht und damit Ausgleichszölle provoziert, muss dies vor seinen Unternehmern und Wählern rechtfertigen.

Mit Zöllen lässt sich zudem sehr konzentriert hoher Druck aufbauen. Genauso wie die USA bei ihren Vergeltungsmaßnahmen gegen die Bananenverordnung die maßgeblichen Akteure innerhalb der EU verstärkt in das Visier nehmen, könnte auch die EU den Schaden der US-Handelspolitik in wichtige Swing States tragen. Daher sollte sie sich bei sich anbahnenden Handelskonflikten strategisch vorbereiten, um die Zollgegenschläge möglichst wirkungsvoll einzusetzen.

Als sich beim Beispiel des Bananenkrieges Frankreich und das Vereinigte Königreich anschickten, ihre betroffenen Industrien wiederum durch Ausgleichssubventionen zu kompensieren, drohten die USA sogar mit einer sogenannten Karussell-

Vergeltung. Danach hätten sie ihre Ausgleichszölle alle 120 Tage auf neue Produkte erhoben. Ein Kompensieren der Geschädigten wird dann höchst aufwendig. So weit kam es allerdings nicht, denn vorher hielt Vernunft in London und Paris Einkehr.[33]

Die Karussell-Vergeltung ist vielleicht das schärfste Schwert im Rahmen der klassischen Vergeltungszölle. Augenscheinlich ist sie gegenüber den Unternehmen des sanktionierten Landes gar nicht so ungerecht, denn der Schaden verteilt sich über die Zeit gleichmäßiger über verschiedene Branchen und Unternehmen. Dass Kompensationen dadurch schwieriger werden, ist ein weiterer Pluspunkt. Als Drohpotenzial sollte sie jedenfalls immer im Raum stehen; nicht um tatsächlich eingesetzt zu werden, sondern um Protektionismus und weitere Handelskonflikte zu verhindern. Si vis pacem, para bellum. (Wenn du Frieden willst, rüste zum Krieg.)

Kompensationen können nicht darüber hinwegtäuschen, dass ein volkswirtschaftlicher Schaden durch Ausgleichszölle entsteht. Dieser kann zwar umverteilt werden hin zu den Steuerzahlern, wodurch eine mögliche geografische oder branchenspezifische Konzentration aufgehoben würde. Dies ändert aber nichts daran, dass eine Volkswirtschaft durch solche Zölle ärmer wird. Sollte eine Verwicklung in Handelskriege künftig häufiger auftreten, wäre ein präventiv vorbereiteter allgemeiner Kompensationsmechanismus zu diskutieren. Warum nämlich Harley-Davidson und Jägermeister die Kosten der Handelspolitik ihrer Regierungen zu tragen haben, ist mithin schwer zu rechtfertigen.

ANTIDUMPING UND DIE FRAGE, OB EIN AUSGLEICH WIRKLICH SINNVOLL IST

Auch im Fall von Dumping sind Ausgleichszölle erlaubt. Dumping meint gemeinhin eine Praxis, bei der Unternehmen Waren unterhalb ihrer Gestehungskosten verkaufen. Im internationalen Handel kommt als Definition hinzu, dass die Waren im Ausland günstiger verkauft werden als im Inland. Dadurch entstehen Wettbewerbsnachteile für die dortigen Hersteller. Nun ist das Wesen des Wettbewerbs, dass sich Unternehmen gegenseitig bei ihrer Preissetzung unterbieten. Die Intensivierung des Wettbewerbs bedeutet einen Wohlfahrtsgewinn für Verbraucher. Spiegelbildlich sinken die Gewinnmargen der Unternehmen. Eine Politik pro Marktwirtschaft (ergo Wettbewerb) steht einer Politik pro Unternehmen (weniger Wettbewerb) damit diametral entgegen. Grundsätzlich sind Unternehmen frei in ihrer Preisgestaltung. Wenn ein Unternehmen etwa zu Marketingzwecken Waren unterhalb der Gestehungskosten anbieten will, kann niemand es davon abhalten. Dauerhaft wird das jedoch kaum möglich sein, denn bei einem solchen Unternehmen klopft unter normalen Umständen irgendwann der Insolvenzverwalter an der Tür.

Bekanntermaßen können Staaten mit Antidumpingzöllen gegen Dumpingimporte vorgehen. Diese Maßnahmen richten sich gegen Firmen und nicht gegen Staaten, wie im Fall der genannten Airbus-/Boeing-Subventionen, die mit Ausgleichszöllen vergolten wurden. Antidumpingzölle sind damit auch unternehmensspezifisch und gleichen die sogenannte Dumpingmarge aus: Dabei wird ein hypothetischer Preis ermittelt, der unter anderem die tatsächlichen Herstellungskosten widerspiegelt, und mit dem tatsächlichen Verkaufspreis verglichen. Die Differenz wird als Zollsatz draufgeschlagen, sodass im Ergebnis ein möglichst nicht gedumpter Preis steht.

Chinesische Solarpanels sind häufig dem Dumpingvorwurf ausgesetzt. Entscheidend dabei ist aber nicht, dass diese günstiger sind als hierzulande produzierte, denn das würde sämtliche komparative Vorteile aufheben; entscheidend ist, ob ein chinesischer Hersteller die Panels in Europa günstiger verkauft als in China und sich über eine firmeninterne Quersubventionierung Marktanteile sichern will. Der Nachweis von Dumpingpraktiken gegenüber China ist übrigens erheblich einfacher als gegenüber anderen Staaten: China wird von einigen Ländern nach wie vor nicht formal als Marktwirtschaft anerkannt, wogegen es sich in der Vergangenheit heftig wehrte und seitens der EU auch teilweise Zugeständnisse erhielt.[34] Bei Nichtmarktwirtschaften kann man davon ausgehen, dass Preise generell wenig aussagekräftig sind, weil sie nicht Knappheiten widerspiegeln, sondern staatlich festgesetzt werden. Und ohne marktliche Preise sind betriebswirtschaftliche Kosten wie Kapitalzinsen und

Löhne ebenfalls nicht sinnvoll zu interpretieren. Die volkswirtschaftlichen Gestehungskosten einer Ware sind somit erheblich verzerrt. In der Praxis wird der Antidumpingzoll in diesem Fall durch Drittlandsvergleiche ermittelt. Man betrachtet dann, was der Preis eines vermeintlichen Dumpingprodukts ist, wenn es aus Indien stammt, und setzt den Antidumpingzoll so an, dass er dem indischen Preisniveau entspricht.[35]

Reflexhaft, aber etwas unreflektiert werden bei mutmaßlichem Dumping schnell Zölle gefordert. Jüngstes Beispiel sind Elektrofahrzeuge aus China, die durch die EU-Kommission näher unter die Lupe genommen wurden. Am 12. Juni 2024 verhängte sie Ausgleichszölle zwischen 17,4 und 38,1 Prozent, die zusätzlich zu den gewöhnlichen Automobileinfuhrzöllen von zehn Prozent kommen.[36] Rechtstechnisch handelt es sich dabei jedoch nicht um Antidumpingzölle – Dumping ist eine betriebliche Praxis –, sondern um Ausgleichszölle gegen Exportsubventionen, die der chinesische Staat gewährt. Wieder einmal handelt es sich mitnichten um »Strafzölle«. Wenn Peking ernsthaft eine handelspolitische Eskalation vermeiden möchte, sollte es die Zölle entweder akzeptieren oder, noch besser, die Subventionen zurücknehmen, bevor es seinerseits zu Gegenschlägen ausholt. Bemerkenswert ist in diesem Zusammenhang, dass sich die deutsche Automobilwirtschaft aus Sorge vor weiteren Verwerfungen *gegen* Zölle für ihre Wettbewerber ausspricht.[37] Dennoch sollten wir uns erst einmal fragen: Warum will man solche Importe überhaupt unterbinden? Bei näherer Betrachtung ist dieser Reflex gar nicht mehr so eindeutig: Aus Konsumentensicht ist es schließlich sehr erfreulich, wenn man eine Ware mit hohen oder beziehungsweise unter ihrem Wert kaufen kann. Liegen die Verkaufspreise unterhalb der Herstellungskosten, findet ein echter Wohlstandstransfer statt, wie bei einer Schenkung. Übertragen auf die internationale Ebene bedeutet Dumping, dass China der Welt Geschenke macht, indem seine Firmen Waren zu günstig verkaufen. Wer aber soll etwas gegen Geschenke haben?

Sicherlich die Wettbewerber. Doch die ließen sich kompensieren, und es bliebe immer noch ein positiver Nettogewinn an Wohlstand, weil Handel, wie beschrieben, eben *kein Nullsum-*

menspiel ist. Aus wohlfahrtstheoretischer Betrachtung ist das einzig wirklich stichhaltige Argument für Antidumpingmaßnahmen die Gefahr der Monopolisierung: Wenn eine ausländische Firma alle Konkurrenten weltweit in die Knie gezwungen hat, kann sie Monopolpreise durchsetzen, die vollen Kosten dieser Praktik erreichen die Verbraucher eben später. Verfechter der Marktwirtschaft würden einwenden, dass ein Monopol immer auch den Markteintritt neuer Unternehmen anregt, die an den Monopolrenditen mitverdienen wollen. Der reinen Lehre nach geschieht dies so lange, bis wieder echter Wettbewerb herrscht. Gefährlich wird es dann – und nur dann –, wenn durch das Monopol ein Wissensvorsprung entsteht, der möglicherweise nie wieder aufgeholt werden kann (vgl. Kapitel 7).

In der Praxis darf man anzweifeln, dass es so etwas tatsächlich gibt. Die Märkte für digitale Anwendungen neigen zur Monopolisierung. Dies hat aber andere Gründe als Dumping, hier liegt eher ein sogenanntes natürliches Monopol vor; und selbst bei Suchmaschinen, Cloud-Dienstleistern und Betriebssystemen gibt es immer mehr als nur einen Anbieter. Den Autoren ist jedenfalls nicht bekannt, dass je ein globales Monopol über Dumping errichtet worden wäre. Auch die laufenden Anpassungskosten an Dumping – zuerst der Marktaustritt und dann der Wiedereintritt heimischer Wettbewerber – können Gründe für einen temporären Schutz liefern. Dabei läuft man allerdings allzu schnell Gefahr, Strukturwandel zu verschleppen (vgl. Kapitel 3).

Zudem widerlegt auch ein Abgleich mit der tatsächlichen Antidumpingpraxis dieses Argument: Die Liste der Produkte, gegen die die EU im Moment Antidumpingzölle verhängt, lässt nicht ansatzweise erkennen, dass es sich um hochsensible Abhängigkeiten handelt, die man abzuwehren versucht. Im Grunde spotten sie jeder Beschreibung: bis zu 61,7 Prozent Zoll auf Alu-Heizkörper aus China, Betonstabstahl aus Belarus (10,6 Prozent), Keramikfliesen aus Indien (8,7 Prozent) und der Türkei (20,9 Prozent), Fahrräder und Fahrradteile ebenfalls aus China, aus Indonesien, Kambodscha, Malaysia, Pakistan, Philippinen, Sri Lanka und Tunesien (48,5 Prozent), Biodiesel aus den USA (172,2 Euro/Tonne). Diese unheilige Litanei ließe sich fortsetzen.

Kritische Abhängigkeiten, denen man über Antidumpingmaßnahmen begegnen kann, verdienen dennoch eine vertiefte Auseinandersetzung. Diese erfolgt in Kapitel 5 und 6. Im Grundsatz muss aber klar sein: Verbraucher werden durch Antidumpingzölle geschädigt, denn diese erhöhen die Güterpreise in unnötiger Weise. Gleichzeitig solche Zölle beizubehalten und in einem Atemzug Lieferkettenschwierigkeiten und hohe Preissteigerungen zu beklagen, ist wohlfeil. Ein politischer Beitrag zur Inflationsbekämpfung wäre vielmehr, die Antidumpingzölle (und vielleicht auch andere) ganz auszusetzen. Die europäischen Volkswirtschaften sind derzeit voll ausgelastet, es herrscht vielmehr eine Angebotsknappheit: ein Mangel an Fachkräften, Komponenten et cetera. In Zeiten stark steigender Baukosten sollte man nicht Baustahl und Fliesen zusätzlich verteuern, in einer solchen Situation ist Protektionismus doppelt dumm. Und wem das Klima wirklich am Herzen liegt, der wird auch kein Verständnis für Schutzzölle auf Biodiesel haben.

Nicht minder bizarr muten übrigens die gegen uns gerichteten Antidumpingzölle an: 181,5 Prozent Zoll gegen gefrorene Kartoffelchips aus Deutschland (verhängt von Botswana, Namibia und Südafrika), Kanada belegt Weizengluten aus Österreich mit 26,1 Prozent, und die US-Amerikaner stören sich an speziellen Karbon- und legierten Stahlrohren aus der Schweiz.[38] Vorgeblich, weil österreichische und schweizerische Produzenten das Ausland mit unfairen Dumpingpreisen überziehen.

Unter dem Strich kann man sich des Eindrucks kaum erwehren, dass Antidumpingmaßnahmen nicht das Allgemeinwohl im Blick haben, sondern vor allem die Profitinteressen einiger Industrien.

EINE FRAGE DER NATIONALEN SICHERHEIT

Wie erwähnt führte Donald Trump seine Sonderzölle auf Stahl und Aluminium mit Verweis auf nationale Sicherheitsinteressen der USA ein. In der Tat gibt es im GATT eine Ausnahme, wonach der freie Handel unterbunden werden kann, wenn er die nationale Sicherheit gefährdet. Diese Ausnahme stellt das Welthandelssystem jedoch vor ein erhebliches Dilemma: Im Grundsatz unterstützt jeder diesen Ausnahmetatbestand. Sicherheitsinteressen können valide Argumente gegen Freihandel sein. Im Krieg möchte man seine Munition nur ungern beim Feind kaufen müssen. Auch deswegen sind Rüstungsbeschaffungsmärkte weltweit von starkem Protektionismus geprägt.

Diese Ausnahme kann aber auch missbraucht werden, indem alles zu einer Frage der nationalen Sicherheit erklärt wird. Sind nicht Software, Medizin, Infrastruktur, Energie, landwirtschaftliche Erzeugnisse und eben Stahl genauso sicherheitsrelevant? Das käme jedoch der Perversion des Handelssystems gleich, die Ausnahme würde zur Regel. Wenn Trumps Zölle Schule machen, kann die WTO gleich ihren Betrieb einstellen.

Folglich ist die WTO der Ansicht, dass ihre Gerichte die Stichhaltigkeit des Arguments »Bedrohung der nationalen Sicherheit« prüfen dürfen. Nicht nur die USA sehen darin aber eine Überdehnung der Kompetenzen der WTO, denn über die Bedrohung der nationalen Sicherheit kann nicht objektiv durch ein Schiedsgericht entschieden werden. Sie ist eine zutiefst subjektive Angelegenheit staatlicher Souveränität. Dies hielt die WTO allerdings nicht davon ab, einen Präzedenzfall in dieser Sache zu schaffen, und so gab ein WTO-Gericht Russland recht, das 2014 mit Verweis auf die nationale Sicherheit den Transit ukrainischer Waren nach Kasachstan und Kirgistan unterband.[39] Offenkundig können auch angreifende Staaten vom Artikel XXI Gebrauch machen.

DIE BLOCKADE DER WTO-GERICHTE

Die erwähnten WTO-Gerichte haben zwei Funktionen: Zum einen stellen sie fest, ob eine Verletzung von Handelsrecht stattfindet und die klagende Partei dem Grunde nach Ausgleichsmaßnahmen ergreifen darf. Die erste Instanz dazu heißt *Panel*, die Berufungsinstanz *Appellate Body*. Zum anderen ermitteln sie, welchen Schaden eine Partei der Höhe nach erlitt. Hier gibt es nur eine Instanz, sie heißt *Arbitrator* (Schlichter).

Panel und Arbitrator werden als Schiedsgerichte konstituiert, sie setzen sich aus drei neutralen Personen zusammen. Es handelt sich bei ihnen nicht um hauptamtliche Richter, sondern um Experten (de facto Ökonomen und Juristen), die der WTO von ihren

Heimatregierungen vorgeschlagen werden. Aus diesem Pool werden für ein Schiedsgericht drei Personen gezogen, wobei sie aus Gründen der Neutralität aus keinem der streitenden Staaten stammen dürfen. Das Berufungsgericht hingegen, der Appellate Body, bestand aus sieben hauptamtlichen Richtern, die von der WTO beschäftigt wurden.[40] – Die Vergangenheitsform ist hier bewusst gewählt, denn seit dem 11. Dezember 2019 ist diese Berufungsinstanz inaktiv, weil sie die Mindestanzahl von drei Richtern unterschritt. Grund dafür ist die Weigerung der USA, frei werdende Richterposten nachzubesetzen, und der Systemfehler, dass die Nachbesetzung Einstimmigkeit unter allen WTO-Mitgliedern erfordert. Die USA begannen mit dieser Blockadehaltung schon unter Obama, intensivierten sie unter Trump und änderten daran nichts unter Biden.

Die Blockade des Berufungsgerichts ist nichts weniger als ein Enthauptungsschlag gegen die gesamte WTO-Gerichtsbarkeit. Kommt ein Panel nämlich zu dem Ergebnis, dass ein Staat Handelsrecht verletzt, kann dieser Staat einfach in Berufung gehen und anschließend passiert: nichts! Zur Schlichtung kommt es gar nicht mehr, weil die Berufung anhängig ist, aber nicht verhandelt werden kann. Unter Führung der EU, der man in dieser Frage ein ausdrückliches Lob zukommen lassen muss, wurde ein Ersatzgremium als Berufungsinstanz geschaffen, an dem sich immerhin 53 der 164 WTO-Mitglieder beteiligen, darunter neben allen EU-Staaten auch Brasilien, China, Japan, Kanada und die Schweiz.[41] Über eine Reform und Wiedereinsetzung des Berufungsgerichts verhandeln die WTO-Mitglieder derzeit, bisher allerdings ohne nennenswerten Erfolg.

Wieso aber wird die Welthandelsordnung von genau jener Führungsmacht derart torpediert, die sie in der Vergangenheit maßgeblich vorantrieb? In einem 174-seitigen geharnischten Report listen die USA auf, welche Unzulänglichkeiten sie der WTO-Berufungsinstanz zuschreiben.[42] Ein gewichtiger und wohl nicht gänzlich von der Hand zu weisender Vorwurf dabei ist, dass die Richter Handelsrecht fortlaufend neu interpretierten und auslegten, anstatt es bloß anzuwenden. Dem päpstlichen Dogma der Unfehlbarkeit nicht unähnlich verkünden sie ihre Sprüche ex cathedra. Richter hätten Präzedenzfälle geschaffen, auf die sich die Schiedsgerichte berufen müssten. Damit würde ein Richterrecht etabliert, und aus dieser fortentwickelten Rechtspraxis würden für WTO-Mitglieder völkerrechtliche Verpflichtungen erwachsen, denen sie bei ihrem Beitritt niemals zugestimmt hätten. Dies untergräbt die nationale Souveränität.

Abstrahiert man von der WTO, fällt auf, dass diese Kritik im Rahmen der Brexit-Debatten auch eins zu eins gegenüber dem EuGH vorgetragen wurde. Möglicherweise messen die USA und das Vereinigte Königreich ob ihrer Common-Law-Tradition Präzedenzfällen höheres Gewicht bei als die Festlandseuropäer mit ihrer römischen Rechtstradition. Aber auch von schweizerischer Seite wird die Unterwerfung unter den EuGH abgelehnt, die die EU wiederum zur weiteren Teilnahme der Schweiz am EU-Binnenmarkt einfordert (Debatte um das sogenannte Rahmenabkommen). Der Nexus zwischen wirtschaftlicher Integration und nationaler Souveränität wird offenbar immer virulenter. Kapitel 5 wird darauf noch eingehen. Festhalten kann man jedoch, dass die US-Kritik am WTO-System viel tiefer liegt, als dass man sie der Laune einzelner Präsidenten zuschreiben könnte.

WARUM DIE GROSSEN MITMACHEN

Warum sich handelspolitische Großmächte freiwillig an einem System der Machtbeschränkung beteiligen, ist alles andere als einfach zu beantworten. Die erwähnte Sabotage der WTO-Gerichte durch die USA zeigt, dass Großmächte diese Machtbeschränkung bisweilen nur schwerlich akzeptieren.

Formaltheoretische Argumente hat der schon erwähnte Ivy-League-Ökonom Robert W. Staiger erarbeitet. Er kann damit einerseits erklären, warum die USA dieses System zunächst aufbauten und warum sie sich nun von ihm abwenden: Eine unangefochtene Führungsmacht wie die USA nach dem Zweiten Weltkrieg hat Interesse daran, möglichst vielen Ländern eine Teilnahme an »ihrem Handelssystem« schmackhaft zu machen; daher verpflichteten sich die USA auch selbst zur Regeleinhaltung. Zudem provozierte eine machtbasierte Handelspolitik die Bildung von Gegenblöcken. Die 1968 gegründete Europäische Zollunion war sicher kein Gegenblock zu den USA, kann aber durchaus als Emanzipation davon verstanden werden und zeigt, dass die Bildung einflussreicher zwischenstaatlicher Wirtschaftsräume grundsätzlich möglich ist. Man könnte, jeweils mit Abstrichen, in diesem Zusammenhang auch die ASEAN-Staaten in Ostasien, den Mercosur in Südamerika oder die Westafrikanische Wirtschaftsunion nennen. Dass die Machtbeschränkung dem Eigeninteresse dient, ändert sich mit sinkender Dominanz der USA. In dem Maße, wie China die USA als wichtigste Handelsnation ablöst, verringert sich der Anreiz zur Systemerhaltung.[43]

Aus dieser Argumentation folgen zwei wesentliche Erkenntnisse. Erstens: Das abnehmende Interesse der USA am regelbasierten Welthandel ist weniger mit der Person Trump verknüpft als mit strukturellen Faktoren. Zweitens: Das regelbasierte Welthandelssystem droht insgesamt zu kollabieren, wenn sich keine neue Führungsmacht unter den G3 herausbildet, so dass diese fortlaufend in Konkurrenz zueinander stehen. Das regelbasierte System würde dann einem machtbasierten weichen, was insbesondere kleine Staaten zunehmend in Zwickmühlen bringt.

Abbildung 5 liefert einen groben Überblick, in welche Wirtschaftsblöcke die Welt zerfallen könnte. Sie zeigt für jedes Land den wichtigsten G3-Handelspartner im Jahr 2021, gemessen aus der Summe des Güter- und Dienstleistungshandels.

Gemessen am Bruttoinlandsprodukt sind die drei Blöcke einigermaßen gleich verteilt: Der EU-Block vereinigt 33,7 Prozent, der USA-Block 27,6 Prozent und der China-Block 34,1 Prozent der Wirtschaftskraft auf sich. Aufgeteilt nach Weltbevölkerungsanteil sind es rund 46, acht und 44 Prozent. Man mag einwenden, dass Australien, Japan, Korea und Neuseeland ob ihrer offensichtlichen Wertepartnerschaft mit dem Westen nicht zum chinesischen Block gezählt werden können, ganz gleich ob China Haupthandelspartner ist oder nicht. Auch Russland ist nach 2022 nicht mehr dem blauen Block zuzurechnen. Sicherlich lassen sich aus Handelsbeziehungen keine Zwangsläufigkeiten ableiten, allzumal in demokratischen Ländern mit ihrer diskursiven Stärke, wirtschaftliche gegen andere Interessen abzuwägen. Gleichwohl ist es in einem System des machtbasierten Welthandels denkbar, dass China seine wirtschaftlichen Verflechtungen weiter festigt, indem es seinen Partnern Konzessionen macht. Die Vertiefung der wirtschaftlichen Beziehung verlangt von den Handelspartnern dann keine aktive Einwilligung mehr, vielmehr müssten sie sich aktiv dagegenstellen und den Handel unterbinden. Putins Kalkül, Europa in die energiepolitische Abhängigkeit zu treiben, um es zur außenpolitischen Untätigkeit zu verdammen, ging bekanntlich nicht auf. Das bedeutet jedoch nicht, dass China nicht einen ähnlichen Versuch unternehmen könnte und dieser fruchtet. Das RCEP-Abkommen liefert dafür erste Hinweise (vgl. Kapitel 4).

Abbildung 5: Haupthandelspartner mit G3-Staaten, Güter- und Dienstleistungshandel, 2021

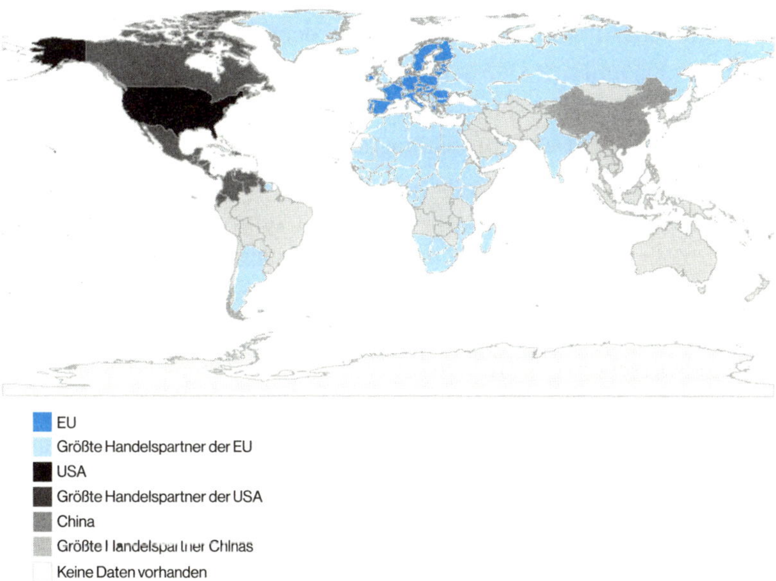

Quelle: Daten der WTO und des IWF. Eigene Darstellung.

BILATERALE ABKOMMEN

Trump wurde nicht müde, zu betonen, dass er nur bilateral über Zölle verhandeln will. Ob der selbst ernannte Handelsexperte dabei erdachte, erahnte oder doch nur per Zufall erkannte, dass dies die Verhandlungsposition der USA stärken würde, darüber möge jeder Leser sich sein eigenes Urteil bilden. Jedenfalls ist das Argument grundsätzlich valide, obgleich die Verlagerung der Handelspolitik von der multi- auf die bilaterale Ebene eine langfristige Systembeschädigung zur Folge hat, die auch die USA trifft. Politiker neigen nun einmal zu kurzfristigen Sichtweisen.

Damit war Trump jedoch keineswegs allein: Die EU geriert sich gern als Gralshüterin des Multilateralismus, und doch untergräbt auch ihre Handelspolitik die Möglichkeit für weitere Handelsliberalisierungen, an denen alle Staaten partizipieren könnten.. Sie erkannte schon lange, dass sie in bilateralen Handelsabkommen mehr durchsetzen konnte als in multilateralen Foren. Ihr Binnenmarkt mit 450 Millionen kaufkräftigen Konsumenten ist ein beträchtliches Pfund. Dazu kommt: Die derzeit bestehenden Zölle in der EU und den USA schützen insbesondere den Agrarsektor. In der EU liegt der Durchschnittszoll auf agrarische Erzeugnisse bei 11,4 Prozent und auf nichtagrarische bei 4,1 Prozent, in den USA bei 5,2 und 3,1 Prozent.[44] Die Doha-Runde scheiterte wie erwähnt daran, dass die westlichen Länder aufgrund der bestehenden Zollasymmetrie kaum mehr Konzessionen (Zollsenkungen) anbieten konnten. Dies gilt jedoch nicht für den Agrarbereich: Schon während der Uruguay-Runde war die Liberalisierung der Landwirtschaftsmärkte eine Forderung der damaligen Schwellenländer, die ihre komparativen Handelsvorteile nicht zu Unrecht vor allem in landwirtschaftlichen Bereichen und weniger im verarbeitenden Gewerbe sahen. Die europäischen Agrarmärkte wurden allerdings damals wie heute als heilige Kühe betrachtet, ihre Protektion blieb sakrosankt. Eben das Ergebnis einer wirkmächtigen Agrar-Lobby, gepaart mit weit geteilten Autarkiebestrebungen (vgl. Kapitel 5).

Und so begannen immer mehr Staaten mit dem Aushandeln bilateraler Handelsverträge – obwohl diese, wie oben ausgeführt, den Meistbegünstigungsgrundsatz verletzen und damit dem Kern des Handelsrechts widersprechen. Artikel XXIV GATT gewährt für Freihandelsabkommen eine Ausnahme, nach der allerdings der gesamte Handel (»substantially all trade«, faktisch

> 90 Prozent) vollständig liberalisiert werden muss, das heißt die Zölle auf null abgesenkt werden müssen. Der GATT/WTO-Rechtsrahmen möchte damit ambitionierten Staaten die Möglichkeit geben, mit der Handelsliberalisierung bilateral voranzugehen.

Die EU geht voran, und wie: Sie unterhält Freihandelsabkommen mit 76 Staaten. Die wichtigsten darunter: Japan, Kanada, Korea, das Vereinigte Königreich und die Schweiz. Mit weiteren 25 Staaten gibt es ausgehandelte Abkommen, die noch ratifiziert werden müssen, darunter das Abkommen mit den Mercosur-Staaten (Argentinien, Brasilien, Paraguay, Uruguay), Neuseeland und der Westafrikanischen Wirtschaftsunion. Mit weiteren sieben Staaten werden derzeit Verhandlungen geführt, darunter Australien, China und Indien. Zuletzt gerieten diese Verhandlungen allerdings ins Stocken, TTIP mit den USA scheiterte zuerst an der europäischen Öffentlichkeit und dann an Trump. Das Mercosur-Abkommen ist seit Jahren ausverhandelt und liegt unterschriftsreif am Tisch, ohne dass es derzeit Aussicht auf Erfolg hätte. Selbst das Abkommen der EU mit Kanada (CETA) konnte nur gegen erhebliche Widerstände angenommen werden. Der eine oder andere mag sich in diesem Zusammenhang daran erinnern, dass die fehlende Zustimmung der Wallonie zeitweise ganz Europa in Geiselhaft nahm. Deutschland hat von der Unterschrift unter den Text bis zur Ratifikation im Bundestag sechs Jahre gebraucht; Frankreich, Italien oder Belgien haben den Text bis heute (Juni 2024) nicht ratifiziert. Wir wollen die Problematik mit Blick auf die Investitionsschiedsgerichtsbarkeit in Kapitel 8 näher beleuchten.[45]

Auch andere Staaten machten von den frühen 1990er-Jahren bis 2020 regen Gebrauch von bilateralen Abkommen. Die Anzahl von in Kraft getretenen Abkommen stieg seit Gründung der WTO von null auf 361 im Jahr 2023. Handelsabkommen müssen von Zeit zu Zeit aktualisiert werden, etwa weil neue Produkte erfunden werden und sich die Anerkennung technischer Normen und Standards über die Zeit ändert. Daher sind neuere Abkommen in der Regel deutlich effektiver als veraltete. Moderne Abkommen enthalten häufig auch Bestimmungen zur Liberalisierung der Dienstleistungsmärkte.

Abbildung 6: Anzahl der Handelsabkommen mit Gütermarktliberalisierung

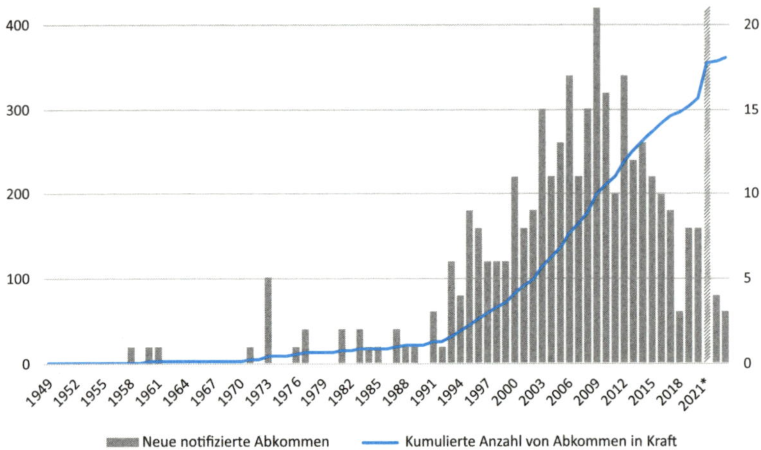

Quelle: Daten der WTO. Eigene Darstellung. *Der Sprung im Jahr 2021 ist auf den Brexit zurückzuführen. Das Vereinigte Königreich übernahm damals sehr viele von der EU abgeschlossene Handelsverträge mit Drittstaaten zu den vorherigen Konditionen. Dadurch sind keine Handelsliberalisierungen entstanden, sondern es wurden lediglich bestehende trotz des Brexits erhalten.

Die vergangenen Handelsliberalisierungen tragen maßgeblich zu dem hohen globalen Wohlstandsniveau bei. Daran haben die bilateralen Abkommen erheblichen Anteil. Gleichzeitig machen auch sie die WTO und das multilaterale System zunehmend entbehrlich. Man kann diese Abkommen ebenso als Versicherung verstehen für den Fall, dass die WTO aufgelöst wird. Der Versicherungsfall wird aber immer wahrscheinlicher, je mehr Staaten sie abschließen. Denn damit sinkt die Bereitschaft, das derzeitige System zu erhalten. Schließlich ist es für die EU wesentlich bequemer, die eigene Verhandlungsmacht durch bilaterales Verhandeln zu stärken. Gerade gegenüber schwächeren Ländern wird dabei nicht selten der Vorwurf des Neokolonialismus erhoben. Der Begriff ist insoweit irreführend, als Kolonialismus inhärent auf Zwang und Ausbeutung basierte, während Freihandel für beide Seiten vorteilhaft und eine freiwillige Entscheidung eines jeden Landes ist. Kein Land wird gezwungen, Handelsabkommen einzugehen, es besteht immer die Möglichkeit zum Opt-out. Typischerweise sind Handelsabkommen binnen sechs Monaten kündbar. Aufgrund dieser Freiwilligkeit kann man mit Fug und Recht behaupten, dass der Handel immer für beide Seiten vorteilhaft sein muss. Wie aber die absoluten Handelsgewinne zwischen beiden aufgeteilt werden, ist eine Frage von Verhandlungsmacht. Und insoweit können mit Freihandelsabkommen auch Beggar-thy-neighbour-Ziele verfolgt werden. Genau aus diesem Grund ist GATT-Handelsrecht sehr skeptisch gegenüber solchen diskriminierenden Vertragswerken.

In der Realität beobachten wir häufig, dass die *absoluten* Handelsgewinne relativ gleich zwischen zwei Vertragsparteien aufgeteilt werden. Die Autoren waren an einer empirischen Evaluierung des seit 2011 geltenden Freihandelsabkommens der EU mit der Republik Korea für die EU-Kommission beteiligt; dabei wurde ermittelt, dass die BIP-Zugewinne für die EU 4,6 Milliarden und für Korea 4,9 Milliarden Euro betragen, also ziemlich vergleichbar sind.[46] Die *relativen* Handelsgewinne sind für Korea allerdings rund zehnmal größer als für die EU, weil das koreanische BIP nur etwa ein Zehntel des EU-BIP beträgt. Damit wäre der ökonomische Schaden für Korea viel spürbarer, sollte die EU plötzlich in Trump'scher Manier mit einer Aufkündigung des Abkommens drohen. Und so definiert sich eben Verhandlungsmacht.

FAZIT

Eine teils degenerierte WTO blickt in eine ungewisse Zukunft. Sie war für eine Phase der Geschichte die richtige Institution mit den richtigen Regeln. Sie verkörpert institutionell die Utopie, die der Stanford-Politikwissenschaftler Francis Fukuyama (*1952) mit dem *Ende der Geschichte* als Dreiklang aus Demokratie, Marktwirtschaft und Rechtsstaatlichkeit beschrieb. Die bestehenden Zollasymmetrien zwischen dem »Westen« und den ehemaligen Schwellenländern zementieren allerdings die wirtschaftlichen Verhältnisse der frühen 1990er-Jahre. Sie widerspiegeln nicht die ökonomischen Kräfteverhältnisse in den 2020er-Jahren. Das Argument der nationalen Sicherheit pervertiert zudem die fundamentalen Prinzipien des Freihandels. Um das Böckenförde-Diktum[47] zu bemühen, lebt auch der regelbasierte, multilaterale Freihandel von Voraussetzungen, die er selbst nicht garantieren kann. Geopolitische Spannungen nehmen zu, und immer weniger Staaten werden Schiedssprüche gegen ihre vitalen Sicherheitsinteressen akzeptieren. Die grundsätzliche Vorteilhaftigkeit von Handel rückt damit zusehends in den Hintergrund. Die Gerichtsbarkeit der WTO ist aufgrund der Rechtsblockade der USA nicht mehr intakt, und dieses Problem scheint strukturell angelegt zu sein. Auch bilaterale Freihandelsabkommen rücken zunehmend in die Kritik, insbesondere ob der mit ihnen verbundenen Souveränitätsbeschränkungen. Mit den USA wendet sich die größte Volkswirtschaft der Welt erkennbar von dem System ab, das sie maßgeblich mithervorbrachte. Dabei haben die USA verhältnismäßig gute Karten in einer autarkeren Welt. Gleichwohl werden sie für ihre wirtschaftlichen Interessen weiter vehement eintreten und dazu auch Partnerschaften und Allianzen eingehen. Dies schließt ein machtbasiertes System gar nicht aus. Der zwischen der Trump-Regierung und der Volksrepublik China geschlossene sogenannte Phase-One-Deal aus dem Jahr 2020 liefert einen Vorgeschmack dafür (vgl. Kapitel 3). Dabei demonstrierten die beiden größten Volkswirtschaften ihre Bereitschaft, sich nonchalant und eklatant über das Handelsrecht hinwegzusetzen.

Für Europa muss das bedeuten – trotz aller Beschwörung, die Alte Welt retten zu wollen –, sich auf künftige Konflikte vorzubereiten. Es muss Handelskriege offensiv wie defensiv führen können. Emmanuel Macron (*1977) bezeichnete die NATO in einem aufsehenerregenden Interview aus dem Jahr 2019 als »hirntot«;[48] fünf Jahre und einen US-Präsidenten später, dazu mit Schweden und Finnland zwei relevante Mitglieder reicher, erscheint die NATO heute alles andere als hirntot. Daher sollten wir auch die WTO nicht voreilig abschreiben, denn in ökonomischer Hinsicht können sich die globalen Rahmenbedingungen ebenfalls wieder ändern.

Kapitel 3

Colberts Vermächtnis: Exportieren wie die Weltmeister

Im Anfang war das Handelsdefizit. Und das Handelsdefizit war in Amerika. Und Trump sah, dass es schlecht war.

POLITIKER missbrauchen eine (meist sehr selektive) Auswahl wissenschaftlicher Erkenntnisse gerne zur Legitimierung der eigenen Ziele. Lassen sich diese gar nicht in Einklang bringen mit der Wissenschaft, erklimmen manche Politiker gelegentlich auch selbst den Elfenbeinturm: So betätigt sich Putin regelmäßig als Historiker mit Schwerpunkt slawische Geschichte, und dem türkischen Präsidenten Erdoğan gelang sogar das Kunststück, die Zinstheorie im Alleingang auf den Kopf zu stellen. US-Präsident Donald Trump war nicht nur eifriger Virologe – wir erinnern uns an seine fatalen Ratschläge während der Pandemie –, sondern geizte auch mit steilen Aussagen zur Handelstheorie nicht. Ergänzend darf man anführen, dass er sich mit Peter Navarro (*1949) einen Handelsberater ins Weiße Haus holte, dem man zwar als Harvard-Absolventen durchaus ökonomischen Sachverstand, aber noch mehr politischen Opportunismus unterstellen darf. Im Ergebnis stand jedenfalls während der Trump-Präsidentschaft von 2017 bis 2020 ein recht schlichtes Verständnis vom Außenhandel, das bei einer betrieblichen Gewinn-und-Verlust-Rechnung Anleihe nimmt: Exporte sind darin Erlöse, Importe Aufwendungen, und Gewinn macht unter dem Strich nur, wer mehr exportiert als importiert. Weil die USA ein beständiges Defizit im Außenhandel aufweisen, sei der Handel schlecht für sie. So verstieg sich der 45. Präsident der Vereinigten Staaten zu der Aussage: »We are like a piggy bank everybody is robbing.« (Wir sind wie ein Sparschwein, das jeder plündert.)[49] Und dagegen müsse er eben etwas tun. So nahmen hitzige Handelsstreitigkeiten und zerstörerische Zollkapriolen ihren Lauf.

Aber der Reihe nach: Richtig ist, dass die USA mehr importieren als exportieren, also ein Defizit im Außenhandel aufweisen. So neu ist dieses Defizit allerdings gar nicht, denn das letzte positive Vorzeichen in der US-Handelsbilanz findet sich anno 1975 und damit zu einer Zeit, als Präsident Gerald Ford (1913–2006) noch regierte, der Vietnamkrieg gerade endete und die Autoren dieses Buchs noch nicht einmal geboren waren. Die schweizerische Handelsbilanz hingegen ist seit 1984 durchgängig positiv, die deutsche seit 1993 und die österreichische seit 1999. Schlecht bekommen ist den Amerikanern ihr persistentes Handelsdefizit offenbar nicht, das kaufkraftbereinigte Pro-Kopf-Einkommen der USA liegt etwa 18 Prozent über dem Deutschlands und Österreichs, aber rund zwölf Prozent unter dem der Schweiz.[50] Anscheinend führen verschiedene Wege zu Wohlstand und Prosperität.

In Deutschland rühmt man sich nicht ohne Stolz der erzielten Exportüberschüsse. Die Rede ist dabei sogar vom »Exportweltmeister«, als ob Deutschlands Unternehmen ein internationales Turnier gewonnen hätten. Dabei werden störende Fakten gerne ausgeblendet. Im Notfall wird die Definition angepasst. So war Deutschland zwar von 2001 bis 2005 in der Tat das Land mit dem höchsten *Überschuss im Güterhandel*, also Exportweltmeister. Interessanterweise fällt diese Periode aber mit einer Zeit zusammen, in der Deutschland der »kranke Mann Europas« war und die Arbeitslosenzahlen die Marke von fünf Millionen überschritten – wie wir noch sehen werden, ist dies kein Zufall. Als nach 2005 China das Land mit dem höchsten Exportüberschuss wurde, änderten deutsche Medien und die deutsche Politik die Spielregeln, um diesen schmerzlichen Titelverlust zu überwinden. Kurzerhand sollte derjenige als Exportweltmeister gelten, der die höchsten *absoluten Güterexporte* habe. Wen interessiert schon der Überschuss? Diesen Titel trug Deutschland allerdings wieder nur fünf Jahre, und zwar von 2004 bis 2008, als es abermals von der Volksrepublik verdrängt und von den USA sogar auf Platz drei verwiesen wurde. Und Flexibilität im Reglement sollte sich weiterhin als nützlich erweisen, denn auf den *Saldo der Leistungsbilanz* abgestellt, konnte sich Deutschland weiterhin mit Fug und Recht Exportweltmeister schimpfen. Der Titel hielt gar über eine ganze Dekade: von 2011 bis 2020.[51]

Diese Albernheit mag nicht nur der Erheiterung dienen, sie legt auch fundamentale Missverständnisse über den Außenhandel offen. Diese werden auch sprachlich verstärkt, tragen die Begriffe »Überschuss« und »Defizit« doch inhärent eine Wertung mit sich; die Nachricht eines *defizitären Außenhandels* ruft keinem sofort die segensreiche Wirkung von Freihandel in Erinnerung. Dabei kommen erst mit Importen Konsumvielfalt und Abwechslung in unsere Ladenregale. Die Claqueure der Außenhandelsüberschüsse und der damit zum Ausdruck gebrachten vermeintlichen Wettbewerbsstärke teilen dasselbe Außenhandelsverständnis wie der ehemalige US-Präsident: Wenn Exporte so rühmlich sind, dass man dafür einen Weltmeistertitel vergibt, dann ist das Lamentieren über das US-Handelsdefizit völlig berechtigt. Dem liegen jedoch mehrere ökonomische Fehlschlüsse zugrunde.

Der deutsche Exportfetischismus leidet noch unter einem weiteren konzeptuellen Problem: Als Teil des EU-Binnenmarktes ist Deutschland über Liefernetzwerke massiv mit anderen EU-Staaten vernetzt. Als Teil der Zollunion ist es handelspolitisch und als Teil des Euroraums auch währungspolitisch keine unabhängige politische Einheit. Damit ist der Titel des Exportweltmeisters vielleicht psychologisch relevant, sollte aber für die praktische Politik keine Bedeutung haben.

Leistungsbilanz:

Die außenwirtschaftlichen Verflechtungen zeigen sich am umfassendsten in der Leistungsbilanz – ein Begriff, der schon eine erste Schwierigkeit mit sich bringt, denn nach allen Regeln der Buchhaltung handelt es sich bei ihr um keine Bilanz, da sie keine Bestandsgrößen ausweist, sondern Stromgrößen erfasst, also Einnahmen und Ausgaben über einen Zeitraum, zum Beispiel ein Jahr.

Zur Ermittlung der Leistungsbilanz werden auf der Einnahmenseite folgende Positionen addiert: Exporte im Güterhandel, Exporte im Dienstleistungshandel, sogenannte Primäreinkommen und Sekundäreinkommen.

Die ersten beiden Größen sind bekannt. Eine hohe Bedeutung haben die Primäreinkommen, sie sind unter anderem Unternehmensgewinne, die heimische Unternehmen im Ausland erzielen. Wenn das BMW-Werk in Spartanburg, South Carolina, Gewinne macht, sind diese dem in München ansässigen Mutterkonzern zuzurechnen und tauchen folglich als Positionen in der deutschen Leistungsbilanz als Einnahme aus den USA auf. Man mag hier einwenden, dass gar keine grenzüberschreitende Transaktion stattfand. Das ist auch richtig, allerdings zeigt sich die Analogie zum direkten Handel auf andere Art: BMW könnte Produktionsfaktoren in Deutschland dazu nutzen, um Fahrzeuge etwa in Dingolfing herzustellen und diese anschließend in die USA zu exportieren; oder aber es nimmt den heimischen Produktionsfaktor Kapital mit über den Atlantik und investiert ihn dort in ein Werk, mit dem es dann den amerikanischen Markt erschließt. BMW setzt an die Stelle des direkten Exports eine ausländische Direktinvestition. Und diese Direktinvestition wird dem deutschen Produktionsfaktor »Kapital« zugerechnet. Die Erträge daraus – Dividenden, Zinsen etc. – fallen damit in Deutschland an.[52] Sie sind Einkommen ähnlich wie Erlöse aus dem Export, die zu inländischen Konsumzwecken verwendet werden können. Solche Einkommen tauchen nicht im BIP auf, da sie aus nichtinländischer Produktion stammen. Die Wertschöpfung findet in den USA statt. Sehr wohl aber zählen sie zum sogenannten *Bruttonationaleinkommen*, das früher unter dem Begriff Bruttosozialprodukt bekannt und durch die deutsche Band Geier Sturzflug populär besungen wurde: »Ab jetzt wird wieder in die Hände gespuckt, wir steigern das Bruttosozialprodukt.«

Insbesondere zwischen den großen Wirtschaftsräumen wie der EU, den USA und China stehen solche Direktinvestitionen für einen erheblichen Teil der wirtschaftlichen Verflechtungen. In solchen Maßstäben rentieren sie sich besonders, denn Direktinvestitionen bedeuten erst mal hohe Fixkosten, erlauben aber anschließend die Erschließung eines Marktes zu niedrigeren laufenden Kosten. Transportkosten oder Zölle fallen dann nämlich nicht an.[53] Auf die Substitution zwischen Exporten und ausländischen Direktinvestitionen werden wir an anderer Stelle noch zurückkommen, denn Direktinvestitionen können Unternehmen mitunter auch vor Handelskriegen schützen (vgl. Kapitel 8).

Doch zurück zur Leistungsbilanz: Die Primäreinkommen können wir gedanklich als Kapitalerträge aus Investitionen festhalten. Sekundäreinkommen spielen in der Praxis keine große Rolle; sie sind Transfers zwischen den Volkswirtschaften, ohne dass dabei eine ökonomische Gegenleistung stattfindet. Dazu zählen auf staatlicher Ebene Zahlungen für Entwicklungshilfen oder Beiträge zu internationalen Organisationen (UN, EU, NATO) und auf Ebene der privaten Haushalte Spenden oder Heimatüberweisungen von Gastarbeitern oder Flüchtlingen. In reichen Ländern ist der Saldo der Sekundäreinkommen in der Regel negativ, bei ärmeren Staaten gibt es meist mehr Zuflüsse. Aber die Statistik hält auch Anomalien bereit: Per saldo erhielten die USA 2017 ungewöhnlich hohe Sekundäreinkommen in Höhe von 15,6 Milliarden Euro aus Deutschland; mutmaßlich standen dahinter Strafzahlungen von VW aufgrund des Dieselskandals. Im Jahr davor und danach lag dieser Saldo aus deutscher Sicht bei nur – 1,6 und – 1,2 Milliarden Euro.[54] Auch Strafzahlungen sind ökonomisch betrachtet Transfers.

Die Ausgabenseite der Leistungsbilanz ist spiegelbildlich strukturiert: Zu den Importen bei Gütern und Dienstleistungen kommen die Erträge ausländischer Investoren im Inland und die erwähnten Sekundäreinkommen. Abbildung 7 zeigt aus Perspektive der EU die vier wichtigsten Wirtschaftspartner gemessen an der Leistungsbilanz. Für jedes Partnerland sind jeweils die Einnahmen und Ausgaben ausgewiesen, und die Länder sind nach Höhe der Einnahmen sortiert. Die USA sind damit für die EU der wichtigste ausländische Partner. Die Aufgliederung zeigt die Bedeutung von Dienstleistungshandel und Primäreinkommen, denn nur weniger als die Hälfte der Einnahmen stammt aus dem Güterexport. Bei den Ausgaben, also den Importen, entfällt auf den Güterhandel nur etwas mehr als ein Viertel. Die Darstellung hält weitere Überraschungen offen: Das Vereinigte Königreich ist gemessen an seinem BIP um den Faktor 7 kleiner als die USA, aber seine Bedeutung für Europa nur unwesentlich geringer. Ökonomen übertrugen daher auch die Newtonsche Gravitationstheorie auf den Außenhandel, wonach zwei Volkswirtschaften umso mehr Handel miteinander treiben, je größer sie sind, aber umso weniger, je weiter sie voneinander entfernt sind. Handel ist nicht deterministisch, aber eben doch massiv durch die Geografie geprägt. Dies ist auch ein Grund, warum Außenhandelsökonomen der Idee nichts abgewinnen können, wonach die Briten Handelsverluste mit der EU im Zuge des Brexits durch eine stärkere Hinwendung zu anderen, fernab gelegenen Volkswirtschaften wettmachen könnten (»Global Britain«).

Noch deutlicher zum Tragen kommt dieser Effekt beim Vergleich mit China und der Schweiz auf Rang drei und vier der wichtigsten Außenwirtschaftspartner der EU: Auf der Einnahmenseite liegt der Wert mit der Schweiz bei 452 Milliarden Euro, mit China sind es lediglich 434 Milliarden Euro. Als Absatzmarkt ist die Schweiz damit sogar leicht bedeutender für Europa als die zweitgrößte Volkswirtschaft der Welt! Und das, obwohl für jeden einzelnen Schweizer rechnerisch 161 Chinesen als potenzielle Abnehmer existieren. Die wirtschaftliche Verflechtung der EU mit China hält aber noch eine Besonderheit parat: Sie ist zum größten Teil getrieben durch den Güterhandel. Dienstleistungen spielen hierbei kaum eine Rolle und auch die Primäreinkommen nicht, was darauf hinweist, dass die wechselseitig getätigten Investitionen noch immer überschaubar sind. Sollte sich die EU zwischen China und den USA als Handelspartner entscheiden müssen, wäre die Sache eindeutig: Der US-Absatzmarkt ist 2,7-mal so bedeutend wie der chinesische.

Abbildung 7: Leistungsbilanz der EU-27 mit den Top-4-Handelspartnern, 2023, in Mrd. Euro

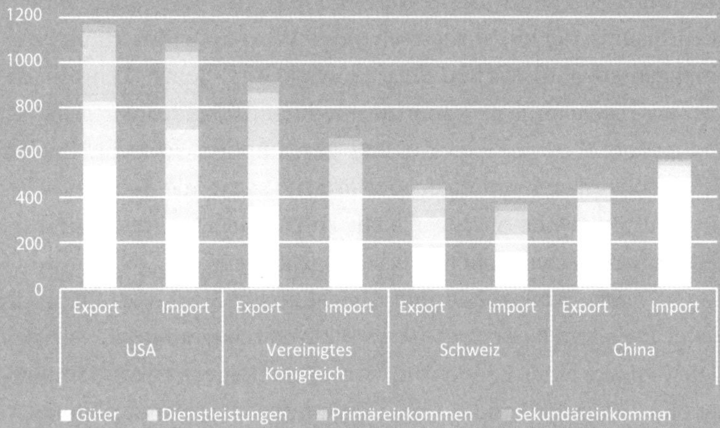

Quelle: Daten von Eurostat. Eigene Darstellung. Hinweis: Unter China sind auch Transaktionen mit Hongkong erfasst.

WARUM MERKANTILISTEN IMMER SCHON FALSCHLAGEN

Die bis heute anhaltende Exportfokussierung ist eng verknüpft mit Jean-Baptiste Colbert, Finanzminister unter Sonnenkönig Ludwig XIV. Er entwickelte für Frankreich den sogenannten Merkantilismus, der zur vorherrschenden Wirtschaftsdoktrin der damaligen absolutistischen Staaten avancierte. Seiner Lehre nach ist das Erzielen von Exportüberschüssen oberste wirtschaftspolitische Maxime. Exporte sind gut, Importe schlecht. Leider überlebte dieses untaugliche Narrativ sogar die Französische Revolution (wenn auch gar nicht so sehr in Frankreich, dessen Außenhandel traditionell relativ ausgeglichen ist).

Das Konzept krankt aus heutiger Sicht vor allem an zwei Problemen. Erstens ist es nicht verallgemeinerungsfähig: Die Exporte eines Landes müssen notwendigerweise die Importe eines anderen Landes sein. Die Summe aller Handelsbilanzen aller Länder ist immer gleich null, daran gibt es nichts zu rütteln.[55] Und damit ist es ein Ding der Unmöglichkeit, wenn alle Länder gleichzeitig nach Exportüberschüssen streben. Zweitens steht der Merkantilismus unserem heutigen Verständnis von Wohlfahrt diametral entgegen: Das Ziel einer jeden ökonomischen Handlung ist der eigene Konsum. Wir arbeiten, um Geld zu verdienen, und von diesem Geld wollen wir schließlich leben, wir verkonsumieren also das Einkommen. Manchmal üben wir uns in Konsumverzicht und sparen und investieren das Ersparte. Der Konsumwunsch ist damit zeitlich aber nur nach hinten verlagert. Von dem heute Ersparten kann man morgen leben, entweder man selbst oder die glücklichen Erben. Es kann aus Konsumperspektive nicht optimal sein, die Exporte permanent weiter zu steigern. Exporte sind der Konsum der Handelspartner im Ausland; sie befriedigen nicht die eigenen Konsumwünsche. Importe hingegen dienen der eigenen Konsumbefriedigung. Was sollte daran verkehrt sein? Importe sind damit *unmittelbar* wohlfahrtsrelevant, Exporte nur *mittelbar*. Wir benötigen Exporte, um auf den Weltmärkten Devisen zu erwirtschaften, mit denen wir wiederum unsere Importe finanzieren können. Exporte sind damit kein *Selbstzweck*, sondern *Mittel zum Zweck*. Brechen die Exporte kurzfristig weg, muss man sich eben verschulden, um weiter konsumieren zu können. Brechen die Importe weg, ist es mit dem Konsumieren vorbei, und das richtet erheblichen Schaden an, der bis zum Verhungern führen kann. Putins Pipelinekrieg gegen Europa zeigte dies genauso eindrucksvoll wie zusammenbrechende Lieferketten im Zuge der Coronapandemie. Aber natürlich, dies sei zur Ehrenrettung Colberts gesagt, können Länder mit geringen oder gar keinen Importen auch kaum von einem wie auch immer verursachten Wegfallen der Importe getroffen werden.

Die Analogie zum persönlichen Sparen und Investieren gilt auch makroökonomisch: Ein Handelsüberschuss bedeutet schließlich, dass mehr produziert als konsumiert wird. Der Produktionsüberschuss wird an das Ausland verkauft, was wir als Nettoexporte (Exporte abzüglich Importe) bezeichnen. Allen Handelsüberschüssen wohnt damit eine Sparfunktion inne: Wer heute mehr exportiert als importiert, kann morgen mehr importieren. In einer alternden Gesellschaft besteht unter den Erwerbstätigen der große Wunsch, Ersparnisse zu bilden und damit für das Alter vorzusorgen. Wenn in einer Volkswirtschaft alle gleichzeitig viel sparen, sind die inländischen Investitionsmöglichkeiten irgendwann erschöpft, und die Ersparnis sucht sich ihren Weg ins Ausland. Den Außenhandelsüberschuss kann man demgemäß auch so interpretieren, dass das eigene Land nicht sonderlich attraktiv für weitere Investitionen erscheint. Schlusslicht bei den inländischen Investitionen zu sein, ist die wenig schmeichelhafte Kehrseite der Exportweltmeisterschaft.[56]

Auch Colbert im vorrevolutionären Frankreich konnte diesen Zusammenhang nicht auflösen, da er einer buchhalterischen Identität entspricht – dieser gilt somit schon per definitionem. Das musste er allerdings auch nicht, denn diese Art von volkswirtschaftlichem Zwangssparen war durchaus erwünscht: Seinerzeit konnte der französische Staat damit große Devisenreserven in Form von Gold aufbauen, die die kameralistische Kriegskasse beständig nährten. So konnten die damals üblichen Heere an ausländischen Söldnern finanziert werden. Auch die andauernden und hohen Leistungsbilanzüberschüsse Russlands unter Präsident Putin können als Vorbereitung auf Kriegszeiten gesehen werden, wobei ein weiteres Problem der merkantilistischen Strategie auffällt: Wenn die angehäuften Ersparnisse im Ausland liegen, können sie im Konfliktfall leicht enteignet werden.[57] Und nicht nur dann können sie verloren gehen – das zeigen wir im nächsten Abschnitt.

VON DER EXPORTFINANZIERUNG ZUM AUSLANDSVERMÖGEN

Es ist nicht sofort ersichtlich, dass hinter hohen Nettoexporten die Bildung von Auslandsvermögen steckt. Denken wir vom Unternehmen her: Wenn die Glasbläser aus Zwiesel im Bayerischen Wald Weingläser nach Wien verkaufen, erhalten sie eine Euro-Überweisung auf ihr Konto. Innerhalb des Eurosystems wird dabei eine Überweisung von einer österreichischen an eine deutsche Bank ausgelöst, die über das Zahlungssystem TARGET2 verrechnet wird. Dahinter stehen die Oesterreichische Nationalbank und die Deutsche Bundesbank, was die beteiligten Unternehmen in aller Regel nicht mitbekommen dürften. Erhält Deutschland mehr Zahlungen aus der Eurozone als umgekehrt, bauen sich entsprechend hohe Salden in dem Zahlungssystem auf, wobei Zahlungen nicht nur durch Exporterlöse, sondern auch Vermögensverschiebungen ausgelöst werden. Wie Deutschlands bekanntester Ökonom Hans-Werner Sinn (*1948) im Zuge der Eurokrise mit beispiellosem Engagement nachwies, handelt es sich bei den TARGET-Salden der Bundesbank um Forderungen Deutschlands gegen das Euro-System.[58] Folgerichtig werden sie dem deutschen Auslandsvermögen zugerechnet. Sie werden eines Tages dadurch abgebaut, dass Deutschland mehr Zahlungen an das Ausland leistet als umgekehrt, also mehr importiert als exportiert. Mit dem Auslandsvermögen lassen sich dann Importüberschüsse finanzieren, etwa wenn die Babyboomer-Generation in Rente geht und ihre Ersparnisse sukzessive auflöst.

Unternehmen, die außerhalb des Eurosystems exportieren, müssen anderweitig sicherstellen, dass sie für Exporte auch Erlöse erhalten. Für sie bildete sich im Bankwesen der Bereich der Exportfinanzierung heraus. Vereinfacht geschieht dabei Folgendes: Das Unternehmen verschickt die Ware, und die finanzierende Bank leistet die Gutschrift an das Unternehmen. Die Bank erhält eine Forderung gegenüber einer ausländischen Bank, die importseitig die Finanzierung abwickelt. Wenn in eine Richtung mehr gehandelt wird als in die andere, können nicht alle Forderungen miteinander saldiert werden. Im Ergebnis bleiben ähnlich den TARGET-Salden wieder Forderungen an das Ausland in Form von Krediten, Anleihen, Unternehmensbeteiligungen, Devisen und anderem. Auslandsvermögen wird aufgebaut.

Mit seinen beständigen Leistungsbilanzüberschüssen baute Deutschland ein beträchtliches Auslandsvermögen auf: Die Nettoauslandsvermögensposition (NAV) – Auslandsvermögen abzüglich Auslandsschulden – betrug ausweislich Daten der Deutschen Bundesbank Ende 2023 2900 Milliarden Euro, rund 70 Prozent der jährlichen Wirtschaftsleistung. Zusammen mit den anderen Exportweltmeistern Japan und China ist die Bundesrepublik damit unter den drei größten Gläubigern der Welt.

Der Zusammenhang zwischen Außenhandelsüberschüssen, hier gemessen in Form des Leistungsbilanzsaldos, und Nettoauslandsvermögen ist in Abbildung 8 dargestellt. Der Betrachtungszeitraum setzt nach der Finanzkrise an, weil diese eine globale Vermögensvernichtung zur Folge hatte. Die graue Linie zeigt den kumulierten Leistungsbilanzüberschuss Deutschlands und addiert den Ausgangswert des Nettoauslandsvermögens aus 2010 hinzu. Die Überschüsse kann man sich vorstellen als quartalsweise Einzahlungen in einen Sparplan. Die gesamte Ersparnis sollte den kumulierten Einzahlungen entsprechen. In der Realität tut sie das aber mitnichten, die Höhe des tatsächlichen Nettoauslandsvermögens ist deutlich geringer (blaue Linie). Ende 2023 liegt die Differenz bei 760 Milliarden Euro, umgerechnet rund 18 Prozent des deutschen BIP.

Die Wertentwicklung des deutschen Auslandsvermögens war offenbar derart miserabel, dass sie Leistungsbilanzüberschüsse von mehr als drei Jahren auffraß. Empirisch gehört nämlich leider zur Wahrheit, dass das deutsche Auslandsvermögen verglichen mit dem anderer Länder schon seit 1975 eine extrem schlechte Rendite erwirtschaftet.[59] Das Sparschwein, in das die deutsche Volkswirtschaft fleißig einzahlte, ist ziemlich löchrig. Angesichts dessen möchte man Herrn Trump gerne noch einmal fragen, wer hier die *piggy bank* ist, an der sich jeder bedient.

Abbildung 8: Nettoauslandsvermögen und Leistungsbilanzüberschuss Deutschlands in Milliarden Euro, 2010–2023

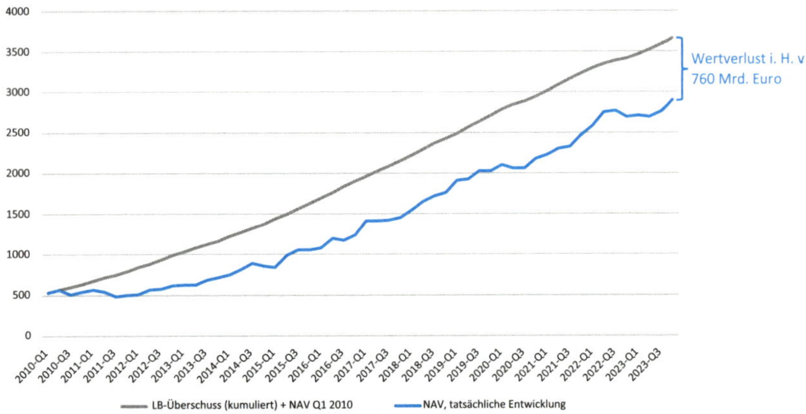

Quelle: Daten der Bundesbank. Eigene Darstellung.

In der Schweiz beträgt das Auslandsvermögen 95 Prozent des BIP (805 Milliarden Euro), in Österreich 17 Prozent (79 Milliarden Euro).[60] Der Zusammenhang zwischen Außenhandelsüberschüssen und Vermögensaufbau ist fundamental. Daher ist die von Globalisierungsgegnern oft gescholtene Verquickung von Freihandelsabkommen mit Investitionsschutzabkommen kein Zufallsprodukt, sondern Ausdruck dieser makroökonomischen Wechselwirkung. Wir wollen darauf aber noch näher in Kapitel 8 eingehen.

Auch ergeben sich mit dem Auslandsvermögen sicherheitspolitische Implikationen: Es kann im Konfliktfall der Beschlagnahmung durch feindliche Akteure zum Opfer fallen. Die EU setzte im Zuge des russischen Angriffskrieges gegen die Ukraine nach eigenen Angaben rund 321 Milliarden Euro an russischem Auslandsvermögen fest.[61] Dahinter stecken nicht ausschließlich Oligarchen-Konten (21 Milliarden Euro), sondern die Devisenreserven der russischen Zentralbank in Höhe von

300 Milliarden Euro. Eigentümer davon sind alle Russen – übrigens nicht nach ihrer Staatsbürgerschaft klassifiziert, sondern im Sinne der in Russland lebenden Menschen. Die Diskussion über eine Übertragung dieser Vermögen an die Ukraine zu Reparationszwecken läuft bereits und zeigt, was schlimmstenfalls den über die Zeit aufgebauten Exportüberschüssen drohen kann. Das Mitleid mit dem Aggressorstaat Russland hält sich dabei richtigerweise in Grenzen; das gleiche Schicksal kann aber auch eine friedliebende Nation ereilen, wenn ihre Vermögenswerte bei einem potenziellen Feind liegen.

WO VERMÖGEN, DA AUCH SCHULDEN

Spiegelbildlich zum Nettoauslandsvermögen der Überschussstaaten bauen Defizitstaaten wie die USA über die Zeit Auslandsschulden auf. Beides ist rein logisch nicht voneinander zu trennen, das ist das Prinzip der Saldenmechanik. Wem aus dem Physikunterricht noch die kommunizierenden Röhren erinnerlich sind, der kann diese als gedankliche Stütze zu Hilfe nehmen. Wer Überschüsse erwirtschaften und damit im Ausland sparen will, zwingt damit implizit andere in die Verschuldung. Vielleicht ist es auch andersherum, die Richtung der Kausalität ist nicht bestimmbar aufgrund der Gleichzeitigkeit der dahinterliegenden Konsum- und Produktionsentscheidungen von sehr vielen Menschen. Jedenfalls bedeutet ein Handelsdefizit, dass inländisch mehr konsumiert als produziert wird, und daraus erwachsen Zahlungsverpflichtungen für die Zukunft. Eine Verschuldungsproblematik kann sich einstellen.

Für die nachfolgende Diskussion (und auch generell) sei darauf hingewiesen, dass Verschuldung und Schulden ökonomisch völlig wertneutral zu betrachten sind. Es ist ein großes Manko der deutschen Sprache, dass nur der Numerus zwischen *Schuld* im moralischen Sinne und *Schulden* im monetären Sinne unterscheidet. Das Englische kennt wie viele andere Sprachen dafür zwei Wörter: *guilt* und *debt*. Die Verknüpfung von Schulden und Schuld findet sich auch in der deutschen Übersetzung des Vaterunsers, wo man fälschlicherweise »Vergib uns unsere Schuld« betet, wo es doch im Lateinischen »debita nostra« heißt. Damit sind eindeutig die monetären Schulden gemeint, die vergeben werden sollen. Wäre die moralische Schuld gemeint, müsste es im Lateinischen »peccata« heißen. Schulden sind im Deutschen gemeinhin negativ konnotiert, und das auch augenscheinlich mehr als in anderen Ländern. Vielleicht rührt das gerade von dieser sprachlichen Unschärfe her. Wir wollen jedenfalls auf diesen Umstand hinweisen und den Begriff rein auf das Ökonomische heruntergebrochen verstanden wissen.

Die USA sind der größte Schuldner der Welt: Die Nettoauslandsschulden der Volkswirtschaft – Staat, Unternehmen, Privathaushalte zusammen – betragen am aktuellen Rand etwa 19,8 Billionen US-Dollar, rund 72 Prozent der jährlichen Wirtschaftsleistung der USA. Gegen diese Verschuldung ist prinzipiell überhaupt nichts einzuwenden, denn die US-Wirtschaft ist hoch innovativ, dort wird weiterhin die technologische Frontier erforscht, entwickelt und marktgängig gemacht, und die USA verfügen anders als die meisten europäischen Staaten über ein solides Bevölkerungswachstum sowie über reiche Rohstoffvorkommen als Sicherheiten. Das erleichtert die künftige Schuldenrückzahlung.

Zudem sind die USA im Genuss dessen, was Frankreichs Jahrhundertpräsident Charles de Gaulle (1890–1970) sehr zum Verdruss seines Landes ein »privilège exorbitant« nannte: Mit dem Dollar als globale Leitwährung können sich die USA in nahezu beliebiger Höhe in ihrer eigenen Währung verschulden. Dadurch ist der Dollar trotz der beständigen US-Leistungsbilanzdefizite wertstabil. Andere Länder wären zu unbegrenzter Auslandsverschuldung gar nicht in der Lage, denn Marktteilnehmer verlören irgendwann das Vertrauen in deren Währungen und wären nicht bereit, anhaltende Leistungsbilanzdefizite zu finanzieren. Freie Wechselkurse ohne Kapitalverkehrskontrollen wirken wie eine automatische Bremse vor zu hoher Verschuldung. Wer diese Bremsen löst – durch eine nicht haltbare feste Wechselkurspolitik und/oder Kapitalverkehrskontrollen –, riskiert eine Zahlungsbilanzkrise. Es kommt dann zum plötzlichen Importentzug (zum »sudden stop«), sodass von Zahlungsbilanzkrisen geplagte Länder häufig nur mehr so viel importieren können, wie sie exportieren. Argentinien kann ein Lied davon singen.

Durch das Dollar-Privileg fehlt den USA möglicherweise diese automatische Bremse. Daher sollten die USA womöglich mehr auf ihre Leistungsbilanzdefizite achten als andere Länder. Schließlich lebt auch das US-Leistungsbilanzdefizit davon, nie bis an seine Grenze ausgereizt zu werden. US-Präsidenten sind damit gut beraten, das Staatsdefizit in Grenzen zu halten, denn übermäßige Staatsverschuldung schlägt sich in Leistungsbilanzdefiziten nieder und treibt damit die Auslandsverschuldung.

Die erwähnte US-Nettoverschuldung im Ausland ist übrigens niedriger als die kumulierten US-Leistungsbilanzdefizite. Das ist die Kehrseite dessen, was für Deutschland zu beobachten ist. Die Amerikaner investieren offenbar klüger. Hohe Verschuldung gibt zudem Schuldnern eine gewisse Macht, wie sie durch folgende Bankerweisheit zum Ausdruck gebracht wird: »If you owe the bank $ 100, that's your problem. If you owe the bank $ 100 million, that's the bank's problem.« (Wenn du der Bank 100 Dollar schuldest, ist das dein Problem. Wenn du der Bank 100 Millionen Dollar schuldest, wird es zum Problem der Bank.)

Wenn man jedoch der Frage nachgeht, ob übermäßige Defizite oder Überschüsse im Außenhandel gut oder schlecht sind, sollte man die Verschuldungsdimension immer mitberücksichtigen. Bei freien Wechselkursen und ohne Kapitalverkehrskontrollen bestehen allerdings wenig Gründe zur Sorge. Denn dann regulieren sich Defizite und Überschüsse von ganz allein. Die makroökonomischen Zusammenhänge aus volkswirtschaftlicher Ersparnis, Leistungsbilanz und dem Zinsniveau sind allein buchfüllend, was wir an dieser Stelle nicht weiter vertiefen wollen. Wer sich diesem Thema einhergehender widmen will, sei auf die Arbeiten des Altmeisters der deutschsprachigen Volkswirtschaftslehre Carl Christian von Weizsäcker (*1938) verwiesen.[62]

SALDO DER LEISTUNGSBILANZ UND ARBEITSLOSIGKEIT

Gelegentlich werden Handelsdefizite mit Arbeitslosigkeit oder schlechter wirtschaftlicher Performance in Verbindung gebracht. Schließlich steckt hinter Importen keine Produktion, die wiederum Arbeitsplätze schaffen würde. Wie beim Merkantilismus zeigen sich aber auch hier analytische Probleme.

Einigen mag die BIP-Rechnung geläufig sein, wonach das Bruttoinlandsprodukt (Y) gleich der Summe aus privatem Konsum (C), den Investitionen (I), dem Staatskonsum (G) und den Exporten (X) abzüglich der Importe (M) ist:

$$Y = C + I + G + X - M$$

Eine selbst unter vielen Volkswirten häufig vorkommende Missinterpretation dieser Buchhaltungsidentität ist, dass eine Erhöhung der Nettoexporte (X – M) sich positiv auf das BIP auswirken würde. Wieder andere folgern, man müsse nur den Staatskonsum immer weiter erhöhen, um mehr Wirtschaftswachstum zu erzeugen, dabei gilt dies nur unter ganz bestimmten Annahmen.[63] Natürlich, addiert man etwas auf der rechten Seite der Gleichung hinzu, muss links auch das BIP steigen, damit die Gleichung eine Gleichung bleibt.
Die Milchmädchenrechnung zeigt sich jedoch, wenn jeder einmal seine eigenen Einkünfte seinen Ausgaben gedanklich gegenüberstellt:

$$\text{Einkünfte} = \text{Miete} + \text{Altersvorsorge} + \text{Kleidung} + \text{Restaurantbesuche} + \ldots$$

Die Summe der Einkünfte muss gleich der Summe der Ausgaben sein. Wer nicht alles ausgibt, sondern noch etwas spart, der muss rechts auch die Ersparnis hinzuaddieren, damit die Gleichung aufgeht. Wer nun auf die Idee kommt, dass sich die monatlichen Einkünfte dadurch erhöhen ließen, indem man einfach öfter im Restaurant essen geht, dem mag man viel Glück für sein weiteres Leben wünschen. Häufigere Restaurantbesuche sind nämlich nur möglich, wenn andere Posten auf der Ausgabenseite sinken. Eine Kausalität von den Restaurantausgaben zu den Einkünften lässt sich nach allen Regeln der Logik allerdings nicht etablieren.

Und genau so verhält es sich mit einer Steigerung der Nettoexporte, die eben auch kein Wirtschaftswachstum erzeugt. Wir erinnern uns an die deutschen Exportweltmeister Anfang der 2000er-Jahre.

Man kann alternativ das Gedankenexperiment durchspielen, dass wir von einem Tag auf den anderen nichts mehr importieren würden, *M* auf null reduzieren. Das BIP müsste dann schließlich maximal sein. In der Realität würde die Volkswirtschaft kollabieren.

Die oben gezeigte Gleichung stammt aus der amtlichen Statistik, der sogenannten Volkswirtschaftlichen Gesamtrechnung (VGR), die sich dafür interessiert, wofür das, was erwirtschaftet wurde, verwendet wird. Der private und der öffentliche Konsum (C + G) stellen, wie der Name schon sagt, Konsumausgaben dar. Der Verwendungszweck des Erwirtschafteten ist also ein konsumtiver. Die Investitionen und die Nettoexporte hingegen sind – wie bereits diskutiert – Ersparnisse. Erstgenannte sind Ersparnisse im Inland, Letztgenannte fließen ins Ausland. Damit zeigt sich nun wieder das Dilemma, dass hohe Handelsüberschüsse eben auch als inländische Investitionsschwäche gewertet werden müssen. Und viel mehr an Erkenntnisgewinn steckt leider nicht in der BIP-Verwendungsrechnung.

Wer an der Entstehung des BIP und nicht dessen Verwendung interessiert ist, sei auf die Entstehungsrechnung verwiesen. Die Dritte im Bunde und Liebling aller Sozialdemokraten ist schließlich noch die Verteilungsrechnung. Mehr hat die VGR dann auch nicht zu bieten.

Aus diesem Nichtzusammenhang zwischen Nettoexport und Produktion wird schließlich auch klar, warum Nettoexporte langfristig nicht beschäftigungsrelevant sein können. Ein häufiger Vorwurf gegen Länder mit Leistungsbilanzüberschuss lautet, dass sie den Defizitländern »die Arbeit wegnähmen«. Länder wie Deutschland oder die Niederlande mit ihren hohen Leistungsbilanzüberschüssen wären damit für Arbeitslosigkeit anderswo verantwortlich. Theoretisch gibt es dafür allerdings keine Rechtfertigung: Die Beschäftigung wird, abgesehen von krisenhaften Konjunktureinbrüchen wie zu Zeiten der globalen

Finanzkrise, ausschließlich durch Determinanten am Arbeitsmarkt beeinflusst. Dazu zählen Friktionen wie der Kündigungsschutz, aber auch Mindestlöhne und Lohnersatzleistungen.

Empirisch untersuchten die Autoren für ein großes Ländersample, ob es einen Zusammenhang zwischen dem Leistungsbilanzsaldo und der Arbeitslosigkeit gibt. Dabei weist die Evidenz sogar in die Richtung, dass Länder mit Überschüssen tendenziell höhere (!) Arbeitslosenraten zu verzeichnen haben.[64] Eine kausale Interpretation kann allerdings auch hier nicht getroffen werden, es handelt sich lediglich um (konditionierte) Korrelationen.

Ganz verwunderlich ist dieser empirische Befund dennoch nicht, fallen einem doch mit den USA und dem Vereinigten Königreich gleich zwei Länder mit traditionell hohen Leistungsbilanzdefiziten und gleichzeitig sehr dynamischen Arbeitsmärkten ein. Oder mit Italien und Spanien zwei Staaten, die die vergangene Dekade stets mit hoher Arbeitslosigkeit kämpften und kontinuierlich Leistungsbilanzüberschüsse erwirtschafteten. Es entpuppt sich als linke Lebenslüge, dass der Saldo der Leistungsbilanz strukturell beschäftigungsrelevant wäre. Er hat in der mittleren Frist keinen Einfluss auf die aggregierte Beschäftigung. Das kann höchstens temporär in Phasen keynesianischer Arbeitslosigkeit der Fall sein, wo ein Mangel an Nachfrage die Produktion und mithin die Beschäftigung behindert (etwa in der Akutphase der Finanzkrise 2008/09). Die europäischen Volkswirtschaften wie auch die USA sind heute allerdings in einer ganz anderen Situation, nämlich in einer, die Volkswirte als »angebotsbeschränkt« bezeichnen. Diese schlägt sich nieder im Gegenteil von Arbeitslosigkeit: dem Mangel an Fach- und Arbeitskräften. Daher können wir im Folgenden selbst für die kurze Frist Beschäftigungseffekte guten Gewissens ignorieren.

DIE STRUKTUR DER BESCHÄFTIGUNG

Der Außenhandel ist allerdings höchst relevant für die *Beschäftigungsstruktur*, also in welchen Sektoren der Volkswirtschaft Arbeitsplätze vorzufinden sind. Wie in Kapitel 1 diskutiert, ist Handel nichts anderes als internationale Arbeitsteilung. Dabei spezialisiert sich jede Volkswirtschaft auf diejenigen Tätigkeiten, die sie relativ betrachtet am besten erledigen kann. Dort entstehen folglich vermehrt Arbeitsplätze. Und so kommt es, dass in Deutschland viele Menschen im Maschinenbau, in Österreich im Tourismus und in der Schweiz in der Finanzindustrie ihr Geld verdienen. Davon profitieren die Arbeitnehmer, denn nur dank der hohen Produktivität in den jeweiligen Sektoren können auch hohe Löhne gezahlt werden. Indem eine Volkswirtschaft eine offene Handelspolitik betreibt, stärkt sie ihre Sektoren mit relativen Wettbewerbsvorteilen, und davon profitieren die Arbeitnehmer. In diesem Sinne sollte Handelsliberalisierung im ureigenen Interesse aller sein, die sich die Belange der Arbeiterschaft ernsthaft auf die Fahnen schreiben. In der Realität stellen wir jedoch häufig das Gegenteil fest, und dies hat seinen Grund im Streben nach Besitzstandswahrung.

Relative Wettbewerbsvorteile weisen zwar eine deutliche Persistenz auf (vgl. Kapitel 7), verändern sich langfristig aber auch spürbar. War im 19. Jahrhundert die britische Textilindustrie hochgradig wettbewerbsfähig oder noch in den Nachkriegsjahren die Schwerindustrie des Ruhrgebiets, ist von diesen Vorteilen heute nichts mehr übrig. Dies liegt einerseits am technischen Fortschritt, der anderen inländischen Sektoren höhere Produktivitätsgewinne zuteilwerden ließ. Andererseits trägt der Freihandel hierfür seine Verantwortung, denn durch die Hinwendung zum globalen Wettbewerb verändern sich auch die relativen Wettbewerbspositionen von Industrien. Die Wirkweise von Freihandel und technischem Fortschritt ist dabei sehr analog, was analytisch gut erforscht ist.[65] Wettbewerbsfähigkeit ist immer ein relatives Konstrukt, und wenn sich die Wirtschaftsstruktur unserer Handelspartner verändert, gehören die einstigen Kronjuwelen der eigenen Volkswirtschaft irgendwann zum alten Eisen, wie das Ruhrgebiet in den 2000er-Jahren oder der ehemalige »Steel Belt« der USA, den man irgendwann abschätzig in »Rust Belt« umbenannte. Doch neue Kronjuwelen entstehen.

Eine der einflussreichsten Forschungsarbeiten der jüngeren Vergangenheit im Bereich des Außenhandels wies nach, dass die USA durch den Handel mit China Arbeitsplätze verloren hätten.[66] »China Syndrome« lautete deren reißerischer Titel, was ironischerweise an das »China-Virus« erinnert, wie Donald Trump nicht müde wurde, SARS-CoV-2 zu bezeichnen. Ironisch ist dies deshalb, weil die »China Syndrome«-Autoren in weiteren Forschungsarbeiten gerade den Arbeitsplatzverlust in manchen Regionen Amerikas durch den Wettbewerb mit China nach dessen WTO-Beitritt im Jahr 2001 für den Aufstieg Trumps verantwortlich zeichneten. Die besagte Studie zeigt allerdings mitnichten, dass die USA insgesamt Jobs verloren hätten; sie zeigt lediglich – und dies methodisch innovativ –, dass das Beschäftigungswachstum in jenen Sektoren, die starkem chinesischen Importwettbewerb ausgesetzt waren, geringer war als in anderen Wirtschaftssektoren. Dies deckt sich mit der einfachen Beobachtung der Beschäftigtenzahl des verarbeitenden Gewerbes, auf die allerdings auch Weltkonjunktur, Zinspolitik und nicht zuletzt die globale Finanzkrise einen erheblichen Einfluss haben: Beschäftigte das verarbeitende Gewerbe der USA Anfang 2001 noch 17,1 Millionen Menschen, waren es 2008 nur mehr 13,7 Millionen. Im Mai 2011 war der Tiefpunkt mit knapp 11,5 Millionen erreicht, fortan stieg die Beschäftigung mit einer Delle während Corona wieder auf knapp 13 Millionen Ende 2023 an. Trotz dieser Verluste im verarbeitenden Gewerbe stieg die Beschäftigung in den USA insgesamt im selben Zeitraum von rund 133 Millionen auf 158 Millionen an. Das bedeutet einen Nettozuwachs um mehr als die Zahl derer, die je im verarbeitenden Gewerbe einen Job fanden.[67] Bemerkenswert ist dabei, dass die 13 Millionen Beschäftigten heute mehr Output produzieren als die 17 Millionen im Jahr 2001. Ein Hoch auf den technischen Fortschritt!

In derselben Phase bildete sich unterdessen ein neuer Sektor heraus, den man heute neidvoll als das Kronjuwel der amerikanischen Volkswirtschaft ansehen kann und der nebenbei Kalifornien zur fünftgrößten Volkswirtschaft der Welt macht (noch vor Frankreich und dem Vereinigten Königreich): die Tech-Industrie im Silicon Valley. Das Gravitationszentrum der US-Volkswirtschaft verschob sich damit von der Ost- an die Westküste. Aber vielleicht ist Kaliforniens Zenit auch schon wieder vorbei, jedenfalls investieren derzeit viele Firmen lieber in Texas.

Nun neigt der Mensch grundsätzlich nicht zu übermäßiger Freude an der Veränderung. Insbesondere dann nicht, wenn es um individuell derart existenzielle Fragen geht wie um den eigenen Arbeitsplatz. Lokal sehr konzentrierte Arbeitsplatzverluste reißen ganze Regionen in den wirtschaftlichen Abgrund, denn auch abgeleitete Wertschöpfung wie lokale Dienstleister verlieren ihre Nachfrage. Mobile Arbeitnehmer reagieren darauf mit Umzügen, andere bleiben zurück. Perspektivlosigkeit macht sich breit.

Dieser Strukturwandel vollzieht sich in den USA oftmals schneller als in den meisten europäischen Ländern, wo der Staat meist bereitwillig zur Hilfe eilt, wenn eine Industrie unter Wettbewerbsdruck gerät. Staatliche Subventionen können fehlende Wettbewerbsfähigkeit jedoch nicht auf Dauer ersetzen, und so wirken sie strukturkonservierend. Der deutsche Steinkohleabbau im Ruhrgebiet war seit den 1970er-Jahren nicht mehr rentabel, daher mussten für fast ein halbes Jahrhundert Subventionen wie der Kohlepfennig als lebensverlängernde Maßnahme herhalten, ehe die letzten Zechen 2018 schlossen. Subventionen sind der eine Weg, Protektionismus ist der zweite, um Strukturwandel und ökonomische Anpassungen zu verhindern.

Man stelle sich aber vor, der Staat hätte zu jedem Zeitpunkt in der Vergangenheit versucht, die damalige Wirtschaftsstruktur zu konservieren: Hätte man dies um 1950 getan, müsste heute immer noch ein Viertel der Beschäftigten in der Landwirtschaft arbeiten. Wäre man 1844 während des Schlesischen Weberaufstands der aufkommenden Konkurrenz durch moderne Webstühle im Ausland dauerhaft mit Zöllen begegnet, müsste heute immer noch ein signifikanter Teil der Arbeitnehmer in der Textilwirtschaft arbeiten und könnte nicht die hohen Löhne verdienen, die erfolgreiche Mittelständler und Weltkonzerne zahlen können. Denkt man dies konsequent bis zur Steinzeit zurück, zeigt sich die ganze Absurdität des Konservierens bestehender Wirtschaftsstrukturen. Es kann nicht die Lösung für Probleme sein.

Strukturwandel geht mit hohen Kosten für die Beteiligten einher, staatliche Hilfen sind dabei durchaus angezeigt. Nicht aber, um ihn zu verhindern, sondern um die Menschen bei den notwendigen Anpassungen zu unterstützen und die Kosten dafür möglichst gering zu halten: Infrastrukturoffensiven, das Ansiedeln von Hochschulen und Forschungszentren, Behördenverlagerungen, Angebote zu beruflichen Umschulungen gehören etwa dazu.

Eine Folge unzureichender Strukturhilfen zeigt sich in den USA, wo eine wachsende soziale Spaltung nicht zuletzt Ergebnis mangelnden wirtschaftlichen Ausgleichs ist. Um die Akzeptanz für Freihandel und technologischen Fortschritt hochzuhalten, muss der Sozialstaat eine Versicherungsfunktion auch für handelspolitische Schocks sein, die einen kleinen Teil der Bevölkerung durchaus hart treffen. Die Gesellschaft gewinnt per saldo durch die von der Globalisierung ausgelösten Veränderungen. Niemand in den USA wird ernsthaft das Silicon Valley gegen die Hochtechnologieprodukte der 1950er- und 1960er-Jahre eintauschen wollen: Pkw und Kühlschränke *made in the USA*. Da aber nicht jeder in der Gesellschaft vom Aufstieg der Tech-Industrie profitiert, sollten die Gewinner die Verlierer ein Stück weit kompensieren. Länder wie Deutschland, Österreich und die Schweiz kennen einen solchen innerstaatlichen Ausgleich, und dies ist ein ungeheurer Vorteil für die Akzeptanz von Globalisierung und Freihandel. Es wäre grundfalsch, mit den Mitteln der Handelspolitik indirekt strukturpolitische oder sozialpolitische Ziele zu verfolgen. Dafür gibt es eigene, direkt wirkende Instrumente, die die Politik gemäß der Tinbergen-Regel[68] verwenden sollte.

Zur Wechselwirkung von Beschäftigung und Handelspolitik lassen sich drei wesentliche Erkenntnisse festhalten. Erstens: Durch den internationalen Wettbewerb selektiert der Markt die besten Unternehmen, und diese können die höchsten Löhne zahlen. Davon profitieren Arbeitnehmer. Zweitens: Der Außenhandelsüberschuss sagt nichts darüber aus, ob man durch den Handel Beschäftigung hinzugewinnt oder verliert. Drittens: Der Außenhandel hat eine erhebliche Auswirkung auf die Beschäftigungsstruktur, also in welchen Branchen Jobs verschwinden und neue entstehen. Dieser laufende Prozess des Strukturwandels, der zudem und noch viel stärker durch den technologischen Fortschritt befördert wird, sollte nicht verhindert, sondern dessen soziale Folgen abgefedert werden.

BILATERALE SALDEN

Die eingangs erwähnte betriebswirtschaftliche Betrachtung des Außenhandels, Exporte als Erlöse und Importe als Aufwendungen zu verstehen, hatte für Donald Trump zur logischen Folge, dass der Handel mit den Ländern am nachteiligsten sei, mit denen das Defizit am größten ist. Ziel seiner Handelsagenda war, die Handelsbilanz gegenüber jedem einzelnen Land auszugleichen. Das ist ein großer Unterschied zu unseren bisherigen Überlegungen, in denen wir den Handel im Aggregat aufgefasst haben, ganz so, als ob »das Ausland« eben nur ein einziges Land ist. Die bilaterale Dimension ließen wir weitestgehend außen vor, weil sie unter den gängigen ökonomischen Prämissen irrelevant ist, wonach Staaten einfach nur nach Wohlstand streben. Dem kann man in Friedenszeiten mit einiger Berechtigung zustimmen. In einer geopolitisierten Welt wäre dies allerdings auf fatale Weise zu kurz gesprungen.

Wie verschiedentlich angedeutet, sind Exporte primär dazu da, Devisen zu erwirtschaften, um damit wiederum Importe finanzieren zu können. Deutschland importiert wie viele andere rohstoffarme Länder einen Großteil seines Energiebedarfs. Im Jahr 2022 schlug sich dies in einem bilateralen Handelsbilanzsaldo von rund – 52 Milliarden Euro gegenüber Norwegen nieder. Bedeutende Handelsüberschüsse wurden unter anderem gegenüber Österreich und der Schweiz erwirtschaftet (32 und 15 Milliarden Euro), die wir der Anschaulichkeit halber dem Automobilsektor zuschlagen.[69] Grob überschlagen ist der deutsche Außenhandel gegenüber diesen drei Nachbarstaaten in Summe ausgeglichen. Wollte Deutschland nun aber eine ausgeglichene Handelsbilanz gegenüber Norwegen, müsste man entweder die Norweger zwingen, mehr deutsche Automobile zu importieren, oder auf Energieimporte aus Norwegen verzichten. Letzteres ist nur schwerlich umsetzbar, da sonst buchstäblich die Lichter ausgehen. Also muss man mehr exportieren. Aber ganz offensichtlich wollen die Norweger nicht mehr deutsche Automobile kaufen. Ein Weg wäre nun, diese gegenüber Norwegen günstiger zu machen, denn bei niedrigeren Preisen gäbe es eine höhere Nachfrage nach deutschen Autos. Den Handelsstrom würde man damit einfach von Süd nach Nord umlenken, und anstelle der Österreicher und der Schweizer bekämen die Norweger mehr deutsche Autos. Allerdings müsste man sogar eine noch größere Stückzahl nach Norwegen exportieren, als man Österreichern und Schweizern wegnimmt, denn die Norweger kaufen ja nur zu niedrigeren Preisen. In Summe könnte die Handelsbilanz auf diese Art gegenüber allen drei Ländern ausgeglichen werden. Dafür müsste Deutschland jedoch mehr Autos für seinen Energieimportbedarf hergeben – wohlfahrtstechnisch kein guter Deal. Ökonomen sprechen dabei auch von einer Verschlechterung der realen Austauschverhältnisse (engl.: Terms of Trade).

FAZIT

Das oben ausgeführte Beispiel illustriert, warum ein Ausgleich aller bilateralen Handelssalden ökonomisch kaum sinnvoll sein kann. Die Globalisierung bietet jedem Teilnehmer eine ganze Schar potenzieller Handelspartner. Exportiert wird an den, der am meisten bezahlt. Importiert wird das, was am liebsten konsumiert wird. Dieses grundlegende Verständnis ist wichtig für die Diskussion in den nächsten Kapiteln zu Zöllen, Embargos und Sanktionen. Jede Politikmaßnahme, die uns wegführt von einem Freihandelsgleichgewicht, macht uns insgesamt ärmer. Für solche Maßnahmen gibt es in einer Welt mit uns feindlich gesinnten Diktaturen gute Gründe. Mit dieser Einsicht im Hinterkopf sollten wir allerdings antreten, die Wohlfahrtseinbußen so gering wie möglich zu halten.

Dieses Kapitel diskutierte klassisch-protektionistische Argumente am Freihandel wie die negativen Beschäftigungseffekte. Diese sind nicht wirklich überzeugend, insbesondere über längere Betrachtungszeiträume. Für die nachfolgenden Diskussionen wollen wir auf sie nicht näher eingehen, sondern uns vor allem der geopolitischen Bedeutung außenwirtschaftlicher Verflechtungen widmen. Auch führten wir konzeptionell in die Wechselwirkung zwischen Handel und Auslandsinvestitionen ein, die uns in späteren Kapiteln noch näher beschäftigen wird. Darüber hinaus sollten wir immer beide Seiten des Freihandels ausreichend würdigen: Exporte, um damit Einnahmen zu generieren und bei fortlaufenden Überschüssen auch Ersparnisse zu bilden. Importe, um das Konsumniveau und die Konsumvielfalt zu verbessern. Beides gehört untrennbar zusammen, und die Vorteile des Freihandels sollten nicht auf eines der beiden heruntergebrochen werden. Ein Abbau von Handelsbarrieren ist daher immer wohlfahrtsförderlich, weil es mehr Möglichkeiten für Importe und Exporte gibt. Mit diesen Überlegungen sind wir für die nachfolgenden Kapitel zu Handelskriegen und kritischen Abhängigkeiten ausreichend vorbereitet. Wir schauen dazu näher auf die von US-Präsident Trump vom Zaun gebrochenen Handelskonflikte während seiner Präsidentschaft von 2017 bis 2021.

Kapitel 4

Trumps Handelskriege und was sie uns lehren

»Trade wars are good, and easy to win.«

Handelskriege sind gut und einfach zu gewinnen.

DONALD TRUMP

UNTER der (fragwürdigen) Prämisse, dass das Ausland mit seinen Handelsüberschüssen »Jobs stiehlt«, wurden die Länder mit den größten bilateralen Überschüssen zum handelspolitischen Gegner Donald Trumps. Und so geiferte der US-Präsident wahlweise über den Atlantik gegen die EU oder den südlichen Nachbarn Mexiko, meist aber gen Fernost nach Peking.

Das Güterhandelsdefizit der USA mit diesen drei Ländern stieg über die vergangenen 20 Jahre von 262 auf 642 Milliarden US-Dollar (siehe Abbildung 9). China steht für rund 37 Prozent des kumulierten US-Defizits, die EU für 17 Prozent und Mexiko für zehn Prozent. Für Trump auch Ausweis dafür, dass die USA ruinöse »Deals« gemacht hätten, die er »fixen« müsse.

Der Blick auf die absoluten Zahlen ist allerdings wenig aussagekräftig. Bei absoluten volkswirtschaftlichen Kennzahlen sollte man grundsätzlich skeptisch sein, denn sie eilen meistens schon deshalb von Jahr zu Jahr zu neuen Rekorden, da hinter ihnen das Trendwachstum der Volkswirtschaft sowie die Inflation stehen. Die handelspolitische Abhängigkeit zeigt sich erst, wenn man Handelszahlen in das Verhältnis zur Wirtschaftsleistung setzt. Und Letztere stieg in den USA über die letzten 20 Jahre in absoluten Zahlen von 14,5 auf gigantische 27,5 Billionen US-Dollar. Folglich hat sich auch die Importabhängigkeit kaum verändert: Das Güterhandelsdefizit der USA gegenüber allen Ländern liegt seit der Finanzkrise 2009 zwischen 3,5 und 4,5 Prozent des BIP (siehe blaue Linie auf der rechten Achse). Das ist zwar bedauerlich, wenn man eine ausgeprägte Importaversion pflegt, aber mitnichten kann von einem größer werdenden Problem die Rede sein. Die Handelspolitik spielte in Trumps Wahlkämpfen wie in seiner Präsidentschaft von 2017 bis 2021 dennoch eine enorme Rolle.

Abbildung 9: US-Güterhandelsdefizit gegenüber ausgewählten Handelspartnern, 2003–2023

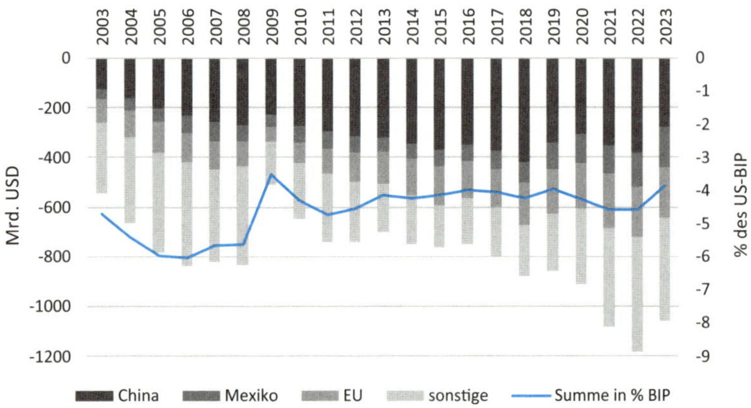

Quelle: Daten des US Bureau of Economic Analysis. Eigene Darstellung.

Strukturwandel, wie er sich in den USA genauso wie anderswo vollzieht, bietet einen idealen Nährboden für eine national-protektionistische Handelsagenda. Dass ehemals gut bezahlte Arbeitsplätze in manchen Regionen verloren gingen – ein Prozess, der ohnehin am stärksten durch den technischen Fortschritt und nicht den internationalen Handel getrieben ist –, trägt zu einer negativen Grundstimmung bei, die sich ideal gegen das Ausland richten lässt. Diese verfängt nicht nur bei Arbeitern. Auch der Jurist Robert Lighthizer begründet seinen lebenslangen Kreuzzug gegen den Freihandel damit, dass er sich seine Heimatstadt Ashtabula, Ohio, der 1950er- und 1960er-Jahre zurückwünscht, als dort der Handel mit Eisenerz florierte.[70]

Lighthizer war schon unter Präsident Ronald Reagan (1911–2004) stellvertretender Handelsbeauftragter (United States Trade Representative), als ähnliche Debatten zu Automobilimporten aus Japan geführt wurden wie heute mit Blick auf China. Damals machte er sich einen Namen, indem er die japanische Regierung unter Androhung von Importzöllen auf Automobile dazu überredete, ihre Exporte freiwillig zu beschränken. In der Folge gelangten zwar tatsächlich weniger, dafür aber hochwertigere Autos aus Japan in die USA. Die wirtschaftlichen Vorteile der Verknappung landeten zudem nicht in Washington in Form von Zolleinnahmen, sondern in Japan in Form von höheren Gewinnen der Autokonzerne.[71] Egal, Donald Trump machte ihn schließlich zu seinem Handelsbeauftragten.

Lighthizer bringt sicher das intellektuelle Rüstzeug mit, die im Wesentlichen berechtigte Kritik an den aktuell gültigen WTO-Meistbegünstigungszöllen auszuformulieren und Wettbewerbsverzerrung fundiert zu benennen. Seine darüber hinausgehenden Analysen beschränken sich allerdings auf eine pauschale Beschimpfung der Handelsökonomie, der er vorwirft, die völlig falsche Zielsetzung zu verfolgen, nämlich die Maximierung der Gesamtwohlfahrt. Vielmehr müsse das Ziel sein, die Einkommen der (männlichen) Industriearbeiter zu maximieren. Gleichwohl Protektionismus weder das eine noch das andere erreicht, möchte man Bob Lighthizer dennoch zurufen, warum er sich nicht für einen Sozialstaat einsetzt, der seine Vorstellung einer gerechten Verteilung erreicht.

Das Niveau der Debatte wird auch an Buchtiteln ersichtlich wie zum Beispiel »Death by China«, das Opus magnum des wissenschaftlich eher reputationsfreien US-Handelsökonomen Peter Navarro, der damit immerhin zum Stichwortgeber und Berater Trumps avancierte.

Lighthizer und andere verweisen darauf, dass die Biden-Regierung die Handelspolitik der Vorgängerregierung im Wesentlichen weiterführte, und da kann man ihnen nicht ernstlich widersprechen. Dies gilt umso mehr seit dem Zollschlag der USA gegen China vom 14. Mai 2024; seitdem gelten unter anderem 50-prozentige Zölle auf Halbleiter und Solarpanels, sogar 100 Prozent auf Elektrofahrzeuge.[72] Auch die unter der Trump-Regierung gegenüber China verhängten Zölle blieben weitestgehend unverändert, von Handelsliberalisierungen und einer Auflösung der WTO-Blockade fehlt jede Spur. Im Gegenteil: Mit dem sogenannten *Inflation Reduction Act* aus dem Jahr 2022 wurde ein Subventionsprogramm verabschiedet, das die Produktion in den USA gegenüber Importen bevorteilt. Subventionszahlungen sind an den lokalen Wertschöpfungsanteil geknüpft, was ganz offensichtlich im Widerspruch zu geltendem Handelsrecht steht (vgl.

Kapitel 2). Man erkennt damit einen Paradigmenwechsel der USA in ihrer Haltung zum Freihandel. Einige der falschen Prämissen, auf denen diese Politik fußt, wurden bereits in Kapitel 3 diskutiert. Als Nächstes wollen wir eine kurze Bilanz von Trumps Handelsagenda ziehen und im Anschluss daran Konsequenzen für uns in Europa ableiten. Wir gehen regional vor.

KALTER HANDELSKRIEG: EUROPA

Trumps Zölle auf Stahl und Aluminium vom Juni 2018 und die Reaktion der EU darauf, unter anderem die Harley-Davidson-Zölle, sind bereits in Kapitel 2 diskutiert worden. Wie erwähnt, war es richtig, mit Gegenzöllen den ökonomischen Schaden dieser handelspolitischen Eskalation in die USA zu tragen. Darauf wiesen die Autoren in der damaligen Debatte öffentlich hin. Die Autoren wiesen zudem auch als Erste darauf hin, dass man anstatt auf das US-Güterhandelsdefizit mit der EU auf die Leistungsbilanz (vgl. Erklärbox auf Seite 76 dazu) abstellen müsse.

Betrachtet man nämlich die bilaterale Leistungsbilanz der USA mit den Staaten der EU (Abbildung 10), zeigt sich ein recht ausgewogenes Bild. Den europäischen Güterhandelsüberschüssen stehen US-Überschüsse bei den Dienstleistungen, den Primäreinkommen und den Sekundäreinkommen gegenüber. Aus Perspektive der USA war der Leistungsbilanzsaldo zwischen 2009 und 2019 durchgängig positiv. Während der handelspolitischen Auseinandersetzungen der Trump-Präsidentschaft von 2017 bis 2021 war der nachfolgende Einbruch bei den US-Primäreinkommensüberschüssen nach 2020 noch nicht absehbar und spielte keine Rolle. Er war vor allem eine Folge der Coronapandemie und des Brexits, denn US-Firmen hatten in der Vergangenheit hohe Gewinne im Vereinigten Königreich erwirtschaftet.

Für den Sommer 2018 bedeuteten diese Zahlen allerdings ein gewichtiges Pfund in den Verhandlungen. Dem damaligen EU-Kommissionspräsidenten Jean-Claude Juncker gelang im Juli 2018 in Washington ein großer Verhandlungserfolg, der im Rosengarten des Weißen Hauses während einer gemeinsamen Pressekonferenz öffentlich zelebriert wurde. Juncker sagte zu, dass die EU mehr Soja aus den USA importieren würde, die

USA sicherten ihrerseits einen Verzicht auf neue Zölle gegenüber der EU zu. An diese Zusage hielten sie sich auch, mit Ausnahme der durch die WTO legitimierten Zölle wegen unzulässiger Airbus-Subventionen.

Aus Sicht der EU nahm der höhere Soja-Import ohnehin eine erwartbare Entwicklung vorweg: China importierte aufgrund der aufkommenden Konfrontation mit der Regierung Trump weniger Sojabohnen aus den USA und dafür mehr aus Brasilien. In der Folge standen geringere brasilianische Mengen für Europa zur Verfügung, und man kaufte eben mehr aus den USA. Willkommen in der wunderbaren Welt der Handelsumlenkungen.

Angesprochen auf den Verhandlungserfolg erklärte Juncker gegenüber der ARD: »Ich habe mehrfach zu verdeutlichen versucht, dass, wenn man Warenhandel, Dienstleistungen, Gewinne der amerikanischen multinationalen Unternehmen in Europa zusammenrechnet, die USA einen Überschuss haben und wir eigentlich im Defizit sind. Er (Präsident Trump, Anm. der Autoren) hat diese Zahlen immer in Abrede gestellt, bis ich ihm beweisen konnte, dass das die Zahlen der amerikanischen Statistiker sind, und das Gespräch verlief freundschaftlich.«[73]

Abbildung 10: US-EU-Leistungsbilanz und -komponenten, US-Perspektive, 2003–2023

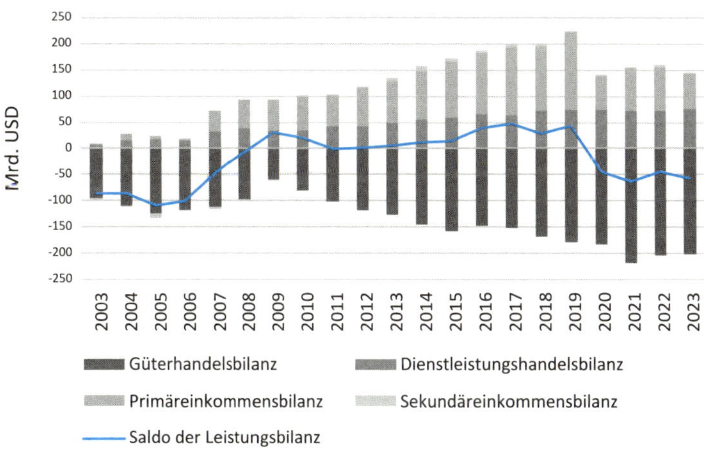

Quelle: Daten des US Bureau of Economic Analysis. Eigene Darstellung.

Der Zusatz der amerikanischen Quelle ist an dieser Stelle bedeutsam, denn man kann von Glück sprechen, dass Trump und seine Berater nicht in die europäischen Statistiken blickten: Die spiegelbildlichen europäischen Leistungsbilanzdaten, die eigentlich das exakt gleiche Bild mit umgekehrten Vorzeichen zeichnen hätten sollen, wiesen tatsächlich einen beträchtlichen Überschuss der EU aus. Ein logisch zwar unmöglicher Umstand, doch die EU-Verhandlungsstrategie wäre damit wie ein Kartenhaus in sich zusammengefallen. Die Diskrepanz der beiden Leistungsbilanzstatistiken betrug übrigens mit über 206 Milliarden US-Dollar im Jahr 2017 etwa die damalige Größe der portugiesischen Volkswirtschaft. Im weiteren Verlauf der dann akademisch geführten Debatte argumentierten die Autoren, dass Gewinnverschiebungen über niederländische Holding-Strukturen und schlechte statistische Erfassungen bei den Briten einen Großteil dieser Diskrepanz erklären können und die US-amerikanischen Zahlen aus rein objektiven Gesichtspunkten plausibler erscheinen.[74]

Das überzeugende Argument war allerdings ein durchweg ökonomisches, anhand dessen die Theorie der komparativen Wettbewerbsvorteile (vgl. Kapitel 1) ganz offen zutage tritt: Die Stärke der US-Volkswirtschaft sind Dienstleistungen, die vieler europäischer Staaten die Herstellung von Industriegütern. Eine singuläre Betrachtung nur der Güterhandelsstatistik greift damit viel zu kurz. In einer Welt relativ ungehinderten Handels ist es ganz normal, dass sich die USA auf die Produktion von Dienstleistungen spezialisieren und diese dann auch exportieren; umgekehrt spezialisieren sich die Handelspartner auf die Produktion von Industriegütern, die wiederum von den USA importiert werden. Wer diese Struktur unterbindet, verhindert die Spezialisierungsgewinne, die internationalen Handel überhaupt erst vorteilhaft machen.

Den Primäreinkommen kommt in diesem Fall noch eine besondere Bedeutung zu, weil US-Dienstleistungsexporte durch Patentverschiebungen hin zu irischen und/oder niederländischen Gesellschaften häufig in Primäreinkommen umgewandelt werden. Diese rechtlichen Konstrukte tragen Namen wie »double Irish, Dutch in between« und führen faktisch zu einer Nichtbesteuerung von Gewinnen, die aus geistigem Eigentum oder Markenrechten entstehen. Firmen wie Alphabet (Google) oder Starbucks erwirtschaften beinahe ausschließlich mit solchen immateriellen Wirtschaftsgütern hohe Gewinne. Und da die entsprechenden Patente und Rechte nicht in den USA »liegen«, sondern im Ausland, werden die daraus erzielten Gewinne der amerikanischen Primäreinkommensstatistik hinzugerechnet. De facto stehen dahinter allerdings Dienstleistungsexporte.

Mit den aus dieser Auseinandersetzung gewonnenen Erkenntnissen begann man nun auf europäischer Seite, den Handelskonflikt weiterzutreiben (wohlmeinender formuliert könnte dies auch als Vorbereitung von Gegenmaßnahmen auf durch Trump angedrohte Automobilzölle interpretiert werden): Auf Vorschlag des französischen Wirtschafts- und Finanzministers Bruno Le Maire führte Frankreich 2019 eine »Digital Services Tax« (DST) ein, eine dreiprozentige Zusatzumsatzsteuer auf digitale Dienstleistungen, unabhängig vom Gewinn des Unternehmens, die auch nur bei großen Unternehmen anfällt, definiert über eine Umsatzschwelle. Man braucht kein ausgewiesener Kenner der Materie für die Feststellung zu sein, dass die DST auf US-amerikanische IT-Konzerne maßgeschneidert wurde, und so hatte sie auch schnell den Beinamen »GAFA-Tax«.[75] Unabhängig davon, ob man eine solche Art der Besteuerung für sinnvoll hält – DSTs werden gelegentlich im Zusammenhang mit Steuervermeidung großer multinationaler Unternehmen gefordert, weichen allerdings fundamental vom Prinzip der Quellenbesteuerung ab –, ist es bemerkenswert, dass deren Einführung just in die Zeit des von Donald Trump vom Zaun gebrochenen Handelskonflikts fiel. Womöglich stand die Einkommenserzielung dabei gar nicht im Vordergrund, die staatlichen Einnahmen lagen mit knapp 600 Millionen Euro im Jahr 2022 bei nur 0,02 Prozent des französischen BIP.[76] Viel eher handelt es sich um eine Demonstration gegenüber Washington, es nicht zu bunt zu treiben mit den Zollschlägen. Die USA reagierten ihrerseits mit der Androhung von Zöllen auf Luxuswaren aus Europa, darunter Champagner und teure Handtaschen.[77] Auch hier lässt sich unschwer die französische Exportindustrie als Leidtragende der Maßnahme erkennen.

Mit der Abwahl Trumps beruhigte sich die Lage. Die französische Regierung kämpft weiterhin mit der rechtlichen Umsetzung dieser Steuer. Italien, Österreich, Spanien und das Vereinigte Königreich führten ähnliche DSTs ein, die nach Ansicht der USA als diskriminierend angesehen werden. Die USA behalten sich auch hier Gegenzölle vor, die mindestens bis Mitte 2024 ausgesetzt sind, um eine einvernehmliche Lösung zu finden. Unter einer neuerlichen Präsidentschaft Trumps wären neuerliche Eskalationen wahrscheinlich – allzumal das vormalige Argument des Leistungsbilanzüberschusses der USA gegenüber der EU nicht mehr gilt.[78]

Auch wenn dies nur als eine einzelne Episode unter den inzwischen zahlreichen transatlantischen Auseinandersetzungen in der Handelspolitik erscheint, ist sie vielleicht doch mehr als eine bloße Randnotiz der Globalisierungsgeschichte: Je stärker der Handel von Dienstleistungen wächst, desto mehr werden Dienstleistungen zum Gegenstand von Handelskonflikten. Die USA haben ein Güterhandelsdefizit, damit können sie mit klassischen Zöllen der EU mehr Schaden antun als umgekehrt. Bei den Dienstleistungen sieht es aber anders aus. Damit hat die EU die Möglichkeit, traditionell auf Gütermärkte beschränkte Handelskriege notfalls auf Dienstleistungsmärkte auszuweiten, um dort neue Fronten zu eröffnen. Eine wichtige Lehre für eine Welt, in der der Dienstleistungshandel mittlerweile rund ein Viertel des globalen Handels ausmacht.

Der transatlantische Handel zeigte sich im Großen und Ganzen aber eher unbeeindruckt von Trumps Handelspolitik. Das US-Güterhandelsdefizit gegenüber der EU stieg Jahr für Jahr während Trumps Präsidentschaft, sowohl absolut als auch relativ zum US-BIP (von 0,78 auf 0,86 Prozent). Gemessen an den eigenen Zielen ist diese Handelspolitik somit gescheitert.

NACHBARSCHAFTSSTREIT: MEXIKO

Gegenüber Mexiko wollte Trump die USA nicht nur physisch in Form einer von Mexiko bezahlten Mauer abschotten, sondern auch den freien Warenfluss mit neuen Handelsbarrieren zugunsten der USA verändern. Stein des Anstoßes war die 1994 beschlossene nordamerikanische Freihandelszone NAFTA, an der neben den USA und Mexiko auch Kanada beteiligt ist. Die NAFTA-Verhandlungen wurden unter Präsident George H. Bush (1924–2018) initiiert und später unter der Clinton-Regierung abgeschlossen. Obwohl auch damals nicht unumstritten, zeigt sich daran doch, dass in den 1990er-Jahren in den großen Linien der Handelspolitik Konsens zwischen Demokraten und Republikanern herrschte. Ein Konsens, den wir heute womöglich wieder beobachten, allerdings unter umgekehrten, national-protektionistischen Vorzeichen.

Trump ätzte vielfach gegen das NAFTA-Abkommen, das er mehrmals das »schlechteste je abgeschlossene Handelsabkommen« schimpfte.[79] Nach Aussage von Robert Lighthizer war Trump bereit, das Abkommen ersatzlos aufzukündigen, wenn dies im Sinne seiner Wahlversprechen läge. Sekundiert wurde die Kündigung von dem schon erwähnten Peter Navarro und Trumps nationalem Sicherheitsberater Steve Bannon (*1953). Lighthizer selbst war innerhalb der Regierung derjenige, der die gewachsenen ökonomischen Verflechtungen zwischen den USA und Mexiko anerkannte – insbesondere im republikanischen Stammland Texas – und sich daher für eine Neuverhandlung einsetzte.[80] Robert Lighthizer fungierte als Verhandlungsführer auf US-amerikanischer Seite.

Ähnlich wie gegenüber der EU zeigte sich bei den NAFTA-Neuverhandlungen eine gehörige Portion Pragmatismus: Sie ergaben einige Zugeständnisse seitens Mexikos im Bereich der lokalen Wertschöpfungsanteile und der Ursprungsregeln[81], vor allem im Automobilbereich. Statt zu 65 Prozent muss ein Kraftfahrzeug nun zu 75 Prozent im NAFTA-Geltungsbereich hergestellt werden, um zollfrei zwischen seinen Mitgliedern gehandelt werden zu können. Zudem muss ein Automobil zu 40 Prozent von Arbeitern hergestellt werden, deren Stundenlohn über 16 US-Dollar liegt, was dem US-amerikanischen Lohnniveau entspricht. Robert Lighthizer dürfte recht haben mit der Feststellung, dass diese Regelung einmalig in der Geschichte der Handelsabkommen sei.[82] Vielleicht auch aus guten Gründen, denn sonderlich praxistauglich scheint die Regel nicht zu sein: Die Überprüfung ist mit einigem Aufwand verbunden und überhaupt nicht eindeutig. Wie bezieht man beispielsweise hoch bezahlte Ingenieurs- oder Managementleistungen in das Kalkül ein? Aber noch viel bedeutender ist der Realverlust über die Zeit: Die kumulierte US-Inflation im Fünfjahreszeitraum von März 2019 bis Februar 2024 betrug 22,4 Prozent. Der Stundenlohn von 16 US-Dollar ist nicht indiziert und damit schon jetzt erheblich entwertet.[83]

Insgesamt gehen die Änderungen kaum über bloße Makulatur hinaus.[84] In Erinnerung bleibt vor allem die Umbenennung des unbeliebt gewordenen Namens NAFTA, der – ganz im Sinne von *America First* – durch das Kürzel USMCA (United States-Mexico-Canada Agreement) ersetzt wurde. Das Auswechseln von Begrifflichkeiten ohne substanzielle Änderungen ist eine gemeinhin anerkannte Irreführung der Öffentlichkeit und gilt mitunter als hohe Kunst der Politik – und so mag man dies auch der Regierung Trump zubilligen. Empirisch lässt sich festhalten, dass unter USMCA das US-Güterhandelsdefizit gegenüber Mexiko stark anwuchs: um satte 68 Prozent von 69 (2016) auf 116 Milliarden US-Dollar zum Ende von Trumps Amtszeit 2020 und 161 Milliarden US-Dollar im Jahr 2023.

Im Jahr 2023 löste Mexiko China als größten Güterexporteur in die USA ab. Der britische »Economist« stellte bereits die Frage, ob dies zu einem neuen Handelskrieg mit Mexiko führen würde.[85]

Dabei dürfte Trump auch seine eigene China-Politik zum Verhängnis geworden sein: Handelsbarrieren gegenüber China führen zu Handelsumlenkungen, denn US-Importeure ersetzen vormalige chinesische Importe nicht zwangsläufig mit heimischer Produktion. Mexiko ist eine naheliegende Alternative, die auch sicherheitspolitischen Erwägungen Rechnung trägt. Somit könnte Mexiko unter dem Strich sogar von Trumps Handelspolitik profitiert haben. Dabei könnten auch chinesische Exporteure eine Rolle spielen: Sie sind durch das Festhalten an den China-Zöllen beziehungsweise deren Ausweitung durch die Biden-Regierung zu einer Neuausrichtung ihrer Exportstrategie gezwungen. Mit Investitionen in Mexiko könnten sie den US-amerikanischen Markt bedienen, ohne dass sie von US-China-Zöllen betroffen wären – Mexiko als Sprungbrett nach Nordamerika.

Die oben erwähnten 75-Prozent-Anforderungen an lokale Wertschöpfung bedeuten allerdings, dass höchstens ein Viertel der Wertschöpfung auf chinesische Vorleistungen entfallen darf. Unterdessen gehen die Debatten in den USA bereits weiter: Die Federal Reserve Bank von Dallas sieht keine Anzeichen für einen Nearshoring-Trend zugunsten Mexikos, denn ein Anstieg der ausländischen Direktinvestitionen in Mexiko lässt sich nicht beobachten.[86] Trump dagegen nutzt diese möglichen Handelsumlenkungen bereits dafür, 100-Prozent-Zölle anzukündigen, sollten chinesische Automobilbauer in Mexiko investieren und diese Autos in die USA exportieren wollen. Ansonsten droht seinem Land ein »Blutbad«.[87]

Die Handelsumlenkungen verdeutlichen einen Zusammenhang, der bereits in Kapitel 3 diskutiert ist: Das Leistungsbilanzdefizit der USA gegenüber allen Ländern hat vor allem mit Spar- und Investitionsentscheidungen zu tun. Die Handelspolitik kann das Defizit zwischen den Ländern hin- und herschieben, aber es bleibt insgesamt dennoch bestehen. Möchte man das Defizit insgesamt adressieren, müsste man eine gänzlich andere makroökonomische Politik verfolgen, zum Beispiel die öffentliche Verschuldung in massive Überschüsse drehen.

VERTANE CHANCE: PAZIFIKREGION

Gleich an seinem ersten Tag im Oval Office kündigte Donald Trump ostentativ die US-Mitgliedschaft in der Transpazifischen Partnerschaft (TPP) auf, einem Freihandelsabkommen, das er eine »Vergewaltigung [seines] Landes« schimpfte.[88] TPP stellte für ihn einmal mehr einen schlechten Deal dar, da es zum einen plurilateral und zum anderen – und vermutlich für ihn weit schlimmer – unter seinem Amtsvorgänger Barack Obama (*1961) verhandelt worden war.

Die Verhandlungsmacht großer Staaten wie den USA ist tatsächlich höher in bilateralen Verhandlungen. TPP hatte allerdings eine viel weiter reichende Zielsetzung, als rein die ökonomischen Vorteile zu maximieren: Sie war das Herzstück von

Obamas »Pivot to Asia«, seiner Hinwendung nach Asien. Diese hatte die Eindämmung Chinas zum Ziel, indem zwölf Pazifikanrainerstaaten unter Ausschluss Chinas ihre wirtschaftlichen Verflechtungen untereinander vertiefen sollten. Damit sollte ein ökonomisches Gegengewicht zu China geschaffen werden – unter Führung der USA. Geopolitik überlagerte die reinen Handelsinteressen. Aber auch diese waren für sich genommen für die USA alles andere als unvorteilhaft: Das Projekt hatte riesiges ökonomisches Potenzial, schließlich waren mit den USA und Japan immerhin die größte und drittgrößte Volkswirtschaft der Welt an Bord.[89] Eine ganze Reihe von Studien, die während der Verhandlungen des Abkommens entstanden, zeigten klar, dass die USA von TPP profitieren und China verlieren würde.[90]

Nach Trumps lautstarkem Rückzug aus dem Abkommen wurde dieses in CPTPP umbenannt und von den übrigen elf Staaten im Jahr 2018 unterzeichnet.[91] Diese waren außerdem klug genug, die Tür für die USA weiterhin offen zu lassen, sodass diese künftig jederzeit unter den vormals ausgehandelten TPP-Bedingungen beitreten könnten. Präsident Biden machte allerdings keinerlei Anstalten, dieses Vorhaben aus der Zeit seiner Vizepräsidentschaft zu verwirklichen. Das bedeutet Nachteile für die USA: ein um circa eine Jahreswachstumsrate niedrigeres reales BIP und die vertane Chance, gegenüber China in die Vorderhand zu kommen. Im Wesentlichen begrenzen sich aber die Nachteile auf entgangene Vorteile, ähnliche wie beim Stopp des transatlantischen Abkommens TTIP.

Ohne die USA bleibt CPTPP zwar weiterhin hinter seinen Möglichkeiten, aber es wurde interessant für andere: Ganz in alter Empire-Manier verfolgte die handelspolitische Neuorientierung der Briten nach dem Brexit von Beginn an das Ziel der stärkeren Hinwendung zur außereuropäischen Welt. »Global Britain« heißt dieses Projekt, das schließlich zum Beitritt des Vereinigten Königreichs zu CPTPP führte, der im Lauf des Jahres 2024 völkerrechtlich vollzogen werden soll.[92]

Im Jahr 2021 bewarb sich außerdem China um eine Mitgliedschaft in dem Freihandelsblock, zu dessen Eindämmung es ursprünglich aus der Taufe gehoben wurde. Ein Beginn des Aufnahmeprozesses ist derzeit jedoch nicht geplant.[93] Damit bleibt den TPP-Befürwortern in den USA wenigstens diese Schmach erspart und dem Land die Tür in das Abkommen weiter offen.

Ohnehin verfolgt China mit seinem Konkurrenzprodukt RCEP eine eigene handelspolitische Annäherung mit 14 weiteren Staaten in der Pazifikregion – allerdings zu seinen Regeln und natürlich unter Ausschluss der USA. Die Vorkehrungen in RCEP sind jedoch deutlich oberflächlicher als in TPP/CPTPP, weil die meisten durch das Abkommen abgedeckten bilateralen Beziehungen schon vorher durch andere, kleinere Abkommen weitgehend zollfrei gestellt wurden. Damit ist es eher als geopolitisches Signal zu verstehen – im Sinne von: China hat die Fähigkeit, breite Bündnisse zu schmieden – denn als substanzieller Durchbruch im Freihandel.

DIE MUTTER ALLER HANDELSKRIEGE: VOLKSREPUBLIK CHINA

Die Trump-Regierung brach Handelskonflikte mit im Grunde jedem Handelspartner der USA vom Zaun. Zweifellos stand China aber im Zentrum der handelspolitischen Aufmerksamkeit. Die Zollschläge gegenüber China waren beispiellos. In diesem Handelskonflikt trafen die zwei größten Volkswirtschaften aufeinander. Im Gegensatz zum EU-US-Konflikt blieb es aber nicht bei einem Kalten Handelskrieg, er wurde heiß geführt. Daher überrascht es nicht, dass die Zollschläge sehr spürbare Auswirkungen auf den Wechselkurs zwischen US-Dollar und chinesischem Renminbi (RMB) hatten. Der Wechselkurs ist ein guter Gradmesser für die sino-amerikanischen Spannungen. Wir wollen die Dynamik des Konflikts anhand dessen diskutieren (siehe Abbildung 11).

Trumps China-Politik sollte in seinem ersten Wahlkampf eine große Rolle spielen, und so wertete der Renminbi bereits im Jahresverlauf 2016 spürbar ab. Die Wechselkurslinie in Abbildung 11 geht nach oben, da sie den Preis eines US-Dollars in Einheiten chinesischer Währung ausdrückt. Mit Trumps Wahl selbst macht der Wechselkurs einen weiteren Satz nach oben. Da sich die schlimmsten chinesischen Befürchtungen zunächst jedoch nicht materialisierten, kam es in der Folge zu einer Dollar-

Schwäche und einem stärkeren Renminbi. Am 7. Februar 2018, exakt dem Tag, als die USA ihre ersten Zölle verhängten – sogenannte Safeguard Tariffs[94] in Form von Quotenzöllen[95] auf Solarmodule und Waschmaschinen im Wert von 10,3 Milliarden US-Dollar (die Ankündigung war bereits am 23. Januar 2018 erfolgt) –, notierte der Renminbi noch mit 6,26 Renminbi/US-Dollar auf einem einstweiligen Rekordhoch. In den folgenden eineinhalb Jahren ging es für den Renminbi tendenziell nur mehr abwärts, in der Spitze verlor er rund 15 Prozent (3. September 2019).

Abbildung 11: Wechselkurs chinesischer Renminbi je US-Dollar, 2016–2020

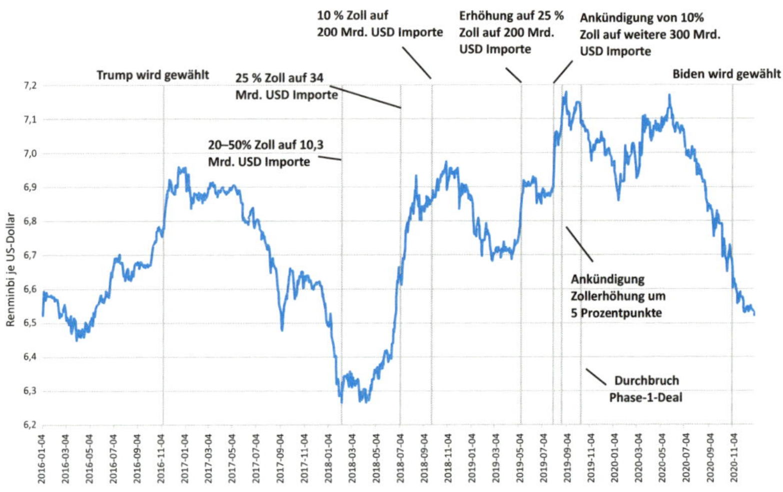

Quelle: Eigene Darstellung basierend auf FRED (2024) und BDI-Zeittafel Handelskrieg[96].

Trump und Lighthizer fuhren im Jahr 2018 fort, indem sie sukzessive die Daumenschrauben anzogen: Im März folgten die berühmten Stahl- und Aluminiumzölle, die auch noch andere Handelspartner betrafen (zunächst aber mit Ausnahmen). Danach jedoch richteten sich die Zölle explizit gegen China. Zunächst war ein Importvolumen von 34 Milliarden US-Dollar betroffen (6. Juli 2018), schließlich 200 Milliarden US-Dollar (24. September 2018), und dann folgte die Ankündigung, sämtliche Importe mit Sonderzöllen zu belasten (1. August 2019). Die letzte Ankündigung wurde nie umgesetzt. Auch über die Zollhöhe wurde Druck ausgeübt: Die angeführten 200 Milliarden US-Dollar Importe wurden zunächst mit zehn Prozent zusätzlichem Zoll belastet, ab 10. Mai 2019 mit stolzen 25 Prozent. Und jedes Mal gab der Renminbi nach.

China wehrte sich tapfer und veranlasste Gegenmaßnahmen. Nur fehlten ihm die Mittel: Die USA importierten im Jahr 2018 Waren im Wert von 539 Milliarden US-Dollar aus der Volksrepublik. Der Warenstrom in die andere Richtung war 76 Prozent geringer und betrug lediglich 122 Milliarden US-Dollar. Die US-Abhängigkeit von chinesischen Waren ist durchaus ein Ass im Ärmel Pekings, sollte es zu einem militärischen Konflikt der beiden Länder kommen. Im Zollkrieg entpuppt sie sich als gewaltiger Nachteil, denn die USA können mit ihren Zöllen viel mehr inländische chinesische Wertschöpfung treffen als umgekehrt.

Anders als die EU konnte China auch nicht auf einen Leistungsbilanzüberschuss der Amerikaner im Dienstleistungsbereich verweisen, denn die Kommunistische Partei Chinas (KPC) legt großen Wert darauf, US-Dienstleistungen von Google, Amazon, Facebook und Co. vom chinesischen Markt auszuschließen. Mit dieser Aussperrungspolitik Pekings durfte jeder schon einmal Bekanntschaft machen, der in China feststellen musste, dass die normalerweise genutzten Handy-Apps dort allesamt nicht funktionieren. Für die KPC ist die Hoheit über inländische Daten und Kommunikation wesentlicher Teil ihrer Repressionen gegenüber dem Volk. Was für Alibaba ein Wirtschaftsmonopol über rund 1,4 Milliarden Menschen darstellt, festigt das Machtmonopol der Partei. Jedwede Marktöffnung verbietet sich damit grundsätzlich und steht sinnbildlich für den Korporatismus chinesischer Couleur.

Im Konflikt mit den USA boten sich China kurzfristig nur zwei Alternativen: entweder die Zölle voll wirken lassen und weniger in die USA exportieren. Das hätte einen kurzfristigen Nachfrageausfall für die chinesische Volkswirtschaft zur Folge gehabt. Oder aber die Zölle durch die Abwertung der eigenen Währung umgehen. Dies ist durchaus eine politische Frage, weil die chinesische Zentralbank Interventionen am Devisenmarkt zur Steuerung des Wechselkurses anders als EZB oder US Fed durchaus zugeneigt ist. Die Abwertungen im Laufe der Zollschläge zeigen, dass man sich in Peking zunächst für Letzteres entschied. Die überschlägige Kalkulation dabei ist einfach: Wenn die USA Zölle in Höhe von zehn Prozent auf etwa die Hälfte der chinesischen Exporte verhängen, genügt schon eine Abwertung der Währung um fünf Prozent, um die Nachfrage aus den USA etwa konstant zu halten. Und so verwundert es nicht, dass die chinesischen Exporte in die USA – gemessen in US-Dollar – im Jahr 2018 gegenüber 2017 sogar um 6,5 Prozent zulegten, ehe sie 2019 um 17 Prozent einbrachen. Mit der Politik der Währungsabwertung bezahlten chinesische Exporteure faktisch die Zölle Trumps. Für Importeure sinken nämlich die Einkaufspreise (vor Steuern und Zöllen). Der niedrigere Einkaufspreis kann den Zollaufschlag gegebenenfalls wettmachen, sodass Endkunden die Zölle gar nicht spüren. Und der US-Finanzminister erfreut sich zusätzlicher Zolleinnahmen.[97] Wir lernten solche Zölle bereits in Kapitel 2 als Harley-Davidson-Zölle kennen.

In einer Welt, in der es nichts zu verschenken gibt, kann dies kaum im langfristigen Interesse Chinas sein: Vom niedrigeren Wechselkurs profitierten nicht nur die USA, sondern Verbraucher auf der ganzen Welt. Während Zölle *inter partes*, also unter den Beteiligten, angewendet werden, wirkt eine Abwertung *erga omnes*, also gegenüber allen Handelspartnern. Nutznießer der Trump'schen Daumenschrauben gegenüber Peking waren mithin Importeure auf der ganzen Welt.

Drittstaaten profitieren zudem von sogenannten Handelsumlenkungen: Wenn chinesische Unternehmen aus dem US-Markt gedrängt werden und umgekehrt, suchen sich diese neue Absatzmärkte, in der Regel zu günstigeren Preisen. Davon profitierten wiederum Verbraucher in Drittstaaten, beispielsweise in Europa. Der Wohlstandszuwachs für Deutschland aus dem US-chinesischen Handelskrieg und einer dauerhaften Renminbi-Abwertung konnte für diese Zeit nach eigenen Berechnungen auf bis zu 500 Millionen Euro jährlich geschätzt werden.[98] Für Österreich und die Schweiz fallen die Größenordnungen naturgemäß kleiner aus, aber auch sie profitierten in gleicher Weise. Das heißt freilich nicht, dass die Europäer ein Interesse an einem eskalierenden Handelsstreit zwischen China und den USA haben sollten. Der Streit macht die Welt insgesamt ärmer, und das wirkt sich negativ auf die heimischen Exportaktivitäten aus. Dazu kommt die Beschädigung des Welthandelssystems als solches, was der EU insgesamt sowie allen kleineren Drittstaaten weltweit nicht gerade nützt.

Für Peking bestand damit ein erhebliches wirtschaftliches Interesse, den Handelskrieg mit den USA wenn nicht aufzulösen, so doch einzufrieren. Die von US-Präsident Trump ausgehende Unsicherheit, über Twitter/X immer neue Zölle und Maßnahmen anzukündigen, ist für sich genommen schon ein Problem, denn Importeure und Exporteure benötigen einen verlässlichen Rahmen, um Geschäfte für die Zukunft abschließen zu können. Ob es Trumps sprunghaftes Naturell war oder kalkulierte Unberechenbarkeit nach außen, ist für die Autoren nicht zu ergründen. Gewiss trug dieses Vorgehen Trumps zur Verhandlungsbereitschaft auf chinesischer Seite bei.

Und die Verhandlungen fruchteten: Am 11. Oktober 2019 wurde ein Durchbruch erzielt, das Abkommen, das den Namen »Phase-1-Agreement« tragen sollte, wurde am 15. Januar 2020 unterzeichnet. Der Zeitpunkt überrascht nicht, denn auch die Trump-Regierung war an einem Erfolg für das Wahljahr 2020 interessiert, und die chinesischen Vergeltungsmaßnahmen richteten durchaus auch Schaden in den USA an: Die Sojaexporte aus den USA sanken 2018/19 um 71 Prozent, was Unmut bei den betroffenen Farmern, nicht selten traditionelle Unterstützer der Republikanischen Partei, hervorrief.[99]

Das Abkommen selbst, dessen Nachfolger (»Phase 2«) nach einer Wiederwahl Trumps hätte verhandelt werden sollen, sah im Wesentlichen vor, dass die USA keine weiteren Zölle gegen China verhängen würden, wobei die bestehenden Zölle aufrechterhalten werden konnten. Im Gegenzug verpflichtete sich China, die jährlichen Importe aus den USA um 200 Milliarden US-Dollar zu steigern,[100] womit sich das US-Handelsdefizit des Jahres 2019 gegenüber China beinahe halbiert hätte. Eine solche Form des »managed trade« ist WTO-handelsrechtlich nicht zulässig, da es fundamentalen marktwirtschaftlichen Prinzipien widerspricht, wonach

Import- und Exportentscheidungen von privaten Akteuren und nicht von Staaten gefällt werden. Es handelt sich dabei um einen klassischen Vertrag zulasten Dritter.

Rein praktisch gedacht: Angenommen, die EU verpflichtet sich, Soja in Amerika zu kaufen – sie könnte die Bürger Europas nicht zum Sojaessen zwingen. Für das dirigistische China ist das offenbar kein Problem. Das Abkommen sah zudem Transparenzpflichten bezüglich Wechselkursmanipulationen vor. Zudem markiert das Abkommen zwischen Nummer 1 und Nummer 2 der Weltwirtschaft einen wahren Meilenstein bei der Erosion des regelbasierten Handelssystems. Es demonstrierte die Bereitschaft Pekings und Washingtons, sich im Zweifel über sämtliche Regeln der internationalen Handelsordnung hinwegzusetzen. Europa sollte aus dieser Systembeschädigung Lehren ziehen.

Die Geschichte wollte es allerdings ohnehin anders: Die Coronapandemie wirbelte die globalen Lieferketten derart durcheinander, dass in den Jahren 2020 und 2021 – für diese beiden Jahre galt das Abkommen – niemand so genau auf die Einhaltung der chinesischen Importverpflichtung achten wollte; vielleicht auch deshalb, weil unklar blieb, wie sehr sich die Biden-Regierung diesem Abkommen überhaupt verpflichtet fühlt.

Der US-Handelsökonom Chad Bown, ehemals Wissenschaftler am Peterson Institute und seit 2024 Chefvolkswirt im US-Außenministerium, tat dies dennoch und stellte fest, dass China seine Zusagen nur zu 62 Prozent erfüllte.[101] Trump wird sich womöglich daran erinnern, dass China seine Zusagen nicht einhielt, womit das Spiel aus Zöllen und Währungsabwertung auf Wiedervorlage gesetzt werden könnte.

DAS VERMÄCHTNIS DER ERSTEN TRUMP-REGIERUNG

Trumps Handelskriege halten einige Lehren bereit, die vor allem mit seiner möglichen Wiederwahl an Bedeutung gewinnen. Niemand kann vorhersehen, was eine neuerliche Amtszeit Donald Trumps für die Welt bereithält. Es spricht aber einiges dafür, dass es schlicht *more of the same* ist, was aus seiner Perspektive gut funktionierte. Drohen, eskalieren, verhandeln, sich einigen.

Der Handelskrieg mit der EU ließ sich auflösen, nachdem klar wurde, dass der Fokus auf den Güterhandel nur ein Teil Wahrheit ist. Die EU signalisierte zudem früh (und bewies dann), dass sie mit Gegenzöllen reagieren würde, um den Schaden auch in die USA zu tragen und dort vor allem in republikanische Stammlande. Asymmetrische Vergeltung, etwa Güterzöllen mit einer Digitalsteuer zu begegnen, ist ein weiteres Mittel, um der transatlantischen Handelsstruktur Rechnung zu tragen. Gegenüber Mexiko konnten einige Zugeständnisse auf mexikanischer Seite und ein Rebranding des Handelsabkommens den Konflikt ebenfalls beenden. Aber Mexiko könnte stärker ins Fadenkreuz Trumps geraten, wo nun Mexiko mehr in die USA exportiert als jedes andere Land. Gleichwohl müsste sich Trump dann eingestehen, dass USMCA doch nicht der Weisheit letzter Schluss war.

Auch gegenüber China zeigten sich letztlich Verhandlungsbereitschaft und Pragmatismus auf beiden Seiten. Trump betont neuerdings seine »Freundschaft« zu Präsident Xi Jinping (*1953), einmal mehr Ausdruck seines ausgeprägten Faibles für Autokraten. Gleichwohl könnte er sich daran erinnern, dass China seine Verpflichtungen hinsichtlich des Phase-1-Abkommens nicht einhielt. Der Populist Trump wird zudem kaum der Versuchung widerstehen können, die tief sitzende und in weiten Teilen Amerikas unbestreitbar vorhandene Anti-China-Stimmung weiter zu bespielen. Insgesamt hielt der selbst ernannte »Dealmaker« Trump seine Versprechungen in dem Sinne, dass er kein überzeugter Protektionist um des Protektionismus willen zu sein scheint, sondern dass er Konzessionen der Gegenseite erreichen will. Vielen Beobachtern scheint er ein bis aufs Mark transaktionaler Typ zu sein, der Leistungen immer mit Gegenleistungen verknüpft. Das bietet wiederum Anknüpfungspunkte. Seine Zollrundumschläge sind im historischen Kontext der USA auch gar nicht so ungewöhnlich. Immerhin steht er in einer Reihe mit fünf seiner letzten sieben Vorgänger im Amt des US-Präsidenten, die zu Beginn ihrer ersten Amtszeit protektionistische Maßnahmen verhängten (die Ausnahmen waren Bill Clinton und George H. Bush).[102] Überhaupt können US-Präsidenten während ihrer zweiten Amtszeiten vernünftiger regieren, weil sie nicht mehr wiedergewählt werden dürfen.

Zweitens müssen wir (wenig originell) feststellen, dass die Trump-Regierung kurzsichtig und wenig strategisch agierte. Die langfristigen geopolitischen Konsequenzen aus dem Rückzug von der Transpazifischen Partnerschaft sind schwer quantifizierbar. Jedenfalls beschädigt eine solch erratische Außenhandelspolitik die Verlässlichkeit der größten Wirtschaftsmacht. Dieser Schaden geht weiter über das TPP-Desaster hinaus, da die Trump-Regierung augenscheinlich nicht zwischen Verbündeten und Rivalen zu unterscheiden in der Lage oder willens war. Dies macht eine konzertierte Handelspolitik der USA zusammen mit ihren Verbündeten gegenüber geopolitischen Rivalen und Gegnern wie China, Iran oder Russland schwierig bis unmöglich, selbst wenn dies im Interesse der USA selbst wäre. Es zeugt außerdem von einer gewissen Hybris, wenn Trump glaubt, die USA wären in Handelsfragen nicht auf ihre Verbündeten angewiesen, immerhin ist die Wirtschaftskraft Chinas bereits in etwa so hoch wie jene Amerikas, besonders wenn man in sogenannten Kaufkraftparitäten misst (vgl. Kapitel 5).

Drittens bleibt festzuhalten, dass die Zahl der Beschäftigten im verarbeitenden Gewerbe in den USA von den Trump'schen Zollkapriolen unbeeindruckt blieb. Sie stagnierte. Dies ist wenig überraschend, wie wir im vorhergehenden Kapitel argumentiert haben, womit abermals das klassischprotektionistische Argument widerlegt wäre, man würde Beschäftigung durch Abschottung erzeugen.

Viertens, und das geht nun über die Amtszeit Trumps hinaus, wuchs das US-Güterhandelsdefizit zusammen mit dem Leistungsbilanzdefizit bis an den aktuellen Rand weiter an (siehe Abbildung 12). Das Leistungsbilanzdefizit stieg zwischen 2016 und 2020 von 2,1 auf 2,8 Prozent des BIP an und weitete sich unter der Biden-Regierung auf drei Prozent aus. Das Güterhandelsdefizit stieg unter Trump von vier auf 4,3 Prozent des BIP und sank anschließend wieder auf 3,9 Prozent. Dass die USA ihre außenwirtschaftlichen Abhängigkeiten insgesamt spürbar verringerten, ist nicht ansatzweise durch Zahlen belegbar. Eine echte »Rückverlagerung von Produktion«, wie sie auch hierzulande häufig gefordert wird, findet nicht ansatzweise statt. Daran ändert auch der Inflation Reduction Act nichts, dessen Bedeutung in Europa maßlos überschätzt wird.

Abbildung 12: US-Leistungsbilanzdefizit und Güterhandelsdefizit, 2016, 2020 und 2023, absolut und relativ

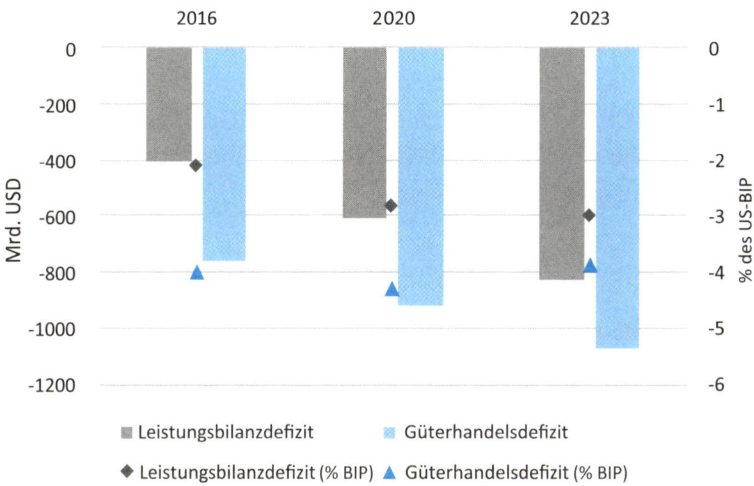

Quelle: Daten des US Bureau of Economic Analysis. Eigene Darstellung.

Fünftens reduzierten die USA ihre China-Abhängigkeit drastisch: Abbildung 13 teilt das US-Handelsdefizit nach Ländern auf. Das Jahr 2018 markiert jenes Jahr, in dem China den größten Anteil am US-Handelsdefizit hatte. 47 Prozent des US-Defizits entstanden durch den Handel mit der Volksrepublik. Auf die EU entfielen 19 und auf Mexiko zehn Prozent. Im Jahr 2023 betrug der Anteil Chinas am Defizit nur mehr 26 Prozent, der mexikanische Anteil stieg, wie schon erwähnt, deutlich an auf 15 Prozent, und der EU-Anteil blieb konstant. Der größte Anteil am ehemals mit China erwirtschafteten Handelsdefizit verteilt sich nun auf alle übrigen Handelspartner der USA, was den Grad der Diversifizierung erhöht.

Die Chinapolitik der USA, insbesondere das Festhalten an den Zöllen aus der Trump-Regierung unter Biden bis hin zu deren Verschärfung, verschob den Handel der USA weg von China. Sie brachte keine Arbeitsplätze in die USA, weil chinesische Waren nicht durch teure Güter *made in the USA* ersetzt wurden, sondern durch mexikanische, vietnamesische und andere. Diese Abkehr von der Importabhängigkeit gegenüber China dürfte vermutlich das bleibende Vermächtnis der Handelspolitik aus Trumps erster Amtszeit sein. Dabei ist noch nicht einmal klar, ob das wirklich Trumps Intention war: Das Phase-1-Abkommen sah vor, das Güterdefizit dadurch zu verringern, dass China mehr aus den USA importiert. Trump wollte *mehr* Geschäfte mit China machen und nicht die US-Wirtschaft von China entkoppeln. Tatsächlich sanken die US-Importe.

Abbildung 13: US-Güterhandelsdefizit in Prozent, aufgeteilt nach Ländern, 2018 und 2023

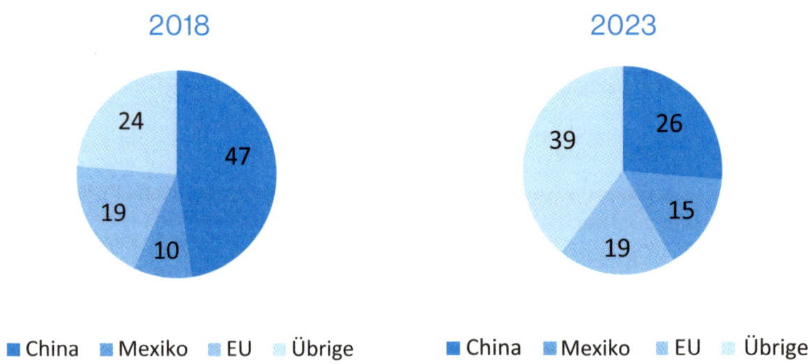

Quelle: Daten des US Bureau of Economic Analysis. Eigene Darstellung.

Robert Lighthizer ist, wie erwähnt, ein glühender Anhänger des Protektionismus alter Schule. In Europa ist diese auf die Industriearbeiterschaft fokussierte Einstellung zum Freihandel eine traditionelle Domäne der Linken. In den USA ist dies anders, Republikaner fremdeln dort schon länger mit der Globalisierung. Dieser traditionelle Protektionismus überzeugt heute allerdings kaum mehr. In den USA sind wie in Europa Arbeitskräfte knapp. Wozu bei Vollbeschäftigung und grassierender Inflation Produktion teuer nach Hause verlagern? Dies kann auch kein Anliegen der »einfachen Leute« sein: Einkommensschwache Schichten geben häufig mehr Geld für handelbare Güter wie Kleidung, Lebensmittel und Gebrauchsgegenstände aus als reichere Haushalte, die in Restaurants und auf Golfplätzen nichthandelbare Dienstleistungen konsumieren. Die Kaufkraft der Einkommen stieg für einkommensschwache Schichten in dem Maße an, wie der Freihandel Waren günstiger machte. All dies würde ein neuerlicher Autarkismus zunichtemachen.

Bemerkenswert an Lighthizers Memoiren über seine Zeit als US-Handelsbeauftragter ist, wie unterschiedlich er die handelspolitischen Maßnahmen rechtfertigt: Im Kapitel über Mexiko klagte er lediglich über den vermeintlichen Niedergang der US-Automobilindustrie – unter Auslassung neuerer Erfolgsstorys wie der von Tesla – und bezichtigte Mexiko des unlauteren Wettbewerbs durch vermeintliches Lohndumping, dem man mit USMCA begegnet sei. Die Argumentation folgt damit dem klassischen industrieprotektionistischen Drehbuch. Ganz anders allerdings die Analyse zu China: Er widmet der Volksrepublik ganze sieben Buchkapitel und führt im ersten davon nur aus, warum China die größte Herausforderung der USA ist:[103]

→ Es nutzt seine Handelsgewinne rein zur militärischen Aufrüstung und Machtprojektion gegenüber seinen Nachbarstaaten.

→ Es ist für die weltweit meisten Menschenrechtsverletzungen insbesondere im Zusammenhang mit der Unterdrückung von Uiguren und Tibetanern verantwortlich.

→ Es betreibt in eklatanter Weise Spionage in den USA und baut sein Überwachungssystem auch im Ausland aus.

- → Es befördert die Drogenkrise in den USA erheblich mit, was sich daran zeigt, dass 97 Prozent des in den USA aufgegriffenen Fentanyls aus China stammen.
- → Es beutet Entwicklungsländer im Rahmen seiner Initiative »Neue Seidenstraße« (»One Belt, One Road«) aus.
- → Es unterstützt Russland in seinem Vernichtungskrieg gegen die Ukraine.
- → Es unternimmt nichts gegen den Klimawandel und ist verantwortlich für bedeutende Umweltschäden, etwa im Bereich der unregulierten Fischerei auf den Weltmeeren.

Den Anschuldigungen kann man objektiv kaum widersprechen, aber das ist an der Stelle nicht weiter relevant. Relevant dagegen ist, dass keine einzige dieser Anschuldigungen ein handels- oder wirtschaftspolitisches Problem der USA darstellt. Vielmehr leitet Lighthizer die Handelspolitik gegenüber China aus der Prämisse her, dass es der strategische Gegner der USA ist. Der Protektionismus gegenüber China ist damit genuin verschieden etwa von dem gegenüber Mexiko, über das Lighthizer abseits der Wirtschaftsbeziehungen kein schlechtes Wort verliert. Gegenüber Mexiko betreiben die USA Handelspolitik um des Handels willen. Gegenüber China betreiben sie Handelspolitik aus anderen Gründen. Diesen geopolitisch motivierten Nationalprotektionismus betrachten wir im folgenden Kapitel. Er betrifft nicht nur die Beziehung zwischen China und den USA, sondern ist auch für Europa höchst relevant.

Kapitel 5

Wandel durch Handel?

»Wenn dein Feind Hunger hat, gib ihm zu essen; wenn er Durst hat, gib ihm zu trinken.«

RÖM 12:20

IN EINER WELT, in der die Staaten einander nicht trauen (können) und in steter Sorge leben, ein Handelspartner könnte die der internationalen Arbeitsteilung inhärent innewohnende Spezialisierung für seine Zwecke opportunistisch missbrauchen, tauchen sicherheitspolitische Überlegungen in der Debatte zur Handelspolitik auf. Versorgungssicherheit bei essenziellen Gütern zur Sicherung der strategischen Souveränität und zur Abwehr der *Weaponization of Interdependence*[104], also der Verwendung wirtschaftlicher Abhängigkeiten als Waffe, gewinnt an Bedeutung. Dies hat die Bevorzugung von Handel mit Ländern zur Folge, die man dem eigenen Lager zurechnet, und spiegelbildlich die wirtschaftliche Abkoppelung von Ländern, die nunmehr als strategische Gegner gelten. Solche Muster sind keineswegs neu, wie der Konflikt zwischen Sparta und Athen in der griechischen Antike zeigt; sie sind eher die Regel als die Ausnahme. Sie führen aber zu einer Spannung zwischen zwei Zielen: die Mehrung des Wohlstands durch internationale Arbeitsteilung einerseits und die Sicherheit der nationalen Selbstbestimmtheit andererseits.

Beim Agrarsektor tritt dieser Zielkonflikt am klarsten hervor. Er ist der weltweit wohl am stärksten subventionierte Wirtschaftsbereich. In Abbildung 14 sind sowohl Subventionszahlungen (oben) als auch ein Maß für den Protektionismus (unten) dargestellt: In der EU, die ihre Landwirtschaftspolitik gemeinschaftlich organisiert, betragen die direkten Subventionen für den Agrarbereich 0,62 Prozent des BIP, in den USA fallen die Agrarsubventionen mit 0,53 Prozent des BIP nur unwesentlich geringer aus. Die Schweiz, einer interventionistischen Wirtschaftspolitik traditionell eher unverdächtig, wendet mit 0,85 Prozent sogar mehr Geld für Agrarsubventionen auf als für die Landesverteidigung (0,77 Prozent). Japan gibt knapp ein Prozent des BIP für Agrarsubventionen aus; in China fließen 1,69 Prozent in die Unterstützung der Landwirtschaft. Die Liste ließe sich fortsetzen, denn praktisch alle Staaten unterstützen ihren Agrarsektor, und das nicht nur mit gewaltigen Summen an Steuergeldern: Durch Zölle und Einfuhrmengenbegrenzungen wird vielerorts das Warenangebot aus dem Ausland künstlich verknappt. Das treibt die Preise insgesamt nach oben, und heimische Landwirte können höhere Erlöse erzielen, als wenn die Märkte liberalisiert wären. Die Aussicht auf Erlöse führt zu mehr inländischer Produktion, und es gibt in der Folge auch mehr landwirtschaftliche Betriebe.

Abbildung 14: Subventionen und Protektionismus des Agrarsektors 2022, ausgewählte Länder

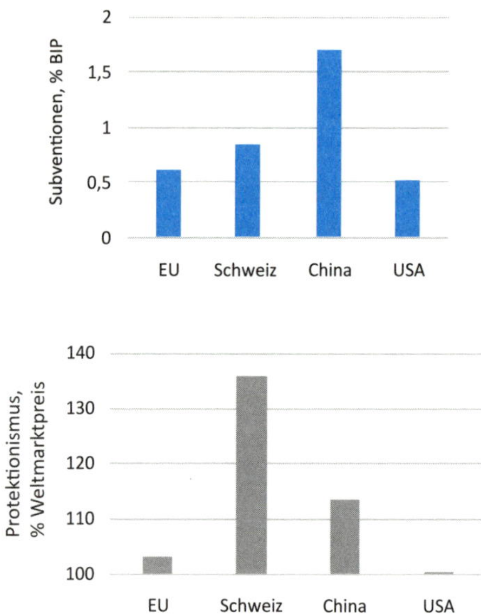

Quelle: Daten der OECD. Eigene Darstellung.

Das Maß für Protektionismus in der Abbildung zeigt, um wie viel die inländischen Preise für Nahrungs- und Lebensmittel über den Weltmarktpreisen liegen. Bei einem Wert von 100 entsprechen sich Weltmarktpreise und heimisches Preisniveau. In der EU liegt das Preisniveau um 3,1 und in den USA um 0,5 Prozent über dem Weltmarktniveau – das ist nicht viel.

Die EU nahm dabei eine spannende Entwicklung: Noch im Jahr 2000 lagen die Lebensmittelpreise 24,5 Prozent über dem Weltmarktniveau. Doch Brüssel änderte seine Art der Landwirtschaftssubventionen drastisch: Anstelle von Garantiepreisen für Landwirte – die EU hatte über Jahrzehnte auf den Großhandelsmärkten interveniert und Lebensmittel aufgekauft und eingelagert, was zu den berühmt-berüchtigten »Butterbergen und Milchseen« führte – werden heute überwiegend produktionsunabhängige Direktzahlungen geleistet. Landwirte erhalten seitdem nicht mehr Geld für das Herstellen von Milch, sondern beispielsweise Zahlungen pro Hektar bewirtschafteten Landes. Ökonomisch ist dies deutlich effizienter, da die staatlichen Subventionen die Produktionsentscheidungen der Landwirte nicht mehr verzerren. Die Direktzahlung sichert einen Teil des Einkommens, ob ein Feld aber als Weidefläche, Kartoffelacker oder Hopfenplantage verwendet wird, entscheiden Landwirte ausschließlich nach betriebswirtschaftlichen Kriterien.

In der Schweiz liegt das Erzeugerpreisniveau um satte 35,9 Prozent höher als auf den Weltmärkten. Kein Wunder also, dass Supermärkte von Konstanz bis Annemasse voller Schweizer sind, die die 300-Franken-Zollfreigrenze bei der Lebensmitteleinfuhr ausnutzen. Schweizerische Verbraucher zahlen damit in Form höherer Lebensmittelpreise erheblich für ihre Landwirtschaft. Auch Chinesen bezahlen rund 13,5 Prozent mehr für Lebensmittel, als es der Weltmarkt hergäbe. Landwirte rund um den Globus werden also über zwei Arten gefördert: Subventionen und Protektionismus. Verbraucher, die auch Steuern zahlen, zahlen damit doppelt.

Nun ist die Schweiz bekanntlich eher ein Hort für Freihandel und Liberalität als für Abschottung und Interventionismus. Und dennoch leistet sie es sich, einen Wirtschaftszweig massiv zu subventionieren, der offenbar nicht über die relativen Wettbewerbsvorteile verfügt, denn sonst bräuchte es die Unterstützung nämlich gar nicht: Das schweizerische Gelände ist in vielen Teilen unwegsam, im Mittelland konkurriert die Landwirtschaft mit einer hohen Bevölkerungsdichte und viel Industrie. Das schränkt die Agrarproduktivität massiv ein. Gleichzeitig hat die Schweiz ein hohes Lohnniveau. Bei ähnlichem Klima ist die Ausgangslage für die Landwirtschaft in Norditalien, Frankreich und Deutschland offensichtlich besser. Und dennoch: In der Schweiz setzt man auf Eigenerzeugung in der Landwirtschaft in nennenswertem Umfang.

Für Landwirtschaftssubventionen werden viele Gründe angeführt, beispielsweise stellt die Landschaftspflege eine positive Externalität dar, wenn man an Almwirtschaften denkt (bei monokulturellen Agrarwüsten verkehrt sich die Externalität hingegen auch schnell in ihr Gegenteil). Oder die heimische Produktion wird als umweltverträglicher als Importe wahrgenommen, was keineswegs immer stimmt. Der offenkundigste Grund aber ist das Streben nach Autarkie und die damit erhoffte Versorgungssicherheit.

Externer Effekt

Ökonomen argumentieren in der Regel damit, dass freie Märkte zu effizienten Ergebnissen führen und Staatseingriffe nur dann nötig sind, wenn ein Marktversagen vorliegt. Es gibt vier Formen des Marktversagens, eine davon ist ein sogenannter externer Effekt beziehungsweise eine Externalität. Diese liegt immer dann vor, wenn Nutzen oder Kosten einer Handlung auf individueller und gesellschaftlicher Ebene auseinanderfallen. Kosten oder Nutzen liegen dann nicht nur beim Individuum, sondern auch bei *Externen*.

Ein Lehrbuchbeispiel für eine positive Externalität ist zum Beispiel eine schöne innerstädtische Hausfassade. Die Kosten trägt der Eigentümer, aber Nutzen beim Anblick einer ansehnlichen Fassade ziehen genauso Passanten und andere Anwohner. Ein Beispiel für eine negative Externalität ist Umweltverschmutzung: Das Emittieren von Treibhausgasen führt nicht nur zu individuellen Kosten, weil man vorher den Brennstoff kaufen muss. Es führt auch zu zusätzlichen gesellschaftlichen Kosten, weil sich dadurch das Erdklima erwärmt. Diese Kosten tragen alle Menschen (globale Externalität), während der Nutzen aus der Handlung rein beim entsprechenden Akteur anfällt.

Bei freien Märkten ohne Regulierung gibt es zu wenige Handlungen, die positive Externalitäten hervorbringen, und zu viele Handlungen, die negative Externalitäten hervorbringen. Lenkende Eingriffe des Staates etwa durch Subventionen, Lenkungssteuern oder ordnungsrechtliche Maßnahmen können dann angezeigt sein. Viele unserer Regeln im Alltag lassen sich auf Externalitäten zurückführen, zum Beispiel Bildungszuschüsse, die CO_2-Bepreisung, Gebote im Baurecht oder Verbote etwa von Ruhestörungen.

Im Ersten Weltkrieg starben mehr Deutsche an Hunger aufgrund der britischen Seeblockade als im Zweiten Weltkrieg durch alliierte Bombenangriffe.[105] Während der ersten großen Blütezeit des Welthandels vor 1914 wuchsen Industrie und Bevölkerung im Deutschen Reich schneller als die landwirtschaftliche Produktion. Vorteile im Export von Industriegütern wie Maschinen und chemischen Erzeugnissen bildeten sich heraus und prägen die Wirtschaftsstruktur bis heute. Die Lücke an Lebensmitteln musste allerdings importiert werden, unter anderem wurde Weizen aus den USA bezogen.[106] Den in Handelsfragen seit jeher gewieften Briten entging die deutsche Abhängigkeit von Lebensmittelimporten nicht. Sie nutzten ihre maritime Dominanz, um den deutschen Seehandel ab 1914 zu unterbinden, sowohl zu seinen Kolonien als auch zu neutralen Staaten wie den USA. Die Versorgungsengpässe wurden während des Krieges in Deutschland und Österreich-Ungarn durch eine planwirtschaftliche Zuteilungspolitik, Misswirtschaft und Missernten verschärft. Schon im Frühjahr kam es in Deutschland und Österreich zu Hungerrevolten, und auch nach dem Waffenstillstand im November 1918 besserte sich die Versorgungslage kaum. Die Realität ist eben anders, als es der Apostel Paulus im eingangs zitierten Brief an die Römer fordert. »Im Krieg und in der Liebe ist alles erlaubt«, bemerkte Napoleon Bonaparte (1769–1821).

Ähnlich wie später die Hyperinflation von 1923 führte das kollektive Hungertrauma zu einer tief sitzenden Skepsis der Deutschen und Österreicher gegenüber der Abhängigkeit vom Weltmarkt in sensiblen Bereichen. Auch die Nationalsozialisten zogen ihre Schlüsse daraus und setzten zur Kriegsvorbereitung für den Zweiten Weltkrieg auf eine autarke Lebensmittelversorgung. In vielen Ländern der Welt gibt es traumatische kollektive Erfahrungen mit Hunger. Daher wundert es nicht, dass strategische Überlegungen hinsichtlich Agrarautarkie in vielen Ländern bis zum heutigen Tag anhalten.

In den letzten Jahren beobachten wir einen Wandel dahingehend, dass immer mehr Güter als strategisch bedeutsam eingeschätzt werden. Industriesubventionen werden angesichts von Fach- und Arbeitskräftemangel kaum mehr zur Schaffung von Arbeitsplätzen gezahlt. Befürworter der vielen Milliarden für die Chiptechnologien – Intel erhält für eine Halbleiterfertigung in Magdeburg immerhin rund zehn Milliarden Euro vom deutschen Staat – argumentieren mit Souveränität aus Angst vor künftigen Kriegen und Konflikten. Und damit sind wir beim Nationalprotektionismus des 21. Jahrhunderts angelangt.

ÜBER KRIEG UND FRIEDEN

Bis heute gilt »Vom Kriege« des Preußen-Generals Carl von Clausewitz (1780–1831) als eine der weltweit meiststudierten militärtheoretischen Schriften. Darin bezeichnet er den Krieg als »Fortsetzung der Politik mit anderen Mitteln«. Der Krieg ist nach seiner Zweck-Ziel-Mittel-Relation kein Selbstzweck, sondern Erfüllungsgehilfe der Politik.

Wenn sich die handelspolitische Ausrichtung aus nichtwirtschaftlichen Zielen herleitet, wird sie ebenfalls zum Erfüllungsgehilfen der Politik umfunktioniert. Einiges spricht dafür, dass die nächsten Dekaden von diesem Handelsverständnis geprägt sein werden. Die englischen Schlagworte dafür sind »Near shoring«, »Friendshoring«, »Decoupling« oder »Derisking« und haben die Erhöhung der Versorgungssicherheit oder den Erhalt technologischer Führerschaft zum Ziel.

Die letzten drei Dekaden waren dagegen tendenziell von einer Integration der Weltwirtschaft geprägt. Mit ihr stieg die Güterverfügbarkeit global, aber auch bei uns in Mitteleuropa, und die Preise für handelbare Waren fielen drastisch. Dass die Inflationsraten über 20 Jahre hinweg historisch betrachtet extrem niedrig waren, ist ohne den Freihandel kaum denkbar. Just als die Lieferketten infolge der Coronapandemie unterbrochen waren und Russland durch seinen Angriffskrieg gegen die Ukraine auch einen »Energiekrieg« (Olaf Scholz) sowie einen Kornkrieg provozierte, sprang die Inflation nach oben. Krieg mit anderen Mitteln. Auch wenn die volkswirtschaftlichen Schäden einigermaßen glimpflich blieben – wir werden erklären, warum –, führt die Inflation doch zu weitgehender Verunsicherung. Sie bedeutet eine Erosion des Vertrauens unserer Gesellschaften in die staatlichen Institutionen, die uns das Versprechen der Geldwertstabilität gaben.

Was aber ist heute anders als noch vor zehn Jahren, dass wir nun durch *weniger* Handel unsere Versorgungssicherheit glauben erhöhen zu können? Gelten die Postulate der Handelstheorie nicht mehr, wonach Handel den Wohlstand erhöht und wechselseitige Abhängigkeiten schafft, die zu einer *friedlicheren* Welt führen?

Es gibt einen Strang in der ökonomischen Literatur, der sich mit der Wechselwirkung von Krieg und Handel beschäftigt. Namhafte Vertreter sind der kürzlich verstorbene Franzose Philippe Martin sowie Thierry Mayer und Mathias Thoenig, ein äußerst produktives Dreigespann auf diesem Forschungsfeld. Ihre Arbeiten zeigen unter anderem, dass die Kriegswahrscheinlichkeit zwischen zwei Staaten sinkt, je mehr diese bilateral miteinander handeln, aber steigt, je mehr ein Land mit seinen übrigen Handelspartnern handelt.[107] Der Grund ist simpel: Andere Handelspartner wirken wie eine Versicherung gegen den Ausfall eines Partners. Auch dass Länder mit einer an sich hohen Kriegswahrscheinlichkeit eher Freihandelsabkommen schließen, ist gut erforscht. Die Idee dabei ist, das Kosten-Nutzen-Verhältnis eines Krieges so zu verändern, dass die Kosten den möglichen Nutzen übersteigen.

Die von Deutschland und Frankreich vorangetriebene europäische Integration nach 1945, zunächst über die Verbindung der kriegswichtigen Kohle- und Stahlsektoren der beiden Länder (Montanunion), gilt als das Paradebeispiel der Friedenspolitik über wirtschaftliche Integration. Die Formel *Wandel durch Handel* schien lange Zeit aufzugehen, denn die friedensstiftende Wirkung des Freihandels ist insbesondere durch empirische Befunde aus der Zeit von 1950 bis 2000 gut belegt. Dabei muss berücksichtigt werden, dass die Kausalität auch in die umgekehrte Richtung weisen kann: Vielleicht führt nicht Handel zu mehr Frieden, sondern Frieden zu mehr Handel.

Es geht allerdings nicht nur um die Frage nach Krieg und Frieden. Deutlich weitergehender ist das Ziel der Souveränität, die EU nennt es »strategische Souveränität«. Damit ist gemeint, dass die Union hinsichtlich ihrer strategischen Ziele autonom, das heißt, unbeeinflusst von anderen Mächten wie China oder den USA, handeln können will – unklar bleibt dagegen, ob es in Abgrenzung dazu auch eine Souveränität im taktischen Sinne gibt.

Mangelnde Souveränität beobachten wir bei vielen Ländern im Umgang mit der Volksrepublik China: Immer wieder verwundert es beispielsweise, dass mehrheitlich muslimische Länder Chinas Menschenrechtspraxis in der Provinz Xinjiang nicht nur nicht verurteilen, sondern Untersuchungen mit ihren Stimmen in internationalen Gremien sogar blockieren, während mehrheitlich christliche Länder diese durchaus anprangern.[108] Pakistan gilt als eines der Länder, dessen ökonomische Verflechtungen mit China am tiefsten ausgeprägt sind: China investiert in die pakistanische Infrastruktur und finanziert den notorisch überschuldeten Staat. Zwischen beiden Staaten besteht Frieden, gewiss. Aber ist Pakistan wirklich frei und souverän? Oder auf Europa gemünzt: Könnte die Schweiz eine in letzter Konsequenz souveräne Neutralitätspolitik verfolgen, wäre sie vollständig abhängig von Lebensmittelimporten aus ihren EU-Nachbarstaaten?

HANDEL ALS BESCHAFFUNGSEXTERNALITÄT: DAS BEISPIEL ERDGAS

Das Kalkül Russlands vor seinem Angriffskrieg gegen die Ukraine bestand wohl auch darin, Europa durch seine energiewirtschaftliche Abhängigkeit handlungsunfähig, also unsouverän zu machen. Dieses Kalkül ging, gottlob, nicht oder allenfalls nur sehr begrenzt auf. Es zeigt aber eindrucksvoll, wie sehr wirtschaftliche Verflechtungen mit außen- und sicherheitspolitischen Spielräumen kollidieren können.

Die Autoren argumentieren, dass der internationale Handel eine Art Beschaffungsexternalität darstellen kann, die einen staatlichen Eingriff grundsätzlich rechtfertigen würde:[109] Bis Februar 2022 schien es für jeden Gasimporteur in Mitteleuropa aus unternehmerischer Perspektive rational, Erdgas aus Russland zu beschaffen, weil es beispielsweise günstiger war als Flüssiggas auf dem Weltmarkt. Vor dem Krieg war Deutschland zu 49 Prozent und Österreich zu 86 Prozent abhängig von russischem Erdgas und damit unmittelbar vom Gutdünken der Person Wladimir Putin.[110] Die Schweiz unterhielt selbst keine direkten Lieferbeziehungen zu Russland, sondern beschaffte auf den europäischen Märkten. Damit stammten indirekt auch 47 Prozent des Erdgases aus Russland.[111] Wenig verwunderlich, berücksichtigt ein Gashändler doch nicht, ob durch seine Lieferbeziehung mit Gazprom und Rosneft der Außenminister des eigenen Landes ein Stück weniger souverän wird. Und wenn jeder einzelne Händler dies verständlicherweise unberücksichtigt lässt, kann für die Gesellschaft ein Klumpenrisiko in der oben genannten Größenordnung entstehen.

Man könnte nun einwenden, dass Unternehmen Lieferausfälle aus betriebswirtschaftlichen Gründen einkalkulieren und ihre Beschaffung diversifizieren sollten. Das tun sie sicher auch, aber sie gehen vernünftigerweise nicht so weit, die oben beschriebene Beschaffungsexternalität vollständig zu internalisieren. Man könnte auch argumentieren, dass 30 Jahre günstiges Russengas mehr Nutzen stifteten als ein Jahr Gaslieferausfall an Kosten verursachte. Das mag für den Importeur auch stimmen, gerade dann, wenn er sich im Zweifel darauf verlassen kann, dass ihn der Staat rettet, wie die generöse Nutzung von Kurzarbeitsmodellen im Falle von Lieferkettenschwierigkeiten zeigt.

Ähnlich wie Banken, die als systemrelevant gelten, erhielten Importeure staatliches Geld für die teure Ersatzbeschaffung von Gas auf den Weltmärkten aufgrund russischer Lieferausfälle. So wurden die Gasimporteure Uniper und SEFE von Deutschland verstaatlicht. Dabei liegt ein Samariterdilemma vor. Die Kosten wurden sozialisiert, weil die Alternative noch schlimmer gewesen wäre: ein zusammenbrechender Gasmarkt. In der Tat wäre bei sehr hohen Gaspreisen kaum zu rechtfertigen gewesen, wenn arme Haushalte frierten, während reiche Saunen und Pools beheizten. Spätestens dann käme es zu Rationierungen und einer Zuteilungswirtschaft, die erhebliche Ineffizienzen und damit volkswirtschaftliche Kosten mit sich gebracht hätte. Freie Marktpreise sind grundsätzlich bessere Zuteiler von knappen Ressourcen als Behörden. Die Allokation durch freie Preise ist das Wesensmerkmal der Marktwirtschaft. Dies gilt aber nur für Märkte, in denen man diejenigen mit geringerer Zahlungsbereitschaft effektiv vom Konsum ausschließen kann und möchte. Wer sich den Porsche nicht leisten kann, muss sich eben für eine andere Automarke entscheiden. Bei Lebensmitteln, Medikamenten und einer warmen Wohnung ist ein solcher Konsumausschluss durch die Mehrheit der Gesellschaft aber nicht gewünscht. Kurzum: Auch in der Wolle gefärbte Marktwirtschaftler können eine Lanze für Staatseingriffe brechen, gerade wenn externe Effekte vorliegen oder Rationierungen drohen. Mangelnde Diversifizierung in der Lieferkette mag individueller Rationalität folgen, sie kann aber gesellschaftlich höhere Kosten verursachen. Und deshalb richtet sich der Blick zunehmend auf als neuralgisch empfundene Abhängigkeiten.

SICHERHEIT WURDE ZUM BLINDEN FLECK

Wir müssen also ein Spannungsfeld zwischen wirtschaftlichen Verflechtungen und Sicherheit konstatieren. Die Erkenntnis darüber ist keineswegs neu, sie war schon Adam Smith als dem Begründer der modernen Volkswirtschaftslehre im 18. Jahrhundert geläufig: »There seem, however, to be two cases in which it will generally be advantageous to lay some burden upon foreign for the encouragement of domestic industry. The first is, when some particular sort of industry is necessary for the defence of the country. The defence of Great Britain, for example, depends very much upon the number of its sailors and shipping. The Act of Navigation, therefore, very properly endeavours to give the sailors and shipping of Great Britain the monopoly of the trade of their own country in some cases by absolute prohibitions and in others by heavy burdens upon the shipping of foreign countries. [...] As defence, however it is of much more importance than opulence, the Act of Navigation is, perhaps, the wisest of all the commercial regulations of England.« (Es scheint aber zwei Fälle zu geben, in denen es generell vorteilhafter sein wird, Belastungen auf ausländische Industrie zur Unterstützung der heimischen zu legen. Der erste liegt vor, wenn eine bestimmte Industrie zur Verteidigung des Landes notwendig ist. Die Verteidigung Großbritanniens hängt beispielsweise stark von der Anzahl seiner Seeleute und Schiffe ab. Der Act of Navigation strebt daher zu Recht an, den Seeleuten und der Schifffahrt Großbritanniens das Handelsmonopol ihres eigenen Landes zu geben, in einigen Fällen durch absolute Verbote und in anderen durch schwere Belastungen für die Schifffahrt fremder Länder. [...] Weil die Verteidigung viel wichtiger ist als wirtschaftlicher Überfluss, ist der Act of Navigation vielleicht die klügste aller Handelsvorschriften in England.)[112]

Den zweiten angesprochenen Grund für Protektionismus lernen wir in Kapitel 9 kennen, denn er bietet einen Lösungsansatz für ein anderes großes Problem unserer Zeit. Mit Smith stimmt jedenfalls so etwas wie ein Säulenheiliger der liberalen Ökonomie in den Chor des Protektionismus ein, sofern eben gravierende sicherheitspolitische Argumente vorliegen. Wie bereits in Kapitel 2 erörtert, erkennt auch das WTO-Handelssystem mit Artikel XXI GATT einen sicherheitspolitisch motivierten Ausnahmetatbestand an. Ebenso sind Rüstungsgüter von Freihandelsabkommen in aller Regel ausgenommen; sie sind sogar vom EU-Binnenmarktprogramm weitgehend ausgenommen (vgl. Kapitel 8).

Die Gretchenfrage lautet nun, wo Souveränitätsüberlegungen enden: Bei Waffen und Munition ist einigermaßen klar, dass sie für die Souveränität essenziell sind und man sie im Konfliktfall nicht beim Feind wird kaufen können – übrigens auch nicht bei der Schweiz, denn sie exportiert wegen ihrer Neutralität grundsätzlich nicht an Kriegsparteien, auch nicht an angegriffene, weshalb Deutschland und andere Staaten ihre Munitionslieferketten von der Schweiz unabhängig machen wollen.[113] Das Lebensmittelargument führten wir bereits aus. Aber folgen dann nicht auch Medikamente, und wenn ja, wie viele? Was ist mit Halbleitern, Seltenen Erden und 5G-Funkmasten? Oder mit Betriebssystemen, der Kontrolle über soziale Medien und Nutzerdaten jedweder Art? Letztlich haben fast alle Güter und Dienstleistungen zivile und militärische Einsatzmöglichkeiten.

Eine ernsthafte Diskussion darüber wurde in den vergangenen Jahrzehnten im volkswirtschaftlichen Diskurs – die Autoren eingeschlossen – sträflich vernachlässigt. Eine rein auf wirtschaftliche Vorteile ausgerichtete Handelspolitik ungeachtet strategischer Erwägungen stößt, wie wir sehen, an Grenzen. Wieso diskutieren wir erst heute und nicht schon seit zehn Jahren darüber?

Wir wollen eine schonungslose Fehleranalyse wagen: Die Erfolge der Globalisierung waren unübersehbar, sie bedeuteten entwicklungspolitisch einen in der Menschheitsgeschichte einzigartigen Quantensprung: Zwischen 1990 und 2021 erlebten 1,35 Milliarden Menschen den Aufstieg aus extremer Armut in die globale Mittelschicht. Auf jeden Tag seit 1990 heruntergebrochen betraf dies 176.000 Menschen, alle zehn Tage etwa die Bevölkerung Hamburgs. In der gleichen Zeit sind 132 Millionen Kinder *nicht gestorben*, die ansonsten gestorben wären, wäre die weltweite Kindersterblichkeit nicht von 9,3 auf 3,7 Prozent gesunken.[114]

Gerne wird für die Zeit nach 1990 auf die mit ihr verbundene *Friedensdividende* verwiesen. Entgegen der landläufigen Ansicht handelt es sich bei ihr größtenteils mitnichten um eingesparte Verteidigungsausgaben, sondern vielmehr um Wohlfahrtsgewinne durch die Globalisierung. Deutschland und Österreich rückten vom Frontstaat am Eisernen Vorhang plötzlich in die Mitte Europas – für die Wirtschaftsverflechtungen sind solche geografischen Faktoren kaum zu überschätzen. Neue Märkte im Osten und im Fernen Osten taten sich auf. Ein Glücksfall für diese Zeit war das regelbasierte WTO-Handelssystem, denn es nützt vor allem kleineren Unternehmen, die sich anders als Großkonzerne keine zweiten und dritten Produktionsstätten in den Absatzmärkten leisten können. Die mittelständisch geprägten Industriestrukturen der DACH-Region brachten so die berühmten Hidden Champions hervor und mit ihnen gut bezahlte Arbeitsplätze, auch außerhalb von Ballungszentren.

Beseelt vom gütlichen Ende des Kalten Krieges träumten nicht wenige vom *Ende der Geschichte*, wonach die Menschheit mit dem Fall des Eisernen Vorhangs auf ihre Zielgerade mit dem Dreiklang Marktwirtschaft, Demokratie und Rechtsstaat eingebogen war. Die Glücksbesoffenheit darüber trübte die Fähigkeit zur nüchternen Analyse, und damit stellte sich eine Fehleinschätzung ein: Vermutlich als Ausdruck unserer euroatlantischen Denkweise ignorierten wir als Gesellschaften schlicht, dass China anders als die früheren Ostblockstaaten eben keine Wende vollzog, es ist heute immer noch eine sogenannte *Volksrepublik*. Denken Europäer an 1989, erinnern sie sich an die Grenzöffnungen in Ungarn und den Mauerfall in Berlin. Zeitgleich rollten Panzer durch Peking beim Tian'anmen-Massaker mit vermutlich mehreren Tausend Toten – allein dessen Erwähnung ist für China noch heute ein rotes Tuch. Die Sowjetunion fiel während ihres 13. Fünfjahresplans auseinander. Maos Erben vollenden im Jahr 2025 ihren 14. China beschritt eben einen anderen Weg als unsere mittel- und osteuropäischen Nachbarstaaten, es gab diesen Systembruch nicht. Trotz mancher Liberalisierungen sind große Teile seiner Wirtschaft immer noch staatlich gelenkt, und dieses ziemlich banale Faktum gilt es stärker ins Bewusstsein zu rufen, auch und gerade wegen der sicherheitspolitischen Implikationen. Nur weil Peking »Freihandel«, »offene Seewege« und »Marktwirtschaft« sagt, meint es noch längst nicht dasselbe wie wir, wie sich im Kontext der Handelskonflikte zeigt (vgl. Kapitel 8). Sicher folgen die heutigen Konfliktlinien keiner historischen Zwangsläufigkeit, auch Personen wie Putin und Xi tragen daran maßgeblichen Anteil. Dennoch gilt es das Bewusstsein dafür zu schärfen.

Im Verlauf der jüngeren Vergangenheit saßen wir als Gesellschaft einem weiteren kolossalen Irrtum auf, den Verhaltensforscher einen Projektionsfehler nennen: Weil wir keine Eroberungskriege mehr führen, keine Imperien wiederauferstehen lassen wollen, schlossen wir daraus, dass niemand mehr danach bestrebt wäre. Weil wir private Auslandsinvestitionen unserer Unternehmen nicht dazu nutzen, Druck auf die Außenpolitik anderer Länder auszuüben, schlossen wir daraus, dass dies auch für alle anderen gälte. Weil wir Handel als den effizienten Austausch von Waren und Dienstleistungen begreifen und nicht, um Handelspartner in kritische Abhängigkeiten zu treiben, schlossen wir daraus, dass niemand so denken würde und so weiter.

Was man als anfängliche Naivität abtun kann, geriet über die Zeit zum Selbstbetrug: Nur ein Jahr nach der völkerrechtswidrigen Krim-Annexion 2014 wurde das Pipeline-Projekt Nord Stream 2 durch die deutsche Regierung beschlossen. Abgesehen von der verheerenden Signalwirkung in Richtung Moskau mutet es in der Rückschau geradezu grotesk an, Nord Stream 2 zum »rein wirtschaftlichen Projekt« erklärt zu haben – entgegen vielen Warnungen von Verbündeten, insbesondere aus Mittel- und Osteuropa. Diese Obskurität gipfelte in der Reaktion der deutschen Delegation auf eine Rede Donald Trumps vor der UN-Vollversammlung am 25. Oktober 2018, in der dieser Deutschland vorwarf: »Germany will become totally dependent on Russian energy if it does not immediately change course. Here in the Western Hemisphere, we are committed to maintaining our independence from the encroachment of expansionist foreign powers.« (Deutschland wird total abhängig von russischer Energie, wenn es nicht sofort seinen Kurs ändert. Wir hier in der westlichen Hemisphäre sind bestrebt, unsere Unabhängigkeit von den Übergriffen expansionistischer ausländischer Mächte zu wahren.) Die deutsche Delegation unter dem damaligen Außenminister Heiko Maas (*1966) und UN-Botschafter a. D. Christoph Heusgen (*1955) quittierte dies mit demonstrativem Gelächter, Kopfschütteln und Stirnrunzeln, womit sie das größte strategische Versagen Deutschlands seit mindestens 30 Jahren eindrücklich vor der Weltöffentlichkeit dokumentierten.

Die von Olaf Scholz ausgerufene »Zeitenwende« zum 24. Februar 2022 wurde überhaupt nur nötig, weil man sich vorher in einer Realität wähnte, die gar nicht existierte. Polen und Balten waren deutlich weniger überrascht als die Öffentlichkeit in Deutschland, Österreich und der Schweiz, dass ein konventioneller Eroberungskrieg in Europa im 21. Jahrhundert offenbar geführt werden kann. Teile der deutschen SPD, aber auch Russland-Sympathisanten und Neutralitätsfetischisten in Österreich und der Schweiz wähnen sich noch immer in dieser Scheinwelt. Manche von ihnen glauben, es lohne sich, eine Äquidistanz zwischen Feinden und Freunden aufrechtzuerhalten. Andere meinen sogar, man könne mit Putin einen dauerhaften und gerechten Frieden verabreden.

WARUM DER HANDEL MIT DIKTATUREN ANDERS IST

Kriege enden oft in einem ökonomischen Fiasko, selbst für die siegreiche Partei. Eine rationale Kosten-Nutzen-Abwägung müsste daher in der Regel zu dem Ergebnis kommen, besser keinen Krieg zu führen. Damit ein stabiler Friede entsteht, ist entscheidend, dass beide Seiten die gleiche Abwägung treffen, ansonsten drohen sie nicht zu demselben Ergebnis zu gelangen. Wenn eine Seite komplett anders kalkuliert, wird der anderen Seite möglicherweise ein Krieg aufgezwungen.

Es ist gut erforscht, dass funktionierende Demokratien friedlicher sind als autokratische Regime.[115] Eine freie Gesellschaft diskutiert Vor- und Nachteile und wägt Kosten und Nutzen ab, ehe sie einen Waffengang vollzieht. Sie ist außerdem zur Selbstkorrektur fähig, was der politische Philosoph Karl Popper (1902–1994) sogar als ihre größte Stärke ausmacht. Je stärker hingegen Autokratien auf eine Person ausgerichtet sind, desto eher werden die Pläne dieser einzelnen Person als ein Nutzen für die Mehrheit verfolgt, und desto schneller werden aus individuellen Fehlurteilen nationale Katastrophen.

Putins Krieg gegen die Ukraine bietet dafür aktuelles Anschauungsmaterial. Dieser Krieg kennt auch auf russischer Seite viele Verlierer, von den bis Mitte 2024 bereits geschätzt 400.000 gefallenen oder verletzten Soldaten gar nicht erst zu sprechen,[116] und man darf annehmen, dass all die Profiteure des vorherigen Freihandels – Rohstoff-Oligarchen, Banken, Importeure, Konsumenten westlicher Importe – nicht an der Abwägung zwischen Krieg und Frieden beteiligt waren. Damit gerät die Friedenssicherung durch wirtschaftlichen Austausch zu einer Wette auf die Rationalität des Gegenübers.

In dieser Frage beging schon der britische Publizist und Friedensnobelpreisträger Norman Angell (1872–1967) einen folgenschweren analytischen Fehler: Dessen bekanntestes Werk, »The Great Illusion« (»Die falsche Rechnung«), aus dem Jahr 1909 argumentiert, dass ein großer Krieg unter den europäischen Mächten aufgrund der wirtschaftlichen Verflechtungen absolut ruinös wäre. Es wäre daher völlig irrational, ihn zu führen. Bis dahin sollte Angell recht behalten. Doch dann zog er den fatalen Schluss daraus, dass ein Krieg damit auch *unwahrscheinlich* wäre. Es ist fast schon ironisch, wie sein Buchtitel das ganze Werk karikiert.

Doch die Wette auf die Rationalität des Gegenübers muss nicht notwendigerweise zum Vabanquespiel verkommen oder einer falschen Friedensillusion auf den Leim gehen. Man kann die Rationalitätsannahme auf Erfahrungswerte stützen, was Ökonomen *Vertrauen in Institutionen* nennen. Die Franzosen müssen nicht Bundeskanzler Scholz persönlich trauen, dass er etwa nachts nicht doch heimlich von Elsass-Lothringen als 17. deutschem Bundesland träumt. Die Franzosen müssen lediglich in das politische System Deutschlands vertrauen und dass es, unabhängig von politischen Einzelpersonen, in der Lage ist, eine rationale Abwägung über Krieg und Frieden mit Frankreich zu treffen. Das Ergebnis einer rationalen Abwägung ist ohnehin eindeutig angesichts blutiger Erfahrungen, eines drohenden volkswirtschaftlichen Desasters und des atomaren Potenzials der Force de frappe. Entscheidend ist einzig, dass eine Abwägung erfolgt und diese rational ist. Damit Franzosen dieses Vertrauen in das politische System Deutschlands haben können, sind freie Medien, unabhängige Gerichte, horizontale und vertikale Gewaltenteilung, demokratische Kontrolle des Militärs und vieles mehr ganz unverzichtbar. Teils bildet es sich normativ über die Verfassung, teils über die gelebte Staatspraxis, zum Beispiel, dass die staatstragenden Parteien Deutschlands Bundeswehreinsätze lagerübergreifend mandatieren. Auch Drittstaaten wie die USA können dieses Vertrauen befördern, etwa indem sie eine regelbasierte internationale Ordnung schaffen.

Staaten, die einander diese Rationalität in Bezug auf Krieg und Frieden unterstellen, können beliebig eng miteinander verflochten sein und unbegrenzt Freihandel treiben. Sie maximieren die gemeinsame Wohlfahrt, indem möglichst alle Handelsbarrieren, Zölle, regulatorischen Beschränkungen etc. fallen. Die Länder der Europäischen Union bilden dafür ein nahezu idealtypisches Beispiel. Staaten, die einander diese Rationalität nicht unterstellen, müssen abwägen zwischen den durch Freihandel zu realisierenden Wohlfahrtsgewinnen und der Gefahr, dass das Gegenüber sein durch Handel hinzugewonnenes Potenzial zum Beispiel dazu nützt, militärisch aufzurüsten und anzugreifen; oder dass die Wohlfahrtsgewinne nur temporär bestehen, weil das Gegenüber damit Abhängigkeiten erzeugen will, um ein Land unsouverän zu machen. Praktisch gesprochen wägt man dann ab zwischen der Höhe des eigenen BIP und dem BIP-Abstand zum anderen Land.

Diese Theorie relativiert in gewisser Weise obige Selbstanklage: In dem Maß, wie wir Russland und China nach 1990 mehr Vertrauen entgegenbrachten, war es nur folgerichtig, dass BIP-Abstände keine Rolle mehr spielten und man sich auf die gemeinsame Wohlstandsmehrung einließ. Diese Theorie bietet aber auch eine Erklärung dafür, dass der US-Handelskrieg gegen China nicht jeglicher Grundlage entbehrt: Geht man davon aus, dass sich der *absolute Schaden* aus Handelskriegen gleich auf beide Seiten verteilt – diese Verteilung stellt sich ein, wenn beide Seiten einen Handelskrieg einigermaßen klug führen, etwa durch die in Kapitel 2 beschriebenen Harley-Davidson-Zölle –, dann verliert China *relativ* mehr als die USA, weil es, in internationaler Währung gerechnet, immer noch die kleinere Volkswirtschaft ist. Der BIP-Abstand vergrößert sich.

Die unterschiedlichen Ziele, die man in diesen zwei Welten – mit Vertrauen zueinander oder nicht – verfolgt, sind in Abbildung 15 illustriert: Wer den Handelspartnern vertraut, möchte das BIP pro Kopf maximieren (Wachstum und Konvergenz in der linken Abbildungshälfte); wer dieses Vertrauen nicht hat, maximiert das eigene BIP relativ zu jenem der anderen Länder (Divergenz in der rechten Abbildungshälfte).

Zur besseren Vergleichbarkeit ist hier die BIP-Pro-Kopf-Darstellung gewählt. Es ist überdeutlich, wie weit die USA hier vorn liegen und warum China an weiterer Entwicklung interessiert ist. Sein Pro-Kopf-Einkommen liegt etwa auf dem Niveau Bulgariens, dem ärmsten Land der EU. Die chinesische Führung dürfte ebenfalls dieses Bild im Kopf haben, wenn sie das Ziel verfolgt, zum Westen *aufschließen* zu wollen. Aufgrund des abnehmenden Vertrauens blicken US-amerikanische und europäische Politiker hingegen zunehmend auf den rechten Teil der Abbildung: Er stellt den Anteil der einzelnen Länder am Welt-BIP dar. Die USA tragen ein Viertel zur Weltwirtschaftsleistung bei, in jüngster Zeit sogar wieder mit aufsteigendem Trend. Bedeutungsloser über die Zeit wird die EU, die 1990 und 2008 sogar mehr Gewicht hatte als die USA. Danach folgte ein rasanter Abstieg, auf dessen Konto auch der Brexit einzahlte – die Wirtschaftskraft des Vereinigten Königreichs war immerhin so groß wie jene der damals 19 kleinsten EU-

Mitglieder zusammen. 2020 wurde die EU von China überholt. Das ökonomische Gewicht Russlands spielt indes keine Rolle, sein BIP entspricht in etwa dem Bayerns, Baden-Württembergs und Nordrhein-Westfalens zusammengenommen.

Abbildung 15: BIP pro Kopf (links) und BIP-Anteil am Weltsozialprodukt (rechts)

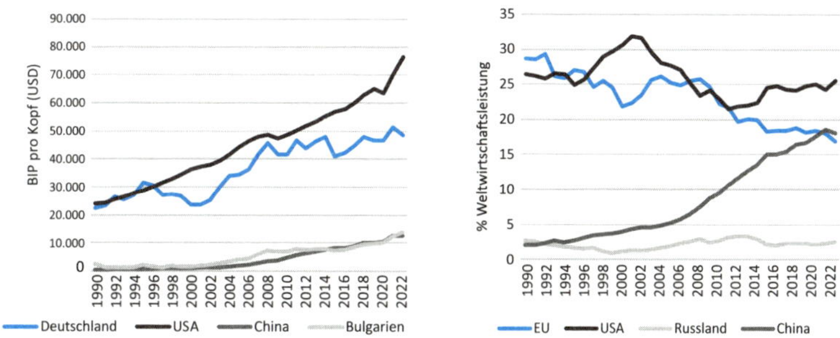

Quelle: Daten der Weltbank. Eigene Darstellung.

Warum ist der (absolute) BIP-Abstand wichtig unter rivalisierenden Mächten? Bei allen Unzulänglichkeiten, insbesondere mit Blick auf Kaufkraftunterschiede, ist das BIP doch ein sehr aussagekräftiger Indikator für die militärischen Kapazitäten eines Landes. Das BIP ist nichts anderes als die Wertschöpfung in einem Land. Die Wertschöpfung sagt zunächst nichts über die Rüstungsproduktion aus; sie kann aber im Konfliktfall umgestellt werden, sodass statt Butter eben Kanonen (oder vielleicht passender: Panzer statt Pkw) gebaut werden. So funktioniert Kriegswirtschaft.

Kaufkraftbereinigung

Das BIP über verschiedene Länder hinweg sinnvoll zu vergleichen, ist einigermaßen schwierig, denn mit einem Euro kann man in Deutschland mehr Waren und Dienstleistungen kaufen als etwa in der Schweiz, nachdem man ihn in einen Franken getauscht hat. Das Preisniveau ist in Deutschland niedriger und damit die Kaufkraft eines jeden Euro beziehungsweise des BIP insgesamt höher. Deswegen liegt das kaufkraftbereinigte Pro-Kopf-Einkommen Deutschlands näher an dem der Schweiz als der nominelle Vergleich. Für eine Kaufkraftbereinigung muss für die betrachteten Länder ein gemeinsamer Warenkorb zugrunde gelegt werden, in dem beispielsweise die durchschnittlichen Konsumwünsche einer repräsentativen Person abgebildet sind (Kleidung, Essen, Dienstleistungen und so weiter). Sodann kann man vergleichen, wie viel es kostet, diesen Warenkorb zu kaufen. Dieser gemeinsame Warenkorb existiert aber nicht, er ist nur ein theoretisches Konstrukt, denn Schweizer konsumieren andere Dinge als Deutsche, und je weiter die Kulturen voneinander entfernt sind, desto unterschiedlicher ist das Konsumverhalten. Der Durchschnittsdeutsche dürfte näher an schweizerischen Gewohnheiten liegen als der durchschnittliche Inder. Dazu kommt, dass überall diejenigen Güter überproportional häufiger konsumiert werden, die besonders günstig sind, was den Vergleich der Preisniveaus wiederum erschwert. Mit Blick etwa auf die Kapazitäten einer Volkswirtschaft für einen Krieg ist von entscheidender Bedeutung, ob kriegswichtige Güter inländisch produziert oder importiert werden. Im ersten Fall sollte man auf das kaufkraftbereinigte BIP blicken, im letzteren Fall auf das nominale (üblicherweise in US-Dollar angegeben). Die Frage, ob die chinesische Volkswirtschaft kaufkraftbereinigt größer ist als die US-amerikanische, ist daher umstritten, worüber der britische »Economist« regelmäßig berichtet.[117] Für den »Krieg mit anderen Mitteln« (Harris und Blackwill),[118] sprich für Machtpolitik mit Mitteln der internationalen Handels- oder Finanzpolitik, ist hingegen das BIP in international konvertiblen Währungseinheiten relevant. Schließlich geht es um die Manipulation der internationalen Austauschverhältnisse bei handelbaren Gütern und den Transfer von ökonomischen Renten.

FAZIT

Der oben beschriebenen Theorie gemäß funktioniert *Wandel durch Handel*, anders als ursprünglich intendiert, in beide Richtungen: Es ist möglich, dass durch wirtschaftliche Verflechtungen wechselseitiges Vertrauen entsteht und die Überlegungen hinsichtlich militärischer Kapazitäten in den Hintergrund treten. Die entsprechenden Beispiele sind bekannt. Es ist aber kein Automatismus, dass wechselseitiges Vertrauen nur zunimmt. Im Gegenteil. Wenn Vertrauen abnimmt, müssen auch westliche Staaten ihre Denkweise anpassen. Damit wandeln wir uns und denken stärker in geostrategischen Dimensionen, wozu unter anderem der BIP-Abstand zählt. Andere Staaten dann nicht an ihrem wirtschaftlichen Fortkommen hindern zu wollen, birgt eine sicherheitspolitische Gefahr in sich. Es ist fast schon zynisch, wie erfolgreich die Formel *Wandel durch Handel* funktioniert.

Kapitel 6

Zurück zur Wirtschaftssicherheit

»Quidquid agis, prudenter agas et respice finem.«

Was auch immer du tust, tu es überlegt und bedenke das Ende.

DIE VORHERGEHENDEN AUSFÜHRUNGEN zu Agrarsubventionen und Agrarprotektionismus sollten nicht als Hohelied auf die nationale Subsistenzwirtschaft missverstanden werden. Autarkie, also die Befriedigung sämtlicher Konsumwünsche durch Eigenproduktion, bietet nämlich keinen verlässlichen Schutz vor externen Schocks. Die Binsenweisheit, nicht alle Eier in einen Korb zu legen, gilt selbstverständlich auch für das eigene Land: Naturkatastrophen können Landesteile lahmlegen, ebenso Streiks, Terroranschläge, Angriffe auf die Infrastruktur oder – ganz banal – folgenschweres Managementversagen. Die Stabilität der Lieferkette bemisst sich nicht zwangsläufig an ihrer Länge. Auch die Schweizer hungerten, übrigens zum letzten Mal in ihrer Geschichte, während des Ersten Weltkrieges. Der Grund: ein extrem nasser Sommer 1916 und nachfolgend ein eiskalter Frühling 1917, was zu Missernten führte.[119] Die Schweizer machten die schmerzliche Erfahrung, dass auch das eigene Land zum Risiko werden kann. Natürlich kam als entscheidender Faktor hinzu, dass die Importmöglichkeiten fehlten, weil alle umliegenden Staaten miteinander Krieg führten und selbst nichts abzugeben hatten. Der Weltmarkt konnte somit seine Versicherungsfunktion gegen inländische Produktionsausfälle nicht erfüllen. Die Neutralität hilft nicht gegen die wirtschaftlichen Auswirkungen von Krieg im Ausland. Als Binnenstaat ist die Schweiz diesem Risiko stärker ausgesetzt als andere Staaten. Aber auch die Seeblockade gegen das Deutsche Reich und seine Verbündeten hat gezeigt, dass Meereszugang und Marktzugang zwei Paar Schuhe sind.

Wir sollten für die heutigen Herausforderungen mitnehmen, dass Inlandsproduktion zwar die Versorgungssicherheit erhöhen, aber nicht in letzter Konsequenz garantieren kann. Zudem ist Autarkismus extrem teuer, was die genannten Zahlen zu Agrarhilfen unterstreichen. Zur bestmöglichen Versorgungssicherheit bedarf es immer und zwingend Zugang zu Weltmärkten.

Für die EU als größten Handelsverbund der Welt kommt Folgendes hinzu: Setzt sie zu sehr auf Autarkismus, reagieren die anderen Staaten ebenfalls mit Autarkie. Setzt jeder auf Autarkie, existieren bald keine Weltmärkte mehr. Es entsteht eine paradoxe Situation: Indem jedes einzelne Land seine Versorgungssicherheit durch Autarkie erhöht, sinkt die systemische Versorgungssicherheit. Das ist so wie bei anderen Versicherungsgemeinschaften, die auf Gegenseitigkeit beruhen: Treten einzelne Versicherte aus der Versicherungsgemeinschaft aus, senkt dies den Wert der Mitgliedschaft für die anderen. Man kann eben nicht beides haben: autark sein wollen, im Krisenfall aber auf einen funktionierenden Weltmarkt zurückgreifen können. Daher, und aufgrund seiner immens hohen Kosten, weil es sämtliche Vorteilhaftigkeit von Handel zunichtemachte, überzeugt das Konzept des plumpen Autarkismus nicht ansatzweise. Es zeigt sich die Gültigkeit der uralten Weisheit »primum non nocere« (Erstens: keinen Schaden anrichten), die in der Medizin auf Hippokrates (circa 460–370 vor Christus) zurückgeht und die der deutsche Finanzminister Christian Lindner (*1979) zu Recht so versteht, dass es immer noch besser sei, nichts zu tun, als etwas schlecht zu machen.[120] Wenden wir uns also spannenderen Überlegungen zu als der Autarkie.[121]

RESILIENZ VERSUS SUBSTITUTION

Die Coronapandemie brachte viele neue Begriffe in unsere Alltagssprache: Wörter wie Social Distancing, Lockdown, Herdenimmunität, Impfdrängler, Superspreader und Homeschooling sind Reminiszenzen, die den Zeitzeugen sicherlich dauerhaft in Erinnerung bleiben werden.

Mit Unterbrechungen von Lieferketten rückte ein weiterer wissenschaftlicher Fachterminus in den allgemeinen Sprachschatz: Resilienz. Der Begriff leitet sich vom lateinischen Verb »resilire« (zurückspringen, abprallen) ab. In der Materialforschung wird so die Eigenschaft eines Gegenstandes bezeichnet, nach Einwirkung einer Kraft wieder seine Ausgangsform anzunehmen. Der Begriff ist bereits in vielen Wissenschaften zu Hause und meint bei Ingenieuren zum Beispiel die Fähigkeit eines Systems, bei einem Teilausfall nicht vollständig zu versagen. Psychologen attribuieren Personen Resilienz, die auf Schocks durch entsprechende Anpassung ihres Verhaltens reagieren. Der deutsche Princeton-Ökonom Markus Brunnermeier (*1969) schrieb ein ganzes Buch zur gesellschaftlichen Resilienz.[122] Und neuerdings fehlt die Forderung nach resilienten Lieferketten auch in keiner Politiker-Sonntagsrede mehr, womit der Begriff nicht nur in der Handelsökonomie angekommen wäre, sondern inflationär gebraucht (und missbraucht) wird.

In der Volkswirtschaftslehre ist eigentlich ein ganz anderes und sinnvolleres Konzept gang und gäbe: die Substitution. Schon Erstsemester beschäftigen sich mit dem Substitutionseffekt, wonach ein Konsument bei Preiserhöhung von Gut A in der Regel weniger von Gut A und mehr von Gut B konsumiert. Dabei kann zwischen Güterpaaren unterschiedlich leicht substituiert werden: Wenn mit Gut A Butter und mit Gut B Margarine gemeint sind, ist das leicht nachvollziehbar. In extremen Fällen gerät das Konzept aber an Grenzen: Handelt es sich um ein lebensnotwendiges Medikament und eine Fernreise, wird eine Ausweitung des Konsums von Fernreisen kaum den Minderkonsum des Medikaments kompensieren können. Im erstgenannten Beispiel ist die *Substitutionselastizität* sehr hoch, im zweiten Fall mutmaßlich null. Analytisch muss man auch nicht notwendigerweise zwei Güter miteinander vergleichen: Als Hilfestellung fassen wir die Grundgesamtheit aller möglichen Güter mit Ausnahme von Gut A als Gut B zusammen. Daraus können wir die grundsätzliche (und nicht güterpaarspezifische) Substituierbarkeit von Gut A ermitteln. Für die Produktion gilt hinsichtlich der Inputs Analoges.

Sinnvoll erscheint uns der Begriff nur für die Volkswirtschaft insgesamt: Resilienz soll bei Auftreten eines Schocks möglichst schnell wieder das Ausgangslevel an Wohlstand bieten. Wenn wir (vereinfachend) Wohlstand mit dem BIP gleichsetzen, dann soll es möglichst schnell wieder »zurückspringen«, was im Zuge der Coronapandemie auch eine V-förmige Erholung genannt wurde – im Gegensatz zur U-förmigen Erholung, in der man relativ lange durch das Tal der Tränen am unteren Ende des Ausschlags geht.

Davon abzugrenzen ist der Begriff der Robustheit, mit dem gemeint ist, dass ein System bei Einschlag eines Schocks gar nichts an Leistungsfähigkeit einbüßt.

Für Lieferketten passt der Begriff der Resilienz aber gar nicht so richtig, denn diese sollen nach einem Schock nicht an den Ausgangspunkt zurückkehren. Sie sollen sich neu justieren, sie sollen substituieren. Jede beliebige Lieferkette hat keinen Wert an sich. Oder warum sollte man wollen, dass ausgerechnet die Gaslieferkette nach Russland möglichst schnell wieder errichtet wird? Entscheidend ist vielmehr, dass der mit einer gestörten Lieferkette verbundene Wohlstandsverlust schnell wieder aufgeholt werden kann. Diese enge Definition der Resilienz mag etwas haarspalterisch klingen, es folgen aber andere Implikationen aus ihr: Die Substitution kann nämlich auch inländisch erfolgen und muss nicht zwangsläufig über eine andere internationale Lieferkette stattfinden. Schauen wir uns die Energiekrise näher an.

Europa musste im Jahr 2022 russische Erdgaslieferungen substituieren und tat dies auf mehrere Weisen: durch andere Energieträger wie Kohle, Öl und Kernenergie, durch eine andere Erdgasbeschaffung auf den Weltmärkten, durch Energieeinsparungen, weil auch Produktionsprozesse unterschiedlich energieintensiv gefahren werden können, und durch einen Import energieintensiver Grundstoffe wie Ammoniak, anstatt diese selbst herzustellen. Mit seinen monatlichen Befragungen fühlt das Münchner ifo Institut den Puls der deutschen Wirtschaft mit teils verblüffenden Ergebnissen: Im November 2022 antworteten 75 Prozent aller Unternehmen, dass sie Erdgas eingespart hätten, ohne (!) dabei die Produktion überhaupt zu drosseln. 14 Prozent erreichten dies nur mit Produktionsdrosselungen, und sieben Prozent änderten gar nichts.[123] Man sieht: Die Welt ist unglaublich reich und vielfältig an Substitutionsmöglichkeiten; kurzfristig beschränkt sie sich gerade nicht darauf, einfach nur russisches Erdgas durch anderes zu ersetzen. Die mannigfaltigen Substitutionsmöglichkeiten werden allerdings nur genutzt, wenn die Knappheiten auch zu entsprechenden Preisentwicklungen auf den Märkten führen, sonst hätten die oben genannten 75 Prozent ihren Gasverbrauch schon vor der Energiekrise gedrosselt.

Es ist ein zentrales Prinzip der Ökonomik, dass die Menschen aufgrund von Veränderungen von Preissignalen ihr Verhalten anpassen können – völlig dezentral und ohne staatliche Lenkung. Nichts regt die menschliche Kreativität verlässlicher an als die Aussicht, damit Geld zu verdienen. Dazu gehört auch das Kosteneinsparen.

Während der Kontroverse um die möglichen Folgen eines deutschen Gasembargos gegen Russland beziehungsweise eines russischen Lieferstopps beklagte der Präsident des Kieler Instituts für Weltwirtschaft Moritz Schularick einen vorherrschenden »Substitutionspessimismus«. Er hat recht, denn wir unterschätzen die gesamtvolkswirtschaftliche Substitutionsfähigkeit systematisch. Niemand kennt die unzähligen kleinen und großen Substitutionsstellschrauben. Schließlich ist all das Wissen um Einsparmöglichkeiten, Ersatzbeschaffungen, das Anzapfen von Reserven oder ganz andere Alternativen dezentral über Millionen Köpfe verteilt. Im sogenannten Bachmann-Papier[124] errechneten namhafte deutschsprachige Ökonomen im März 2022 für Deutschland bei einem Gaslieferstopp Russlands beziehungsweise einem deutschen Gasembargo einen BIP-Einbruch zwischen 0,5 und drei Prozent. Das gewerkschaftsnahe Institut für Makroökonomie dagegen warnte vor BIP-Einbrüchen von bis zu acht Prozent, insbesondere aufgrund von Kaskadeneffekten, wonach der Ausfall energieintensiver Grundstoffproduktion zu Wertschöpfungseinbußen nachgelagerter Wirtschaftszweige führe.[125] Die Schweizer Prognos AG kam im Auftrag des Verbands der bayerischen Wirtschaft für einen Lieferstopp von Gas aus Russland zum 1. Juli 2022 sogar zum Schluss: »Insgesamt belaufen sich in unserem Szenario die negativen Effekte auf 12,7 Prozent der deutschen Wirtschaftsleistung in den betrachteten sechs Monaten.«[126]

Die gesamtwirtschaftliche Substitutionsfähigkeit zeigt sich eindrucksvoll wie folgt: Der Erdgasverbrauch Deutschlands sank 2022 um 17,6 Prozent gegenüber dem Jahr davor (etwa gleichmäßig auf Industrie und private Haushalte verteilt).[127] Der Output der energieintensiven Industrien sank dagegen nur um 6,5 Prozent, und das BIP wuchs sogar um 1,8 Prozent (vor allem wegen Corona-Aufholeffekten in Dienstleistungsbranchen). Unter der Annahme aber, dass keine Substitution stattfände, müsste bei einem Erdgasverbrauchsrückgang von 17,6 Prozent auch die Volkswirtschaft symmetrisch um 17,6 Prozent einbrechen. Ökonomen sprächen dann von einem sogenannten Leontief-Fall.[128]

Die Realität strafte die Advokaten solcher Annahmen Lügen, die Kaskadeneffekte blieben allen Unkenrufen zum Trotz aus. Die Modellierung aus dem Bachmann-Papier basierte hingegen auf Substitutionselastizitäten nach dem Stand der Wissenschaft. Olaf Scholz dagegen schalt die Autoren des Bachmann-Papiers vor der deutschen Öffentlichkeit als »unverantwortlich, irgendwelche mathematischen Modelle zusammenzurechnen, die dann nicht funktionieren«.[129]

Es geht an dieser Stelle nicht darum, wer bei der damaligen Debatte recht behielt; vornehmlich soll im Mittelpunkt stehen, dass die kurzfristige Substitutionsfähigkeit das A und O volkswirtschaftlicher Resilienz bedeutet. Wer kurzfristig substituieren kann, muss nicht autark sein, muss nicht schon vorauseilend diversifizieren um des Diversifizierens willen und muss auch nicht Reserven und Lager für alle Eventualitäten anlegen. Deswegen muss am Anfang jeder Analyse die Frage nach der Substitutionsfähigkeit stehen.

In der ganz langen Frist sind wir nicht nur alle tot (John M. Keynes, 1883–1946), sondern können auch so gut wie alles substituieren: Verlöre man in Mitteleuropa von einem Tag auf den anderen den Zugang zu allem Erdöl dieser Welt, wären die unmittelbaren Wohlstandsverluste wohl katastrophal. Aus diesem Grund gibt es seit den Ölkrisen der 1970er-Jahre in vielen Ländern strategische Ölreserven. In Deutschland muss beispielsweise Öl für 90 Tage Vollversorgung verpflichtend vorgehalten werden. Wie sähe die langfristige Substitution aus? Sicherlich erführen E-Autos einen Boom, man könnte aber auch bestehende Fahrzeuge auf den bivalenten Betrieb mit Erdgas umstellen, wie das heute zum Teil in Asien und Lateinamerika verbreitet ist. Synthetische oder biogene Kraftstoffe kämen womöglich im Flugbetrieb zum Einsatz, und Plastik würde vielleicht durch Biofaserstoffe ersetzt. Man kann sich vorstellen, dass der Prozess der Umstellung unglaublich teuer wäre und einige Zeit in Anspruch nehmen würde, aber prinzipiell wäre er möglich.

Die Möglichkeit einer langfristigen Substituierbarkeit ist in einer Versorgungskrise jedoch nur ein schwacher Trost. Ad hoc hilft sie überhaupt nicht. Ökonomen unterscheiden daher die Fristigkeit von Substitutionselastizitäten. Für unsere Zwecke entscheidend ist die kurzfristige Substituierbarkeit, und politisches Handeln sollte genau darauf abzielen, sie zu erhöhen. Aber wie?

WER DAS ZIEL NICHT KENNT, WIRD DEN WEG NICHT FINDEN

Mit diesen Vorüberlegungen gilt es nun systematisch einzugrenzen, welches klar definierte Ziel verfolgt werden soll. In der Debatte wird häufig die Frage nach Versorgungssicherheit mit anderen wirtschaftspolitischen Zielsetzungen vermengt, etwa Vorstellungen, bei »Zukunftstechnologien vorn dabei zu sein« (vgl. Kapitel 7). Dabei sollten wir uns nicht einer Mode aussetzen, welche Güter im Einzelnen als strategisch wichtig anzusehen sind. Zum einen, weil dies Lobbyismus Tür und Tor öffnet, zum anderen, weil es in aller Bescheidenheit anzuerkennen gilt, dass wir insbesondere technische Entwicklungen nicht voraussehen können. Erinnert sei hier nur an den letzten deutschen Kaiser, Wilhelm II. (1859–1941), der weiterhin auf das Pferd setzen wollte, weil das »Automobil nur eine vorübergehende Erscheinung« wäre. Dagegen wollen wir erst einmal vermeintlich strategische Industriepo litik ausklammern und die Versorgungssicherheit zur Erhaltung der Souveränität in den Mittelpunkt stellen. Statt diskretionärer Güterkataloge, die immer höchst kontextabhängig sind (Masken in der Pandemie, Artilleriegranaten im Krieg), suchen wir nach abstrakt gültigen Kriterien, die einen staatlichen Eingriff in das Marktgeschehen rechtfertigen. Andernfalls läuft man in dieselbe Falle, in die Militärplaner mitunter geraten: Ihnen wird gerne nachgesagt, dass sie für die Zukunft immer so planen, dass sie den *letzten* Krieg gewonnen hätten.

Das erste Kriterium sollte dabei die eben diskutierte *Substituierbarkeit in der kurzen Frist* sein. Erinnern wir uns die Coronapandemie: FFP2-Masken, Desinfektionsmittel und medizinische Schutzkleidung waren offenbar schnell auch in Europa zu produzieren. Für diese Art Güter braucht es somit offensichtlich keine staatlichen Vorkehrungen. Marktliche Preissignale, ausgelöst durch einen sprunghaften Anstieg der Nachfrage, zeigen Produzenten am allerbesten an, was sie produzieren sollen: »The cure for high prices is high prices.« (Das Heilmittel gegen hohe Preise sind hohe Preise.)

Anders lägen die Dinge bei landwirtschaftlichen Erzeugnissen, denn schon aufgrund der Saisonalität ist es in einer Versorgungskrise nicht möglich, im Oktober kurzerhand Golfplätze zu Kartoffeläckern umzupflügen, um die laufende Ernte zu erhöhen. Der Vorlauf einer Ernte dauert schlimmstenfalls ein ganzes Jahr. Dafür gibt es allerdings Weltmärkte für Lebensmittel, sodass die Substitution nicht zwingend inländisch erfolgen muss. Dabei ist dann aber abzuwägen, ob internationale Lieferbeziehungen Bestand haben werden, denn Staaten greifen während Versorgungskrisen schnell zu Exporteinschränkungen – beschämenderweise sogar die EU-Staaten untereinander während der Coronapandemie. Auch die Auswirkungen der russischen Seeblockaden gegen die Häfen der Ukraine in den Jahren 2022/23 riefen weltweit die Fragilität solcher Märkte in Erinnerung.

Für die Substituierbarkeit durch den internationalen Handel ist die Importkonzentration eine aufschlussreiche Kennziffer. Je konzentrierter die eigenen Importe aus einem Exportland stammen, desto schwieriger ist es, den Lieferausfall dieses einen Landes zu kompensieren. Umgekehrt braucht man sich bei Gütern, die man aus vielen Ländern bezieht, weniger Sorgen zu machen.

Ein Beispiel: In einer eigenen Untersuchung zur Abhängigkeit Deutschlands von ausländischen Arzneien und medizinischen Gütern vom April 2020 wurden 128 relevante Güter der über 10.000 Güter umfassenden Handelsstatistik identifiziert (vgl. Kapitel 1).[130] Diese wurden wie nachfolgend dargestellt, sortiert nach der Anzahl der Länder, aus denen sie bezogen wurden (siehe Abbildung 16). Bei 114 Gütern gab es mehr als zehn

Lieferländer, bei 81 sogar mehr als 30 Lieferländer.[131] Zwei Güter wurden nur aus je einem Land bezogen (Polen und Japan). Drei Güter kamen aus zwei bis fünf Ländern, darunter eines aus China, das ein Produkt zusammen mit vier weiteren Ländern nach Deutschland lieferte. Ein Kernergebnis der Studie war, dass die gemeinhin unterstellte Abhängigkeit von China und Indien in diesem Bereich völlig überschätzt wird. Weder sind diese Länder ausschließliche Lieferanten eines Produkts, noch wird in signifikanten Mengen aus diesen beiden Ländern importiert, sie stehen für lediglich 0,8 Prozent aller Arzneimittelimporte.

Abbildung 16: Importdiversifizierung Arzneien und medizinische Ausrüstung, Deutschland 2019

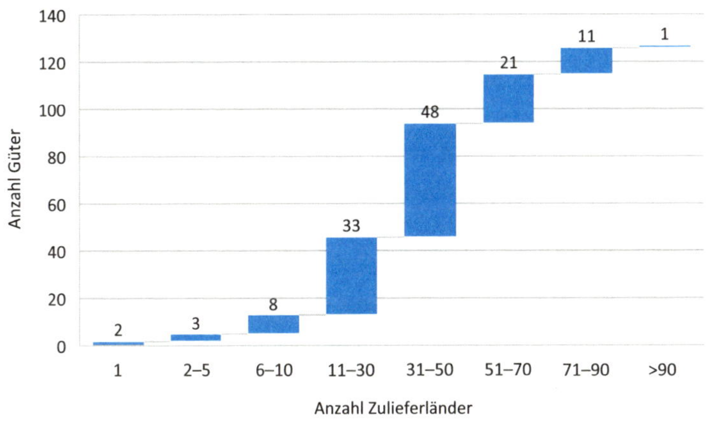

Quelle: Eigene Darstellung nach Abbildung 2 in Braml, Martin; Teti, Feodora; Aichele, Rahel (2020): Apotheke der Welt oder am Tropf der Weltwirtschaft? Deutschlands Außenhandel auf dem Markt für Arzneien und medizinische Ausrüstungen. ifo Schnelldienst 73.05. S. 35–42.

Diese Art von Analyse gibt Aufschluss über die Substituierbarkeit auf den Weltmärkten. Man kann die Untersuchung auf verschiedene Weisen weiter vertiefen, beispielsweise, indem man das geopolitische Risiko hinter den Ländern berücksichtigt, mit deren Handel eine hohe Konzentration vorliegt. Ein häufig dafür gewähltes Maß ist, wie sich das Abstimmungsverhalten zweier

Länder bei UN-Vollversammlungen unterscheidet. Je öfter dieses auseinanderfällt, desto größer die geopolitische Distanz zwischen den Ländern und mithin das Risiko erpresserischer handelspolitischer Maßnahmen.[132] Auch Risikokorrelationen durch geografische Nähe können betrachtet werden. Das Kriterium der Substituierbarkeit in der kurzen Frist, ob inländisch oder durch Importe, ist jedenfalls entscheidend dafür, ob man als Staat überhaupt tätig werden sollte. Es schränkt den möglichen Kreis an Gütern für einen Staatseingriff erheblich ein.

Das zweite Kriterium neben der kurzfristigen Substituierbarkeit ist die *unmittelbare Konsumrelevanz*. Diese trifft wenig überraschend auf Konsumgüter zu, Investitionsgüter fallen nicht darunter: Wenn Krieg ist, Epidemien sich verbreiten oder ein Vulkanausbruch einen globalen Winter einläutet, ist es für eine Volkswirtschaft erst einmal nicht wichtig, auf dem vorherigen Investitionspfad weiterzumachen; bei einem echten Systembruch sollte dieser ohnehin einer Überprüfung unterzogen werden, und gegebenenfalls sollten neue Investitionspläne erstellt werden. Krisenhafte Investitionsausfälle bedeuten nicht, dass das laufende Konsumniveau merklich einbricht, es sei denn, die Krisen halten so lange an, bis Abschreibungen das Produktionspotenzial spürbar verringern. Entscheidend ist in solchen Situationen der Konsum, denn er ist die Quelle der heutigen Wohlfahrt (und Investitionen nur die der künftigen Wohlfahrt).

Mit diesem Kriterium muten manche sogenannte Resilienzdebatten fast schon bizarr an: Der kürzlich in Deutschland diskutierte »Resilienzbonus« für heimische Photovoltaik-Anlagen ist nämlich schon eine begriffliche Irreführung: Vor welcher Art Schock würde uns so eine Subvention der Photovoltaik-Produktion denn schützen? Dass China bei einem Krieg gegen Taiwan keine Photovoltaik-Module mehr nach Europa liefert? Zugegeben, in dieser Situation wären dann unsere Ausbauziele der erneuerbaren Energien gefährdet. Aber anders als Erdgas, das laufend verbraucht wird, sind Photovoltaik-Investitionen langfristige Investitionen und eben nicht notwendig für das laufende Energieangebot. Der Zubau der Erneuerbaren soll schließlich eine bestehende alternative Stromproduktion (Kohle und Gas) ersetzen, er ist rein zusätzlich. Die günstige Verfügbarkeit von

Solarmodulen zur Rettung des Klimas dürfte bei einem Krieg um Taiwan allerdings eines unserer geringeren Probleme sein. Statt dauerhafter teurer Subventionen für einen Fall, von dem wir nicht einmal wissen, ob er eintritt, sollten wir dagegen im Eintrittsfall Geld in die Hand nehmen und einfach die PV-Industrie wiederaufbauen oder Alternativen auf den Weltmärkten suchen. Das Wissen dazu ist schließlich nicht nur in China vorhanden.

Auch der sogenannte *Net-Zero Industry Act* der EU ist vom Gedanken fehlgeleitet, dass es sinnvoll wäre, einen hohen Autarkiegrad bei reinen Investitionsgütern herbeizusubventionieren, was vor allem die volkswirtschaftlichen Kosten des Klimaschutzes unnötig in die Höhe treiben würde. Das Argument gegen Investitionsgüter gilt ebenso für langlebige Gebrauchsgüter wie Pkw oder Unterhaltungselektronik, denn auch sie tragen inhärent den Investitionscharakter in sich. Statistisch unterscheiden sie sich bloß darin, dass Investitionen unternehmerischen Zwecken dienen. In der Krise aber kann man alte Fahrzeuge eben auch länger fahren und den Kauf des neuen Fernsehers verschieben. Dagegen haben Energieträger wie Erdgas, Öl, aber auch Lebensmittel und Medikamente eine unmittelbare Konsumrelevanz. Im Krieg gehört Munition ebenfalls dazu. Auf die Fähigkeit, diese Art von Gütern in Krisen im Inland produzieren oder aus dem Ausland beschaffen zu können, kommt es in Krisen an.

Als drittes Kriterium müssen *externe Effekte und Ineffizienzen* dergestalt vorliegen, dass der krisenhafte Lieferausfall eines Gutes einen Schaden erzeugt, der gesellschaftlich betrachtet größer ist als die individuellen Einbußen. Wenn es im extremen Krisenfall zu staatlichen Rationierungen kommt, weil das Ergebnis des freien Marktgeschehens dann nicht länger politisch gewünscht ist, können solche Externalitäten entstehen. Für rationierte Güter gäbe es keine aussagekräftigen Marktpreise mehr; vielleicht müsste man sogar den Weiterverkauf rationierter Güter unterbinden (Schwarzmarkt), der schließlich die staatlichen Zuteilungsziele unterläuft (obwohl dies effizient wäre) und zu immensen Gewinnen, sogenannten Knappheitsrenten, bei den Weiterverkäufern führt. Darüber hinaus entstünden womöglich Chaos und Hortungen oder gar Plünderungen.

Bei Tennisschlägern, Schnittblumen, allerlei Luxusartikeln oder Textilien kann man indes nur schwerlich unterstellen, dass sie eine Rationierung nach sich zögen oder zu anderen sozialen Verwerfungen führten; dagegen würden unsere Gesellschaften ähnlich wie bei Erdgas (vgl. Kapitel 5) höchstwahrscheinlich auch Grundnahrungsmittel im Krisenfall zwangszuteilen und damit die Marktwirtschaft aussetzen. Damit rechtfertigt sich ein korrigierender staatlicher Eingriff schon im Voraus, denn die Rationierung geht mit hohen volkswirtschaftlichen Kosten einher. Externe Effekte können zudem auch in positiver Form vorliegen: Die ausreichende Bereitstellung von Munition und kriegswichtigen Gütern hat im Verteidigungsfall ebenfalls hohe Externalitäten für alle, die dadurch geschützt werden.

Diese drei Kriterien weisen eine Allgemeingültigkeit auf, die in der öffentlichen Debatte um Resilienz und Versorgungssicherheit bei »kritischen« Gütern bisweilen fehlt. Gewiss, das Übersetzen abstrakter Konzepte in konkret definierte Güterkataloge ist nicht immer eindeutig: Bei der kurzfristigen Substituierbarkeit spielen Erwartungen über die Entwicklung der Weltmärkte eine Rolle, dem Vorliegen externer Effekte liegen auch normative Werturteile zugrunde. Vor allem aber hilft diese Konzeptionalisierung auszuschließen, was alles nicht zur Versorgungssicherheit und außenpolitischen Souveränität beiträgt. Die drei Kriterien sind kumulativ anzuwenden, das heißt, sie müssen alle drei gleichzeitig erfüllt sein. Das schließt die übergroße Anzahl an Waren und Dienstleistungen bereits aus. Es hilft, die Aufmerksamkeit auf die wenigen wirklich entscheidenden Bereiche zu lenken, und spart bei konsequenter Anwendung erheblich Ressourcen ein. Bis hierher offen blieb allerdings die Frage nach dem richtigen Instrument, um bei den identifizierten Gütergruppen Versorgungssicherheit herzustellen. Autarkismus ist aus den schon genannten Gründen eine ineffiziente und damit sehr teure Lösung. Die inländische Substitution wird bereits vorweggenommen, selbst wenn die auslösenden Gründe dafür noch gar nicht eingetreten sind.

ABHÄNGIGKEITEN VERRINGERN DURCH KLUGE DIVERSIFIZIERUNG

Wir schlagen dagegen einen Konzentrationszoll für Güter vor, die die oben genannten Kriterien erfüllen, zudem die Eigenschaft eines eher homogenen Guts aufweisen und überwiegend auf den Weltmärkten bezogen werden (vgl. Definition homogenes Gut in Kapitel 1). Das Ziel ist ein höherer Grad an Diversifizierung der Lieferkette, um einzelne Lieferausfälle besser verkraften zu können. Ein Anwendungsbeispiel dafür aus mitteleuropäischer Sicht könnten Energieimporte sein genauso wie Grundnahrungsmittel oder generische Medikamente. Ziel eines solchen Zolls ist es, eine zu hohe Marktkonzentration eines einzelnen Exporteurs zu verhindern. Für gewöhnlich bewirken Zölle einen Preisunterschied zwischen ausländischen und heimischen Waren: Der EU-Einfuhrzoll auf Automobile liegt immer genau bei zehn Prozent, egal wie hoch die Importe aus einem bestimmten Land sind. Anders als etwa die Einkommenssteuersätze, die mit dem Einkommen ansteigen. Ein Konzentrationszoll würde ebenfalls progressiv wirken. Er wäre ansteigend, und zwar mit dem Marktanteil eines Exportlandes. Dadurch würde eine stärkere Diversifizierung erzwungen.

Ein Beispiel: Mit kaum eigener fossiler Energieförderung liegt der Zoll auf Erdgas und Öl in Deutschland, Österreich und der Schweiz bei null. Ein Konzentrationszoll würde ebenfalls bei null beginnen, denn es ginge gar nicht darum, heimische Produzenten zu schützen oder möglichst hohe Zolleinnahmen zu generieren. Allerdings könnten ab einem Marktanteil von zum Beispiel 25 Prozent erste Zölle anfallen, und zwar nur auf die zusätzlichen Importmengen aus ebendem Land, das bereits 25 Prozent Marktanteil hält. Bei Importen aus den übrigen Bezugsländern würde weiterhin kein Zoll anfallen. Damit wird es relativ günstiger, aus den übrigen Ländern mehr Energie zu beziehen, und deren Marktanteile stiegen in der Folge an. Steigt der Marktanteil des Exportlandes mit bereits 25 Prozent Marktanteil trotz der Zölle weiter an, entfielen auf diese zusätzlichen Mengen sukzessive immer höhere Zölle. Bei prohibitiver Höhe wäre faktisch eine Obergrenze gesetzt. Mit dem Progressionssatz lässt sich der Grad der Diversifikation direkt steuern. Im genannten Beispiel hätten bei entsprechender Zollsetzung Russlands Marktanteile bei Erdgas nie sicherheitsgefährdende Höhen erklommen, und der Flüssiggasimport wäre damit schon viel länger Teil der Energieversorgung gewesen.

Für die Zoll-Spezialisten: Ein Konzentrationszoll kann auch als Abwandlung eines sogenannten Quotenzolls (*tariff rate quota, TRQ*) mit verstetigten Zollsätzen verstanden werden. TRQs kennen in der Regel nur zwei Zollsätze: null – quasi ein Freibetrag – und irgendeinen konstanten Zolltarif größer null, der auf Mengen jenseits des Freibetrags anzuwenden ist.

Nun könnte man einwenden, dass Russland möglicherweise den Plan verfolgte, durch günstigen Erdgasexport Europa in die energiepolitische Abhängigkeit zu treiben. Gegen ein solch strategisches Exportverhalten würde auch ein Zoll nicht helfen, denn Russland könnte bar jeder ökonomischen Rationalität den Exportpreis seines Gases so absenken, dass trotz der Zölle für die Verbraucher in der EU keine Preissteigerung erfolgt. Im Grunde würden die Exporte gesteigert und die anfallenden Zölle durch den Exporteur bezahlt. Das ist denkbar, aber die volkswirtschaftlichen Kosten dieser Strategie wären für Russland sehr viel höher gewesen, und die Europäer hätten wenigstens die entsprechenden Zolleinnahmen erzielt, die aufgrund der hohen Importe und der hohen Zollsätze sehr erklecklich ausgefallen wären. Aber noch viel entscheidender: Russland hätte damit seine eigenen Absichten offengelegt, wovor niemand die Augen hätte verschließen können. Als Ultima Ratio bliebe dann immer noch die Mengeneinfuhrbeschränkung (die sogenannte Einfuhrquote oder Kontingentlösung).

Ein weiteres Gegenargument könnten sogenannte *Handelsumlenkungen* sein: Nach dem EU-Ölembargo gegen Russland – wichtig: Hier hat die EU die Lieferbeziehungen durch eine Preisobergrenze eingeschränkt – wird viel darüber gesprochen, dass Inder russisches Öl raffinieren und nach Europa weiterverkaufen. Wie in Abbildung 17 gezeigt, reduzierten sich die EU-Ölimporte aus Russland sukzessive seit dem 24. Februar 2024 auf rund ein Zehntel des vorherigen Niveaus. Gleichzeitig verdoppelten sich die Importe aus Indien ab dem Spätsommer

2022 (wobei es auch da einzelne Ausschläge gab). Das Handelsvolumen mit Indien ist dennoch deutlich geringer als die russischen Lieferausfälle, aber die Dynamik legt nahe, dass es allen gegenteiligen Lippenbekenntnissen zum Trotz zu Handelsumlenkungen kommt.

Abbildung 17: EU-Ölimporte (inkl. Derivate) aus Russland und Indien, 2018–2023, Dreimonatsdurchschnitte (2021 = 100)

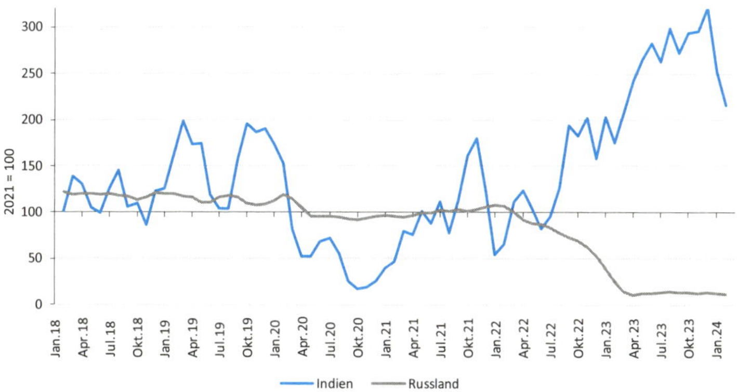

Quelle: Eurostat. Eigene Berechnungen und Darstellung.

Die Gretchenfrage lautet also: Wäre so eine Art der Handelsumlenkung auch bei einem Konzentrationszoll möglich? Rein rechtlich und administrativ ließe sich solcher Handel anhand sogenannter Ursprungsnachweise ausschließen. Diese sind eine Art Stammbaum für Güter, für deren Erstellung es etablierte Verfahren gibt, denn ohne Ursprungsnachweise könnten Freihandelsabkommen grundsätzlich nicht funktionieren. Ein indischer Exporteur müsste dann nachweisen, woher er sein Öl bezieht. Gleichzeitig stößt die Nachweispflicht bei homogenen Gütern an Grenzen, denn sibirische Kohlenstoffverbindungen tragen genauso wenig Winterfellmützen, wie man ihre arabischen Pendants an Niqab oder Burka erkennen könnte. Dagegen ist allerdings fraglich, ob man zum Zweck der Diversifizierung und Steigerung der Versorgungssicherheit überhaupt so genau hinsehen möchte: Eine jeweils 50-prozentige Abhängigkeit von Russland und Indien wäre weitaus stabiler als eine 100-prozentige Abhängigkeit nur von Russland, selbst wenn Indien lediglich russische Energie weiterverkauft. Zum einen wären die politischen Kosten Russlands viel größer, wenn es durch eine Exportsperre nicht nur Europa, sondern auch das bevölkerungsreichste Land der Erde verprellen würde. Zum anderen hätten europäische Importeure Lieferverträge mit indischen Händlern, die diese auch in Krisen erfüllen müssten. Schneidet Russland Indien von seinen Exporten ab, müssten indische Händler eben auf den Weltmärkten nachkaufen und andere Lieferanten suchen; so wie Europa dies 2022 tun musste. Das Schöne an homogenen Gütern wie Getreide, Energie und anderen Rohstoffen ist ja gerade, dass es dafür Weltmärkte gibt. Der russische Lieferausfall träfe in der beschriebenen Situation jedoch nicht mehr Europa zu 100 Prozent, sondern nur noch zu 50 Prozent. Die indischen Händler müssten dann tief in die Tasche greifen, um eine teure Ersatzbeschaffung zu organisieren, damit sie ihre Lieferverpflichtungen gegenüber Europa erfüllen können. Das Preisrisiko des Schocks ginge so zur Hälfte auf Indien über, weshalb die Diversifizierung ihre Versicherungsfunktion durchaus erfüllt. Staatliches Handeln sollte sich insbesondere darauf konzentrieren, die nötige Infrastruktur dafür zu schaffen. Ohne Flüssiggas-Terminals, dafür mit Pipelines nach Russland, würde auch ein Konzentrationszoll ins Leere laufen.

Als Letztes stellt sich die Frage, ob diese Art Zoll WTO-rechtskompatibel wäre. Grundsätzlich präferiert das Handelsrecht Zölle als protektionistisches Instrument gegenüber Einfuhrquoten. Letztere sind nur zulässig beim Handel landwirtschaftlicher Erzeugnisse, und WTO-Mitglieder sind angehalten, sie durch Zölle zu ersetzen. Quoten stehen zwar grundsätzlich allen Ländern offen,[133] werden aber praktisch politisch verschachert. Beispielsweise versprachen die EU-Vertreter Präsident Trump im Jahr 2019, dass künftig 35.000 Tonnen der 45.000 Tonnen umfassenden zollfreien EU-Einfuhrquote von Rindfleisch exklusiv für die USA reserviert seien – zulasten der Produzenten in Lateinamerika und Australien.[134] Gemäß dieser Quote stehen übrigens rechnerisch jedem EU-Bürger magere 100 Gramm zollfreies Rindfleisch aus dem EU-Ausland pro Jahr zur Verfügung.

Dabei entpuppt sich immerhin der Brexit als Glücksfall, denn ohne ihn wären die Steaks mit 87 Gramm noch dünner (die Quote blieb durch den Brexit unberührt).

Handelsökonomen stören sich aber nicht nur an dieser Politik nach Gutsherrenart, die sich nur allzu schnell der Beliebigkeit und Korruption verdächtig macht. Das Problem bei solchen Mengenzuteilungen ist auch die weitere Administration. Schließlich muss entschieden werden, welche Exporteure innerhalb eines Landes in ihren Genuss kommen. Dies führt zu Bürokratie durch Lizenzierungen oder ein ineffizientes Windhundverfahren, also zu einem Wettlauf der Exporteure zu Jahresbeginn bis zur Erschöpfung der Quote.

All diese Probleme hat ein Konzentrationszoll nicht. Dennoch steht er in offensichtlichem Kontrast zum Prinzip der Meistbegünstigung. Die Autoren argumentieren allerdings, dass die Meistbegünstigung in dem Sinne gewahrt bleibt, als dass der Konzentrationszoll sich erstens gleichermaßen gegen alle Handelspartner richtet und, zweitens, *gegeben denselben Marktanteil*, nicht zwischen Handelspartnern diskriminiert. Sollte dies WTO-Gerichte nicht überzeugen, wäre die Anwendung eines Konzentrationszolls nach GATT Artikel XXI zu erwägen, also nach der schon bekannten nationalen Sicherheitsklausel. Diese neutrale Politik zur Diversifizierung, die immerhin offenlässt, ob die Importsubstitution inländisch oder ausländisch erfolgt, wäre eine ökonomisch viel sinnvollere Konsequenz dieser Rechtsnorm als die stumpfe einzelfallbezogene und der Höhe nach arbiträre Verhängung von Zöllen, wie dies derzeit etwa durch die USA geschieht.

»A rose is a rose is a rose«, hielt die Lyrikerin Gertrude Stein (1874–1946) fest und beschrieb damit eine Identität, die an das Wesen von homogenen Gütern erinnert. Bei ihnen sind Herkunft, Mach- oder Anbauart egal. Solche Güter eignen sich besonders für einen Konzentrationszoll, denn der Konsumnutzen ändert sich nicht durch die Diversifizierung. Wer sein Auto tankt, dem dürfte herzlich egal sein, ob das Benzin von Shell, Aral oder Agip stammt. Ob Mehl aus ukrainischem, argentinischem oder deutschem Weizen stammt, dürften ebenfalls nur die wenigsten Gaumen unterscheiden können. Bei differenzierbaren Gütern ist ein Konzentrationszoll weitgehend ungeeignet, denn die Produktanforderungen sind zu spezifisch. Ein deutsches Auto ist eben nicht eins zu eins substituierbar mit einem französischen oder japanischen.

KAPAZITÄTSMÄRKTE FÜR KRISENFÄLLE

Aber auch für differenzierbare Güterklassen bieten sich Lösungen jenseits der Autarkie, um die Versorgungssicherheit zu stärken und mögliche Lieferausfälle aus einzelnen Herkunftsländern zu kompensieren. Dazu sollte man Geld in die kurzfristige Substitutionsfähigkeit stecken. Es wäre unnötig teuer, sämtliche Rüstungsgüter auch in Friedenszeiten inländisch herzustellen, selbst wenn man weiß, dass die entsprechenden Produktionskapazitäten in Kriegszeiten Gold wert sind (aber ohnehin erweitert werden müssten). Stattdessen sollte man sich das marktwirtschaftliche Profitstreben zunutze machen und Kapazitätsmärkte etablieren. Man könnte es eine Importausfallversicherung nennen.

Ein aktuelles Beispiel: Man könnte Ausschreibungen unter Unternehmen stattfinden lassen, zu welchem Preis diese zukünftig bereit wären, binnen drei Monaten Produktionskapazitäten aufzubauen, um eine bestimmte Menge an Artilleriegranaten zu produzieren. Unternehmen könnten Gebote abgeben, und über diese Auktionen würden die günstigsten Optionen wettbewerblich ermittelt. Der, der in Friedenszeiten schon Artilleriegranaten produziert, wird das sicher am günstigsten machen können innerhalb seiner bestehenden Kapazitäten. Die staatliche Ausschreibungsmenge dürfte aber größer sein. Also kommt es darauf an, wer zusätzliche Kapazitäten bieten kann. Eine Rüstungsfirma kann sich dann mit einem Maschinenbauer zusammentun, der ansonsten Getränkeabfüllanlagen produziert, um ein entsprechendes Gebot abzugeben. Oder ein Chemieriese bildet ein entsprechendes Konsortium unter Beteiligung von metallverarbeitenden Betrieben. Oder Firmen aus ganz anderen Branchen erkennen ihre Chance und bieten an.

Solche Kapazitätsausschreibungen bewirken, dass Unternehmen sich nicht erst in der Krise mit möglichen alternativen Geschäftsmodellen auseinandersetzen, wie etwa die

Volkswagen AG, die während der Coronapandemie ankündigte, Beatmungsgeräte herstellen zu wollen.[135] Moderne Produktionstechnologien wie 3D-Druck machen Produktionsstätten zunehmend flexibler. Der Charme dieser Lösung liegt insbesondere im Erkenntnisgewinn aus den Geboten selbst, denn sie legen die Substitutionsmöglichkeiten und ihre Kosten offen. Unternehmen, die eine solche Kapazitätsausschreibung gewinnen, werden dafür belohnt, dass sie über Synergien nachgedacht haben, die sie in ihrem Alltagsgeschäft gar nicht benötigen. Der Nutzen für die Gesellschaft ist eine bessere Substitutionsfähigkeit. Neben Rüstungsgütern scheinen die Medikamentenproduktion, Medizin- oder Halbleitertechnik prädestiniert für solche Kapazitätsmärkte, denn es gibt entsprechendes Know-how und schon bestehende Produktionskapazitäten, an die man anknüpfen kann.

Über den Ausschreibungskreis – sei es nur inländisch, europäisch, weltweit, nur unter demokratisch verfassten Staaten oder militärischen Alliierten – kann zudem eingegrenzt werden, wo man die Substitutionsmöglichkeiten zulassen möchte. Dabei muss insbesondere die Art des Schocks berücksichtigt werden, den es abzusichern gilt. Es besteht immer die Gefahr, dass eine Nichtlieferung im Bedarfsfall stattfindet. Wie im Strommarkt sollte dies über eine Pönale gesteuert werden. Je drakonischer die Strafe ausfällt, desto sicherer die Lieferung. Auch Überprüfungen oder gelegentlich scharfe Tests – Auslösen des Anwendungsfalls – könnten erwogen werden.

Kapazitätsmarkt

Im Strommarkt sind sogenannte Kapazitätsmärkte weit verbreitet. Dabei wird nicht vergütet, wer eine Megawatt*stunde* Strom liefert, sondern die Bereithaltung der entsprechenden Erzeugungskapazität, zum Beispiel ein Megawatt. Das Gegenstück zum Kapazitätsmarkt ist der Arbeitsmarkt, auf dem elektrische Arbeit (Megawattstunde) vergütet wird. Der Arbeitsmarkt, auch Energy-Only-Markt genannt, ist in Europa der primäre Strommarkt, abgerechnet wird dabei nur nach Erzeugung und Verbrauch. Fast alle Staaten kennen zusätzlich Vergütungssysteme, die einem Kapazitätsmarkt entsprechen. In der Praxis wird dabei ein Kraftwerk, das anders als volatile Erneuerbare-Energie-Anlagen seine Leistung steuern kann (zum Beispiel Erdgas), einfach nur für seine bloße Existenz vergütet. Es steht bereit für den Fall, dass Wind und Sonne nicht wehen und scheinen. Kann das Kraftwerk im Bedarfsfall entgegen vorheriger Zusage nicht liefern, wird eine Strafzahlung (Pönale) fällig. Eine ökonomische Rechtfertigung für einen Kapazitätsmarkt ist, dass in Knappheitssituationen eine preisunelastische Nachfrage Blackouts erzeugen kann, die erhebliche negative Externalitäten darstellen.

Kapazitätsmärkte sind allerdings nicht nur auf Strommärkten anzutreffen: Sogenannte Vorhaltepauschalen gibt es auch für das Vorhalten medizinischer Leistungen in Krankenhäusern, und im Finanzwesen existiert auf Optionsmärkten ein ganzes Potpourri an äquivalenten Dienstleistungen.

Solche Kapazitätsmärkte sind WTO-handelsrechtlich unkritisch, denn es handelt sich dabei um öffentliche Beschaffung, in denen die Staaten weitestgehenden Freiraum haben. Einige vorgenannte Bereiche wie Rüstung sind ohnehin gänzlich ausgespart aus bestehenden Verabredungen. Anders als der Konzentrationszoll, der auch für »Normalzeiten« einen höheren Grad an Diversifizierung herstellt, sichern solche Kapazitätsmärkte eher kontextspezifische Risiken ab. Damit würde man sich auf konkrete Szenarien wie Seuchen, Naturkatastrophen oder zwischenstaatliche Konflikte vorbereiten. Auf welche konkret, muss gesellschaftlich und politisch erwogen werden. Nie wird man alle Eventualitäten absichern können, vermutlich wäre es auch ineffizient, jedes noch so kleine Risiko abzusichern. Szenarien, denen man allerdings eine gewisse reale Wahrscheinlichkeit beimisst, sollten durch derartige Kapazitätsmärkte abgesichert werden.

FAZIT

Wer es ernst meint mit der Versorgungssicherheit, die in erheblichem Maße vom Funktionieren der Weltmärkte abhängt, sollte mancherlei pazifistische Illusion überdenken. Es muss im vitalen Interesse von Handelsnationen sein, für den freien Warenverkehr notfalls auch mit Waffengewalt einzutreten.

Ein aktuelles Beispiel dafür liefert der im Jemen US-geführte Kampf gegen Huthi-Rebellen, die gezielt westliche Schiffe im Roten Meer angreifen (es verwundert, dass die Europäer dabei nicht entschiedener vorgehen, denn der Suezkanal ist vor allem für Europas Handel eine neuralgische Seestraße). Jedoch zeigt sich eine Veränderung in der Debatte: Der ehemalige deutsche Bundespräsident Horst Köhler (*1943) stieß 2010 in einem Interview eine Diskussion zu Auslandseinsätzen der Bundeswehr an und sogleich auf heftige Kritik. Dabei brachte er Militäreinsätze mit der Sicherung freier Handelswege aus wirtschaftlichen Interessen in Zusammenhang. Die teils sehr heftigen Reaktionen darauf führten zu Köhlers Rücktritt neun Tage nach besagtem Interview.

Ausgangspunkt unserer Überlegungen war die Frage nach staatlicher Souveränität. Ein Staat, der erpressbar ist, ist nicht souverän. Und ohne Souveränität bedeutet Frieden Unterwerfung. In diesem Kontext sollte das Ziel der Versorgungssicherheit verstanden werden. Dieses Ziel sollte eng gefasst und nicht durch Überfrachtung, wie eine strategische Industriepolitik, sinnentleert werden. Bei dynamischen Entwicklungen hinken politische Entscheidungen nicht selten der Realität hinterher. Unternehmen diversifizieren nämlich auch aus rein betriebswirtschaftlichen Gründen und tragen damit zur Versorgungssicherheit bei. Bezogen 2022 noch 46 Prozent der Unternehmen des verarbeitenden Gewerbes in Deutschland nach eigenen Angaben wichtige Vorleistungen aus China, waren es zwei Jahre später nur mehr 37 Prozent.[136] Nicht nur aus Faulheit sollte man nichts tun, was ohnehin schon jemand anderer für einen besorgt. In einer Marktwirtschaft haben Unternehmen und private Akteure letztlich bessere Informationen als staatliche Planer. Deshalb sollen die oben formulierten drei Kriterien den Staat zur Zurückhaltung disziplinieren.

Wir warnen eindrücklich vor einem Rückzug aus dem Welthandel, der mit »Decoupling« beschönigend umschrieben ist, letztlich aber nichts anderes als vorauseilenden Autarkismus meint. Es ist illusorisch, dass eine solche Strategie einseitig erfolgen würde, denn aus ökonomischer Rationalität heraus zahlte das Ausland mit gleicher Münze zurück. Brächen sämtliche wechselseitigen Verflechtungen weg, wäre die Welt nicht nur ärmer, sondern vor allem auch unsicherer. Deshalb ist es richtig, wenn die EU-Spitzen von einem »Derisking« sprechen,[137] gleichwohl die Politikinitiativen Net Zero Industry Act, Critical Raw Materials Act oder das Europäische Lieferkettengesetz zu viele unzusammenhängende Ziele miteinander verbinden – Versorgungssicherheit, ökologische Transformation, Nachhaltigkeit, Menschenrechte, Arbeitsschutz – und dabei vor allem auf zentralplanerische und bürokratische Ansätze setzen. Im Ergebnis atmen sie einen durch und durch protektionistischen Geist. Wir zeigen mit Konzentrationszöllen und Kapazitätsmärkten Wege zum Derisking auf, ohne die Vorteile des Freihandels ganz und gar aufzugeben und dabei effiziente, marktwirtschaftliche und bürokratiearme Wege zu bestreiten. Ein optimaler Grad an Diversifizierung sollte möglichst viele Handelspartner einschließen, auch die uns derzeit nicht wohlgesinnten, wenigstens zu kleinen Anteilen. Dies kann und sollte natürlich abgestuft geschehen, aber wir sollten kein Land ganz abschreiben, denn wir können heute nicht erahnen, wie die weltpolitische Lage in zehn Jahren aussehen wird. Wir plädieren außerdem dafür, den Europäischen Binnenmarkt zum Ausgangspunkt der Derisking-Überlegungen zu nehmen und nicht national-kleinstaaterische Maßnahmen zu ergreifen – ein Konzentrationszoll könnte für Deutschland und Österreich sowieso nur durch die EU aufgrund ihrer Zollsetzungskompetenz verhängt werden.

Als Wissenschaftler plädieren wir außerdem für eine bessere Datenverfügbarkeit, um Abhängigkeiten empirisch besser ermitteln zu können. Wir können im Außenhandel zwischen mehr als 10.000 Produkten unterscheiden und kennen dabei Import- und Exportbeziehungen zwischen allen Ländern, verfügen aber über keinerlei Informationen über die inländische Produktion in dieser Detailtiefe. Die deutsche Wirtschaftszweigklassifikation 2008 kennt lediglich 839 Güter, aus dem verarbeitenden Gewerbe und dem Dienstleistungssektor zusammen.

Kapitel 7

Angriff ist die beste Verteidigung

»Si vis pacem, para bellum.«

Wenn du Frieden willst, rüste zum Krieg.

BISHER diskutierten wir Handelskriege aus europäischer Perspektive vor allem defensiv und legten die Zielsetzung auf Versorgungssicherheit bei wegbrechenden Lieferketten. Die Stabilität von Lieferketten kann aber auch ganz anders gestärkt werden, nämlich indem die eigenen Exporte als potenzielle Waffe verstanden werden. Eine glaubwürdige Drohung gegenüber der Welt, dass man eine Gefährdung der eigenen Versorgungssicherheit nicht unbeantwortet lässt, trägt entscheidend zur Systemstabilität bei. Die Exportstärke des verarbeitenden Gewerbes in Deutschland, Österreich und der Schweiz ist dabei die wesentliche Voraussetzung für eine solche offensive Handelspolitik.

Die in Kapitel 6 erarbeiteten drei Kriterien gelten genauso für die eigenen Exporte, die schließlich die Importe der Handelspartner sind. Um gegenüber dem Ausland an Verhandlungsmacht zu gewinnen, kann spiegelbildlich zur Stärkung der eigenen Substitutionsfähigkeit die des Auslands geschwächt werden, indem das Ausland in die Abhängigkeit der eigenen Industrie getrieben wird. Dies ist nicht nur mit Energierohstoffen möglich, wie Russland es versuchte und China es bei Seltenen Erden betreibt, sondern auch mit Hochtechnologiegütern, wie das Beispiel Taiwan lehrt: Dessen Rolle für die globalen Wertschöpfungsketten ist durch seine Halbleiterindustrie essenziell, was dem kleinen Land einen überproportional wirkmächtigen geopolitischen Hebel verschafft. Abseits der Solidarität unter Demokratien dürften viele Länder ein ökonomisches Eigeninteresse daran haben, dass der taiwanesische TSMC-Konzern die Welt weiterhin mit Mikrochips der neuesten Generation versorgt. Dies gibt Taiwan Sicherheit inmitten rotchinesischer Erpressungsversuche und Drohungen. Insofern dürfte man in Taipeh nicht sonderlich glücklich sein über die europäischen und US-amerikanischen Subventionen zur Errichtung eigener Halbleiterfertigungen. Sie machen Taiwan verzichtbarer und könnten in letzter Konsequenz einen Krieg um Taiwan sogar wahrscheinlicher werden lassen.

Nun mag man richtigerweise einwenden, dass Hochtechnologiegüter meistens eher investive Güter als Konsumgüter mit signifikanten externen Effekten sind, weshalb der unmittelbare ökonomische Schaden bei einem Exportstopp gering ist. Das ist kurzfristig ganz unbestreitbar so, auch wenn manche Montagebänder wegen Chipmangels schnell zum Stillstand kommen könnten, wie in der Coronakrise viele Branchen feststellen mussten. Aber die ökonomischen Kosten sind bei Hochtechnologie in der langen Frist noch sehr viel höher: Kurzfristig war Russlands Exportstopp für Europa das größere Problem als umgekehrt der Stopp westlicher Exporte nach Russland. Vor dem Krieg waren die Top-3-Exportbranchen Deutschlands nach Russland der Maschinenbau, die Automobilindustrie und Computer- sowie elektronische Waren.[138] Bei all diesen Gütern ist der Technologievorsprung gewaltig und für Russland eben auch mittelfristig nur schwer substituierbar. Rohstoffe sind in der Regel leichter ersetzbar als Technologie. Investitionsgüter fehlen nun in Russland, und die Verwendung inferiorer Technologien schwächt das volkswirtschaftliche Potenzial des Landes. Der Exportentzug des Westens führt damit zu über die Zeit steigenden Kosten in Russland, während die Kosten des russischen Exportstopps für den Westen über die Zeit fallen.

DIE UMKEHRUNG DER KLASSISCHEN SUBVENTIONSPOLITIK

Aus diesen Überlegungen folgt eine Umkehrung der klassischen Subventionspolitik: Anstatt die schwachen Wirtschaftszweige zu fördern, in denen die DACH-Region offenbar komparative Nachteile hat und die ohne staatliche Subventionen nicht oder kaum überlebensfähig wären, sollten die exportstarken Hochtechnologiebranchen mit schwer ersetzbaren Nischenprodukten gefördert werden. Die zehn Milliarden, mit denen Deutschland die Ansiedelung von Intel in Magdeburg subventioniert, wären demnach deutlich besser bei den heimischen Technologieführern aufgehoben. Im Übrigen ist der Subventionswettbewerb unter europäischen Staaten innerhalb des Binnenmarktes ein peinliches Zeichen von überbordendem Provinzialismus. Frei nach dem österreichischen Fußballspieler Andi Herzog (*1968) (»Ob Mailand oder Madrid, hauptsächlich Italien«) sollte doch gelten: Ob Magdeburg oder Madrid – Hauptsache Europa!

Für eine Umkehrung der Subventionspolitik lassen sich auch wachstumspolitische Gründe anführen: So stellte der Präsident des ifo Instituts Clemens Fuest (*1968) fest, dass die höchsten Wachstumsbeiträge in der Vergangenheit von jenen Sektoren ausgingen, die schon vorher die Spitzenbranchen waren.[139] Deshalb sollten wir uns davon verabschieden, gegen komparative Wettbewerbsvorteile anzusubventionieren. Zugegeben, es ist nicht ganz intuitiv, profitablen Firmen Subventionen zukommen zu lassen. Der Matthäus-Effekt – »dem, der hat, dem wird gegeben« – lässt grüßen, und schnell dürfte bei einer solchen Subventionsumkehrung auch die Rede von »Mitnahmeeffekten« sein. Nicht zuletzt ist das Europäische Beihilferecht dazu völlig ungeeignet, denn es sieht den Grundsatz einer nachzuweisenden »Wirtschaftlichkeitslücke« vor, die unter Umständen staatlich geschlossen werden darf.

Kapitel 1 führte in die Theorie der komparativen Wettbewerbsvorteile bereits ein. Diese sind zwar nicht gottgegeben, aber einer Volkswirtschaft doch gewissermaßen in die Wiege gelegt. Sie bilden sich heraus als Resultat jahrhundertelanger Wirtschaftstraditionen. Sie sind geprägt vom Klima, der Verfügbarkeit natürlicher Ressourcen und von institutionellen Rahmenbedingungen wie Religion, Rechtssystem oder Politik. Sie sind eine über die Zeit wenig veränderliche Größe, denn der Kapitalstock und das Wissen einer Gesellschaft werden über die Generationen weitergegeben. Damit sind komparative Wettbewerbsvorteile Teil der vererblichen DNA einer Volkswirtschaft. Deshalb gehen Tech-Innovatoren aus aller Welt ins Silicon Valley und Tesla ausgerechnet nach Deutschland, wo sicherlich kein Mangel an Autobauern herrscht (dafür viel Prozess-Know-how in der Fertigung besteht). Unkenrufen, die deutsche Automobilwirtschaft hätte die Elektrifizierung verschlafen, zum

Trotz erwirtschaftete Deutschland im Jahr 2023 einen gewaltigen Exportüberschuss mit E-Fahrzeugen: Exportiert wurden 786.000 Fahrzeuge für insgesamt 36 Milliarden Euro, importiert wurden 446.000 Fahrzeuge für nur 14,1 Milliarden Euro.[140] Dies zeigt: Die Messe ist meist schon gelesen, bevor der Staat durch Schutzzölle oder Subventionsprogramme aktiv wird.

Die Trägheit der komparativen Vorteile ist letzten Endes auch der Grund, warum aktive staatliche Industriepolitik – »bei Zukunftstechnologien ganz vorn dabei sein!« – so häufig scheitert: Die politischen Wunschvorstellungen einer künftigen Wirtschaftsstruktur passen in vielen Fällen schlicht nicht zu den komparativen Wettbewerbsvorteilen eines Landes. Ein Kind, dessen Begabungen und Talente in der Musik liegen, sollte man nicht zwanghaft zum Spitzenfußballer erziehen wollen, auch wenn im Profifußball vielleicht mehr Geld zu verdienen ist. Ein treffendes Beispiel dafür ist der Plan Calcul des gaullistischen Frankreichs von 1966, mit dem die aufkommende Computerindustrie stark subventioniert wurde. Es mangelte nicht an der Erkenntnis, dass die Computerindustrie der aufsteigende Stern unter den neuen Technologien sein würde (so wie heute etwa die künstliche Intelligenz). Eine insbesondere von liberalen Ökonomen gebetsmühlenartig vorgetragene Kritik – stets vorgetragen mit ehrfurchtsvoller Referenz auf Friedrich August von Hayek (1919–1992) und die »Anmaßung von Wissen« –, dass der Staat die Zukunftstechnologien nicht kennen würde, traf damit noch nicht einmal zu. Das Problem war: Diese Industrie passte eben nicht zu Frankreich oder Frankreich nicht zu dieser Industrie. Der anfänglichen Euphorie wich nach einigen Jahren die Ernüchterung, das Programm mündete in ein finanzielles Fiasko, und trotz hoher staatlicher Subventionen spielte Frankreich keine wesentliche Rolle in der Computerentwicklung. Planification désastreuse!

Solche Beispiele gibt es leider zuhauf, nicht selten aus Frankreich, dessen Industrieanteil von 23 Prozent am BIP im Jahr 1960 trotz allen industriepolitischen Anstrengungen auf gerade einmal neun Prozent 60 Jahre später fiel; er ist damit nur halb so hoch wie im (bisher wenigstens) weniger industriepolitisch begeisterten Deutschland.[141] Sozialistische Systeme kranken strukturell an der Ignoranz komparativer Vorteile, und die Golfstaaten als bedeutende Ölförderländer versuchen seit Jahrzehnten unter Einsatz hoher Ressourcen, ihre Wirtschaftsstrukturen weg vom Energiesektor zu diversifizieren. Bezeichnenderweise gelang dies mit Dubai nur jenem Staat in spürbarem Maße, dessen Ölreserven vergleichsweise gering sind. Saudi-Arabien und andere kämpfen dagegen weiterhin gegen ihre komparativen Vorteile an, in etwa so wie König Sisyphos von Korinth einen Felsen einen Berg hinaufwälzte, ehe dieser wieder ins Tal rollte. Der Grund dafür liegt in der sogenannten Holländischen Krankheit, die selbst nichts Geringeres ist als die ultimative Machtdemonstration komparativer Vorteile.[142]

Deshalb sollte man sich nicht von dem einen oder anderen industriepolitischen Erfolg blenden lassen. Wie ein Feigenblatt und geradezu reflexhaft wird Airbus in solchen Debatten vorgeschoben, quasi als Kronzeuge für den Erfolg staatlicher Industriepolitik. Zumindest passt es zum gängigen Narrativ, dass es vor allem dem politischen Willen entsprach, einen europäischen Luftfahrt-Champion zu schaffen. Dabei ist völlig unklar, ob die zersplitterte europäische Flugzeugindustrie nicht auch ohne staatliche Hilfe das US-amerikanische Monopol bei Großraumflugzeugen (Boeing, McDonnell Douglas) brechen hätte können. Bei der Gründung von Airbus 1970 konnte die europäische Luftfahrtindustrie schon auf eine lange Tradition und Vielzahl innovativer Hersteller zurückblicken, was auf komparative Vorteile hindeutet. Konsolidierungen schafften andere Branchen auch ohne den Staat. Der Aufstieg Japans nach dem Zweiten Weltkrieg wird ebenfalls gelegentlich einer weitsichtigen industriepolitischen Planung zugeschrieben; manche Forscher verorten dies allerdings im Reich der Mythen.[143] Die seit Jahrzehnten unterdurchschnittliche Innovationskraft und wirtschaftliche Dynamik Japans lassen Zweifel an dieser Politik aufkommen. Zur Wahrheit gehört aber genauso, dass der Volkswirte-Mainstream in den letzten Jahren offener gegenüber einer aktiven Industriepolitik wurde. Sie ist international wieder en vogue, insbesondere Subventionen spielen in Industriestaaten eine immer gewichtigere Rolle.[144] Sie ist oft als Antwort auf Chinas scheinbare industriepolitische Erfolge gedacht. Diese Kehrtwende mancher Analysten ist ein weiteres Beispiel für »Wandel durch Handel« (vgl. Kapitel 5).

BRANCHENNEUTRALE FÖRDERUNG, DIE AUF TECHNOLOGIEN UND INNOVATIONEN ABZIELT

Den Autoren schwebt keine aktive Industriepolitik im Sinne von Subventionen und Vergünstigungen für spezielle Sektoren oder gar Unternehmen vor (augenscheinlich begünstigen Industriesubventionen meist Sektoren, in denen überproportional Männer beschäftigt sind, womit sie die Geschlechterungleichheit zudem verschärfen dürften). Eine kluge Wirtschaftspolitik sollte branchenneutral sein und vielmehr die wirtschaftlichen Rahmenbedingungen insgesamt verbessern. Dies mag für den Wirtschaftsminister weniger sexy sein, als mit Subventionsschecks durch die Lande zu ziehen und staatlich subventionierte Spatenstiche zu setzen; es würde aber das Land insgesamt besser aufstellen. Staatliche Wirtschaftspolitik sollte sich vielmehr auf die Förderung von Technologien, privaten und öffentlichen Investitionen und Profitabilität ausrichten, damit die komparativen Vorteile möglichst gut gedeihen können. Steuervergünstigungen können Subventionen überflüssig machen, sie sollten das Leitinstrument der staatlichen Subventionspolitik sein. Subventionen werden häufig in Form direkter Zuschüsse gezahlt. Viel besser sind aber verbesserte Abschreibungsmöglichkeiten, die auch gegenüber pauschalen Steuersatzsenkungen vorzuziehen sind, weil sie nicht bloß Profite begünstigen, sondern Investitionen anregen. Äquivalent dazu sind Steuergutschriften anzusehen, beispielsweise für Forschungs- und Entwicklungstätigkeiten. Der US-amerikanische Inflation Reduction Act ist voll mit solchen »tax credits«. Steuerliche Maßnahmen sind darüber hinaus meist bürokratieärmer umzusetzen, denn Unternehmen müssen ohnehin ihre Jahresabschlüsse erklären; für Förderanträge dagegen entstehen mehr zusätzliche Aufwände. Der wesentliche Unterschied zwischen direkten Subventionszahlungen und Steuervergünstigungen aber ist, dass Letztere nur jenen Unternehmen helfen, die Gewinne erzielen. Es findet eine positive Selektion der Empfänger statt.

Wie bei einer Gießkanne, die nur die Nutzpflanzen wässert, nicht aber das Unkraut. Die unproduktiven Firmen werden ganz in Joseph Schumpeters (1883–1950) Sinne der schöpferischen Zerstörung herausgefiltert. Sie sollen vom Markt ausscheiden und keine staatlich subventionierten Zombie-Firmen werden.

Wo liegen nun die komparativen Vorteile in der DACH-Region? Sie lassen sich wie so viele volkswirtschaftliche Größen nicht beobachten. Sie werden allerdings durch die beobachteten Handelsströme implizit offengelegt (Konzept der sogenannten *revealed comparative advantages*), sofern der internationale Handel im Großen und Ganzen ohne massive politische Manipulationen abläuft. Nachfolgend dargestellt sind für Deutschland, Österreich und die Schweiz jeweils die Top-10-Sektoren (von 97 Gütersektoren).

Abbildung 18: Implizite Handelsvorteile, Top 10, HS-Zweisteller, 2019

Rang	Deutschland	Österreich	Schweiz
1	Fahrzeugbau	Eisen- und Straßenbahnen, einschließlich Lokomotiven	Uhren
2	Gerb- und Färbemittel	Metallgüter aus Eisen	Pharmazeutische Produkte
3	Pharmazeutische Produkte	Holz und Produkte daraus	Perlen, Edelsteine, Edelmetalle und Produkte daraus, einschließlich Modeschmuck
4	Werkzeuge aus Eisen	Stapelfasern	Organische Chemikalien
5	Seifen, Wasch- und Poliermittel, Kerzen, Dentalwachse und Zahnpräparate	Metalle und Cermets sowie Produkte daraus	Kaffee, Tee, Mate und Gewürze
6	Optische und andere Instrumente einschließlich medizinischer und OP-Geräte	Papiere und Pappe	Kunstwerke
7	Kakao und Kakaopräparate	Getränke, Spirituosen und Essige	Eisen- und Straßenbahnen, einschließlich Lokomotiven
8	Albuminoide Substanzen, modifizierte Stärken, Klebstoffe, Enzyme	Waffen und Munition	Optische und andere Instrumente, einschließlich medizinischer und OP-Geräte
9	Andere chemische Produkte	Rohhäute und -felle (außer Pelz) und Leder	Werkzeuge aus Eisen
10	Luft- und Raumfahrzeuge	Aluminium und Produkte daraus	Öle, Parfüme und Kosmetika

Quelle: Daten der World Integrated Trade Statistics (WITS). Eigene Darstellung.

Die identifizierten Branchen dürften indes wenig überraschen, sondern vielmehr empirisch bestätigen, was wir ohnehin schon wussten: dass die Deutschen exzellent Autos bauen können, Österreicher im Eisenbahnbau Weltspitze sind und die Schweizer mit den beliebtesten und teuersten Uhren aufwarten. Interessant dagegen ist, wer nicht in den Top-Branchen auftaucht: Die schweizerische Landwirtschaft kann trotz sehr hoher Subventionen von 0,85 Prozent des BIP (vgl. Kapitel 5) in diesem Bereich keinen komparativen Vorteil erzielen. Die in Deutschland derzeit hoch herbeisubventionierte Halbleiterbranche findet sich gar nur auf Rang 54. Für die USA, die mit ihrem *Chips Act* ebenfalls gigantische Summen für diese Branche in die Hand nimmt, sieht es dabei nicht unbedingt besser aus. Dort liegt die Branche auch nur auf Rang 49. Und der in Österreich in der Tat trotz hoher Löhne überaus wettbewerbsfähige Tourismussektor fehlt, weil die Daten den Dienstleistungshandel nicht im notwendigen Detailgrad abdecken.

Letzterer Umstand ist ein großes Problem: Ohne Dienstleistungshandel kann man nicht die komparativen Vorteile für die gesamte Volkswirtschaft ermitteln, wobei selbst in den industriestarken DACH-Staaten der Anteil der Industrie (ohne Energie und Bergbau) bei unter 20 Prozent des BIP liegt. Hier fehlen also wichtige Informationen. Außerdem könnten die Daten, wie schon oben betont, durch die praktizierte Handelspolitik inklusive Subventionen verzerrt sein. Trotzdem ergibt sich aus dieser Art von Statistik ein Stärken-Schwächen-Profil einer Volkswirtschaft.

DIE VORBEREITUNG DER SANKTIONSPOLITIK

Die Autoren schlagen vor, bei aufkommenden Konflikten mehr über die eigenen Exporte und deren Unersetzbarkeit im Ausland nachzudenken und entsprechende Pläne vorzubereiten. Dabei geht es nicht immer um Totalsanktionen wie Wirtschaftsembargos, auch kleine Nadelstiche zeigen auf niederschwellige Art dem Gegenüber, dass dessen Druckpunkte wohlbekannt sind und man jederzeit bereit ist, drohenden Importausfällen mit Exportbeschränkungen zu begegnen.

Dies ist erst einmal gar nicht so intuitiv, denn man würde damit in Konfliktsituationen zu einem wirtschaftlichen Problem (Importentzug) ein weiteres (Exportbeschränkung) staatlicherseits hinzufügen, sodass die eigene Volkswirtschaft angebots- und nachfrageseitig in Mitleidenschaft gezogen wird. Für den Nachfrageausfall durch Exportbeschränkungen braucht es vorab definierte Kompensationsregeln für Unternehmen, denn ihre Exporte werden zum Instrument der Außenpolitik ihres Heimatlandes – dafür sollten sie nicht die vollen Kosten tragen. Außenpolitik liegt außerhalb ihrer unternehmerischen Verantwortung, und die Sorge um die eigene Standortattraktivität darf nicht zu außenpolitischer Lähmung führen. Aber noch mal der Klarheit halber: Das Ziel ist der Erhalt des freien Handels durch ein Gleichgewicht des Schreckens. Weil wir von Freihandel überzeugt sind und ihn garantieren wollen, sollten wir zum Handelskrieg rüsten. Wie in der militärischen Abschreckung braucht es auch dabei Glaubwürdigkeit: Sanktionsandrohungen müssen immer echte Sanktionen folgen, sobald solange das Gegenüber die auslösenden Gründe erfüllt. Paradoxerweise ist das Verhängen von Sanktionen bereits ein Eingeständnis ihres Scheiterns. Denn offensichtlich bewirkte ihre Androhung keine Verhaltensänderung, womit der Sanktionsgrund entfiele. Dennoch ist es kein Ausdruck einer »Sunk Cost Fallacy«[145], trotzdem Sanktionen zu verhängen, denn sie zahlen direkt auf das Konto der außenpolitischen Glaubwürdigkeit ein. Spieltheoretisch handelt es sich nämlich um wiederholte Spiele, sodass es eines dynamischen Kosten-Nutzen-Kalküls bedarf. Praktisch gesprochen: China dürfte ziemlich genau beobachten, wie der Westen Russland für seinen Zivilisationsbruch sanktioniert, und Schlüsse daraus für sich selbst ziehen.

Dabei sind auch ethische Debatten zu führen, insbesondere mit Blick auf den Export medizinischer Güter oder auch Lebensmittel. So betreibt etwa der deutsche Medizintechnik-Riese Fresenius weiterhin Dialysezentren in Russland. Dies ist nachvollziehbar, denn ein direkter Zusammenhang zwischen russischen Dialysepatienten und Russlands Krieg gegen die Ukraine ist nicht erkennbar; auch dürfte eine Sanktionierung dieses

Sektors medial gegen Deutschland ausgeschlachtet werden und letzten Endes kontraproduktiv wirken. Denn eines ist klar: Wirtschaftssanktionen können sehr deutliche Auswirkungen haben – von den Auswirkungen der Seeblockaden während der Weltkriege war schon die Rede. Und auch die Erfahrungen mit den sehr umfassenden Sanktionen gegen den Irak nach Saddam Husseins Invasion von Kuwait Anfang der 1990er-Jahre sind in der wissenschaftlichen Literatur eingehend diskutiert; sie dürften zu einer erheblichen, wenn auch von der irakischen Propaganda massiv übertriebenen Übersterblichkeit bei Kindern geführt haben.[146] Daher ist der Konsens in Ländern des Westens, Grundnahrungsmittel und Medikamente selbst in den umfassendsten Sanktionsregimes auszuklammern.

Aber wie lägen die Dinge, führte Russland direkt Krieg gegen Deutschland? Würde man dem Land Medikamente und Arzneien zur Verfügung stellen wollen, mit denen möglicherweise Soldaten behandelt werden, die Verbrechen wie im ukrainischen Butscha 2022 begingen? Oder weniger moralisierend, sondern rein praktisch gedacht: die dadurch gesunden und den Krieg weiterführen? Ethisch gesehen ist dies keinesfalls eine triviale Frage, auch dürften verantwortungs- und gesinnungsethische Ansätze unterschiedliche Antworten liefern (vgl. Kapitel 9). Wichtig ist eine nüchterne Diskussion über solche Fragen in Friedenszeiten statt emotional aufgeladen in Konfliktsituationen. Gerade für solche Fälle müssen Szenarien durchgespielt werden, was unter anderem der Klärung administrativer Zuständigkeiten bedarf: Für die Außenhandelspolitik liegt die Zuständigkeit typischerweise beim Wirtschaftsministerium, während die Finanzministerien für den Zoll zuständig sind, die Außen- und Sicherheitspolitik aber in den Außenministerien gemacht werden. Für Deutschland und Österreich ist zudem Brüssel für die Handelspolitik verantwortlich. Denkt man Sanktionen als Teil der gesamtstaatlichen Verteidigung, müssten auch Verteidigungsministerien und im Falle Deutschlands die NATO-Planung berücksichtigt werden, zumal Sanktionen als »Krieg mit anderen Mitteln« verstanden werden, so der Titel eines 2017 erschienenen Buchs von Robert D. Blackwill und Jennifer M. Harris.

WIRKEN SANKTIONEN ÜBERHAUPT?

Einmal verhängt, stellt sich natürlich die Frage, ob Sanktionen wirken. Empirisch steht fest, dass die Anzahl der verhängten Wirtschaftssanktionen über die letzten Jahre stark zugenommen hat. Dies belegen zum Beispiel unsere Auswertungen der Global Sanctions Database.[147] Sowohl die absolute Zahl aktiver bilateraler Sanktionsregimes nimmt seit 2010 ständig zu als auch die Wahrscheinlichkeit, dass zwischen zwei gegebenen Ländern ein Sanktionsregime – sprich: ein Handelskrieg – herrscht. Dafür gibt es verschiedene Gründe. Die Welt ist insgesamt konfliktträchtiger geworden, und Sanktionen gehören zum Instrumentarium unfreundlicher Beziehungen. Außerdem werden Wirtschaftssanktionen als Substitute für kriegerische Maßnahmen gesehen. In gewisser Weise sind sie also sogar eine Art zivilisatorischer Fortschritt, weil sie nicht direkt mit der Vernichtung von Menschenleben oder physischen Kapitals verbunden sind. Aber Wirtschaftssanktionen per se können keine Änderung einer Politik erzwingen; sie können sie nur belohnen, indem sie bei Wohlverhalten wieder aufgehoben werden.

Es gibt zwei Argumente, warum die Verhängung von Sanktionen für Wirtschaftswissenschaftler eigentlich überraschend ist. Erstens vernichten Sanktionen immer bilateralen wirtschaftlichen Austausch, in der Größenordnung abhängig von der Intensität des Sanktionsregimes. Und weil der Austausch ja vor Verhängung der Sanktionen für beide Seiten vorteilhaft gewesen sein muss – es hätte ihn sonst schlicht nicht gegeben –, müssen Wirtschaftssanktionen immer auf beiden Seiten Wohlstandsverluste erzeugen. Sie können allerdings asymmetrisch verteilt sein. Die Evidenz dazu ist sehr klar. Daraus folgt aber, dass Sanktionen, ähnlich wie Krieg, ineffiziente Politiken sind: Statt Wohlstand zu vernichten, sollten sich die Konfliktparteien eigentlich auf dem Verhandlungsweg einigen. Denn theoretisch könnten sich beide Seiten dadurch besserstellen, als wenn es zur Sanktionsverhängung käme. Und zweitens legen, wie schon erwähnt, einfache spieltheoretische Überlegungen nahe, dass Sanktionen ihre Wirkung in der Drohphase, nicht aber nach Verhängung entfalten. Denn wenn etwa ein Regime trotz zu erwartender Sanktionen einen Völkerrechtsbruch begeht, dann offenbar, weil sich dieses Verhalten unter Berücksichtigung der Sanktionen immer noch lohnt. Eine Politikänderung aufgrund der Sanktionsverhängung wäre dann irrational. Aber natürlich gibt es viele Abweichungen von der einfachsten Konfiguration, wo rationale Spieler mit vollständiger Information interagieren. Wenn diese Annahmen nicht erfüllt sind, kann es zu Fehlern kommen, weil die Gegner sich falsch einschätzen oder die Wirkung gegebener Sanktionen erst über die Zeit verstehen. Wir diskutierten dies ausgiebig in Kapitel 5. Außerdem können Sanktionen in mehrstufigen Spielen durchaus auch unter Rationalität und voller Information sinnvoll sein, wenn sich dadurch in späteren Spielzügen die Verhandlungsposition einzelner Spieler verbessert.

Daher ist es für sich genommen nicht überraschend, dass umfassende Sanktionen zwar im Durchschnitt signifikante wirtschaftliche Einbußen für beide Seiten zeitigen, die in den rechtlichen Grundlagen genannten Ziele aber häufig gar nicht erreicht werden, und wenn doch, dann erst mit langer Verzögerung.

Etwas weniger als die Hälfte der umfassend verhängten Sanktionen werden wegen Zielerreichung wieder aufgehoben, die anderen enden erfolglos oder in einer Verhandlungslösung. Im Durchschnitt dauert es knapp sechs Jahre, bis sich der Erfolg einstellt. Betreffen die Sanktionen nur Teile des bilateralen Handels, wie das bei den meisten Episoden der Fall ist, sinkt die Erfolgswahrscheinlichkeit auf unter ein Viertel. Erfolge sind außerdem wahrscheinlicher, wenn das sanktionierende Land oder die sanktionierende Koalition von Ländern deutlich größer ist als das sanktionierte Land und die Sanktionen sehr überraschend kommen oder von militärischen Maßnahmen begleitet werden.

Noch etwas sollte man bei der Sanktionsverhängung beachten. Je länger sie andauern, umso mehr bilateraler Handel wird zerstört und umso stärker kommt es zu Handelsumlenkung, denn die Streitparteien sehen sich bei Drittstaaten als neue Handelspartner um. Wenn dann die Sanktionen beendet werden, dauert es oft viele Jahre, das zeigt die empirische Forschung sehr eindrücklich, bis der bilaterale Handel wieder beim »normalen« Niveau angekommen ist.[148] Der ökonomische Schaden endet also nicht mit der formalen Aufhebung von Sanktionen.

WIE UMGEHEN MIT SCHMUGGEL?

Wo es Handelsbarrieren gibt, da gibt es Schmuggel. Auch und gerade wenn Sanktionen verhängt werden. Klar, denn die grundsätzliche Vorteilhaftigkeit von Handel verschwindet selbst bei innigster Feindschaft nicht. Bekanntermaßen sanktioniert der Westen Russland durch eine ganze Reihe an Exportverboten, um dessen industrielle Fähigkeiten zu schwächen und Land und Leuten Wohlfahrtseinbußen zu bescheren. Dabei kommen immer Zweifel ob möglicher Sanktionsumgehungen auf.

Abbildung 19 zeigt exemplarisch die deutschen Güterexporte nach Russland und Kasachstan (gleitende Dreimonats-Durchschnitte). Zur besseren Vergleichbarkeit wurde ein Index gewählt, denn die absoluten Werte sind doch um einige Größenordnungen verschieden. So exportierte Deutschland 2021 Waren im Wert von rund 26,2 Milliarden Euro nach Russland und nur im Wert von mickrigen 1,4 Milliarden Euro nach Kasachstan. Die Abbildung lässt erkennen, wie die deutschen Exporte nach Russland nach dessen Überfall auf die Ukraine ab Februar 2022 als Folge von Sanktionen und Gegensanktionen zurückgingen. Am aktuellen Rand liegen sie auf rund 30 Prozent des Vorkriegsniveaus bei nur mehr 8,9 Milliarden Euro. Im selben Atemzug stiegen die deutschen Exporte nach Kasachstan sprunghaft an, derzeit liegen sie bei etwa 200 Prozent des Ausgangsniveaus. Noch extremer ist der Fall Kirgistan, dorthin stiegen die deutschen Exporte sogar um astronomische 1200 Prozent an, was die Abbildung gesprengt hätte. Russland »fehlten« 2023 rund 17,3 Milliarden Euro an Einfuhren aus der Bundesrepublik. Rechnet man den deutschen »Überhandel« mit Kasachstan und Kirgistan vollständig Russland zu, in der Annahme, dass die Warenströme einfach weitergeleitet werden, so konnte er allein über diese beiden Länder 2,4 Milliarden ausgleichen. Wie Kasachstan, Armenien und Weißrussland ist Kirgistan Mitglied der Eurasischen Zollunion, zu der auch Russland gehört. Damit ist der Handel zwischen den Mitgliedern nicht nur zollfrei, sondern es herrscht, ähnlich wie in der EU, ein freier Warenverkehr.[149] Mit anderen Ex-Sowjetrepubliken stehen weitere Länder für solche Geschäfte bereit, und auch Serbien ist ein mögliches Einfallstor für Westwaren nach Russland. Diese Art von Geschäften ist allen gegenteiligen Lippenbekenntnissen zum Trotz ein offenes Geheimnis. Industrieverbände helfen derzeit sogar verstärkt dabei, »neue« Märkte in Zentralasien zu erschließen.[150]

Abbildung 19: Deutsche Exporte nach Russland und Kasachstan (Index), 2019–2023

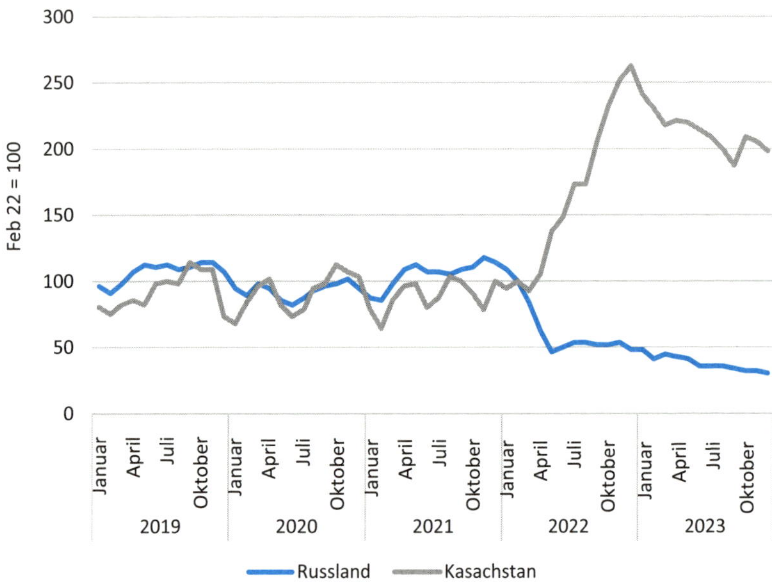

Quelle: Daten des Statistischen Bundesamtes. Darstellung der Autoren.

Man könnte einwenden, dass das bloße Erschweren des Handels den Import schon ungemein verteuert und viele Unsicherheiten über Güterverfügbarkeiten schafft. Dies wäre aber zu kurz gesprungen, denn durchschlagende Wirkung haben Sanktionen dann nicht. Zudem dürften die Kosten für den Sanktionierten über die Zeit sinken, denn Schmuggelrouten etablieren sich, und es entsteht Wettbewerb unter den Zwischenhändlern, wodurch deren Preisaufschläge fallen. Deswegen ist es angezeigt, immer wieder regulatorisch nachzuschärfen, um die Sanktionseinhaltung zu verbessern.

Zur Wahrheit gehört aber auch: Man wird nie mit letzter Gewissheit ausschließen können, dass Waren weiterverkauft werden. Selbst eine Exportkontingentierung könnte das Problem nicht ganz lösen. Angenommen, Deutschland würde seine Exporte nach Kasachstan auf dem Niveau von 2021 deckeln (was WTO-rechtlich kaum rechtfertigbar sein dürfte), dann wäre der Endverbleib deutscher Waren in Kasachstan keinesfalls garantiert. Wenn russische Importeure schlicht mehr bezahlten, räumten sie damit den Sekundärmarkt und erhielten die Waren. Leer ausgehen würden dagegen die Kasachen, deren Waren sich stark verteuerten beziehungsweise verknappten.

Die Sanktionsumgehung durch Drittstaaten ist zunächst einmal ernüchternd; wir lernen daraus aber spiegelbildlich etwas für unsere Abhängigkeiten: Wie im vorhergehenden Kapitel beschrieben, reduzieren sich importseitige Versorgungsrisiken, wenn »Verbindungsländer« als Zwischenhändler fungieren – wir erinnern uns an das Beispiel des Energiehandels von Russland über Indien nach Europa. Auch die US-amerikanische Entkoppelung von chinesischen Importen wird teilweise aufgefangen durch solche Verbindungsländer (Mexiko, Taiwan, Vietnam).[151] Die Zahlen der OECD zum Wertschöpfungshandel, mittels derer wir in Kapitel 1 die ausländischen Wertschöpfungsanteile unserer eigenen Exporte auswiesen, sind bedauerlicherweise erst bis zum Jahr 2020 verfügbar. Wir müssen also noch etwas warten, bis wir die derzeitigen ökonomischen Verflechtungen dahingehend analysieren können.

Letztlich hängt die Durchsetzbarkeit von Sanktionen vom Wohlwollen des Erstimporteurs ab, daher sollte man seine Handelspartner idealerweise überzeugen, an den Sanktionen teilzunehmen. Die USA fanden für diese Art der Überzeugung einen zwar rabiaten, aber durchaus effektiven Weg: So verbieten die USA ausländischen Unternehmen, in den USA tätig zu werden, wenn diese Handel mit von den USA sanktionierten Ländern treiben. Nachdem die USA der größte Binnenmarkt der Welt sind, möchte kaum ein Unternehmen auf diesen Marktzugang verzichten. Die USA nutzen ihre Marktmacht damit sehr geschickt. Es gab und gibt einige Berichte darüber, dass beispielsweise chinesische Firmen aus Furcht vor amerikanischen Sekundärsanktionen vor wirtschaftlichen Beziehungen mit Russland zurückschrecken. In der Tat verhängen die USA zunehmend auch solche Sanktionen.[152]

Eine bedeutende Rolle spielten diese Sekundärsanktionen immer wieder im Zusammenhang mit dem Iran: Dabei waren europäische Firmen die Leidtragenden, und so bildete sich die Rechtsauffassung der EU heraus, dass solche Sekundärsanktionen unzulässig wären, weil sie extraterritorial in Drittstaatenbeziehungen eingriffen.[153] Angesichts zunehmender geopolitischer Spannungen sollte Brüssel seine Position überdenken: Auch die EU verfügt über einen sehr großen Binnenmarkt mit 450 Millionen kaufkräftigen Bürgern. Es wäre für die EU ein Leichtes, den eigenen Sanktionen durch Androhung von Sekundärsanktionen mehr Geltung zu verschaffen. Und so ganz konsistent ist die Haltung der EU in dieser Sache ohnehin nicht: An ihren Sanktionen müssen sich bisher alle in der EU ansässigen Unternehmen beteiligen, einschließlich deren ausländischen Betriebsstätten. Damit wendet auch sie ihre Sanktionen schon jetzt in gewissem Maße extraterritorial an.

Bei einer Anwendung solcher Sekundärsanktionen etwa gegen China könnte man die Grenzen der von Putin und Xi proklamierten »grenzenlosen Freundschaft« zwischen Russland und China austesten. Ob chinesische Firmen wirklich auf den Marktzugang in Europa und den USA verzichten, um mit einem ökonomischen Zwerg wie Russland Geschäfte machen zu können?

TECHNOLOGIEAUSSCHLUSS

Einander argwöhnisch belauernde geopolitische Rivalen versuchen neue Technologien, die für die eigene wirtschaftliche und militärische Stärke relevant sind, als Erste zu entwickeln und in großem Maßstab zu produzieren. Für diese Zwecke setzen sie massive Subventionen ein. Auch wirtschaftliche Zwangsmaßnahmen werden im In- und Ausland ergriffen, um an ausländisches Wissen zu gelangen, das eigene Wissen aber nicht mit dem Konkurrenten zu teilen. Die Wirtschaftsgeschichte ist voll von solchen Versuchen.

Besonders spannend war die Rivalität zwischen dem Deutschen Reich und dem British Empire vor dem Ersten Weltkrieg. Dabei ging es beispielsweise um die sich rasant entwickelnde Telefonie und um den Kampf zwischen dem deutschen Telefunken- und dem britischen Marconi-Unternehmen. Die Princeton-Ökonomen Brunnermeier, James und Doshi haben dazu einen faszinierenden Artikel geschrieben, der massiv an die aktuelle Rivalität zwischen den USA und China erinnert.[154]

In der Tat fußt die aktuelle ökonomische Stärke des Westens immer noch auf seiner technologischen Führerschaft in vielen Bereichen. Technologische Führerschaft bedeutet auch Prozess-Know-how, das zur Substitution im Konfliktfall notwendig ist. Nur weil heute kaum mehr TV-Geräte in Europa produziert werden, heißt das nicht, dass man das diesbezügliche Wissen verlernt hätte. Umgekehrt bedeutet Technologieführerschaft, dass die eigenen Waren für das Ausland bestenfalls unzureichend substituierbar sind. So importierte China im Jahr 2023 Halbleiter im Wert von 376 Milliarden US-Dollar. Die Rohölimporte dagegen lagen dagegen bei 337 Milliarden US-Dollar, was Mikrochips zum wichtigsten importierten Input-Faktor der chinesischen Volkswirtschaft macht.[155] China gibt also jeden Tag rund eine Milliarde Dollar für einen Input aus, der absolut essenziell für die Weiterproduktion ist und bei dem westliche Firmen nach wie vor führend sind. Vor allem Japan, Korea, Taiwan und die USA sind große Produzenten. Aber auch europäische Produzenten wie die niederländische Firma ASML, welche große Maschinen zur Fertigung von Chips herstellt, sind unverzichtbar in dieser Wertschöpfungskette. China selbst gab mit seiner »Made in China 2025«-Strategie das Ziel aus, einen Autarkiegrad von 70 Prozent bei Halbleitern bis 2025 erreichen zu wollen. Offenbar kann auch Peking die Macht der komparativen Vorteile nicht austricksen, denn trotz hoher Subventionen werden wohl kaum 20 Prozent erreichbar sein.[156] Die Biden-Regierung verhängte unterdessen Exportverbote von Hightech-Halbleitern, die für künstliche Intelligenz benötigt werden. Damit knüpft sie an eine Politik an, die schon unter Trump vorsah, Chinas Zugang zu Hochtechnologie einzuschränken (Huawei-Bann 2019).[157] Wir befinden uns damit mitten in einem Krieg um Technologieführerschaft. Und dazu betreibt der Westen zunehmend eine Politik des sogenannten Technologieausschlusses.

Über Jahrtausende war die Seidenproduktion der Exportschlager der chinesischen Volkswirtschaft, und so verwundert es nicht, dass angeblich ein mit der Todesstrafe gesühntes Exportverbot bezüglich des Seidenspinners bestand, eines Schmetterlings, der als Raupe zur Seidengarnproduktion eingesetzt wird. Exportverbote für gewisse Spezies bestehen sogar bis heute – den Autoren wäre nicht bekannt, dass es in der Menschheitsgeschichte je ein ähnlich lang anhaltendes Technologieexportverbot gegeben hätte.[158] Beinahe ironisch angesichts des heute vor allem gegen China gerichteten Technologieausschlusses. Geschichte wiederholt sich bekanntlich nicht, aber sie reimt sich eben.

Das alte China war damit aber längst nicht allein: Nachdem im Zuge der Industriellen Revolution in Großbritannien mechanische Webstühle und Spinnmaschinen erfunden worden waren und so die Textilindustrie revolutioniert wurde, verhängte die Regierung 1790 ein Exportverbot über diese Erfindung, die wir heute »Sprunginnovation« nennen oder als disruptiv bezeichnen würden. Dennoch kam es zu Schmuggel.[159]

Technologieausschluss betrieb während des Kalten Krieges auch der Westen gegenüber der Sowjetunion und ihren sozialistischen Satellitenstaaten: Mit dem 1950 gegründeten *Coordinating Committee for Multilateral Export Controls* (*CoCom*) wurde der Technologieausschluss unter den Staaten koordiniert. Mitglieder waren die NATO-Staaten plus Australien und Japan. Interessanterweise nahm auch die neutrale Schweiz an den Exportrestriktionen teil.[160] Die sogenannten CoCom-Listen definierten sensible Waren, die den Eisernen Vorhang nicht passieren sollten. Schon damals waren Halbleiter eine der darunter gefassten Technologien. Ähnlich wie heutige Sanktionen führten auch diese Exportbeschränkungen zu einer Blüte des Schmuggels und förderten erstaunlichen Einfallsreichtum zutage.

Verglichen mit früheren Schweinen sind heutige Schweine wesentlich länger, da sie mehr Rippen aufweisen. Dies geht zurück auf eine spezielle Züchtung nach dem Zweiten Weltkrieg. Diese Schweinezüchtungen, die eben mehr Koteletts und Spareribs hervorbrachten und damit die Ernährungssituation im Osten hätten verbessern können, waren ebenfalls gelistet und durften nicht in Richtung Ostblock ausgeführt werden. Das veranlasste einen mit dem Sozialismus sympathisierenden französischen Bauern Anfang der 1980er-Jahre dazu, zwei englische Zuchteber zuerst betrunken zu machen und anschließend unter dem Boden eines Pferdeanhängers in die DDR einzuführen. Rasch verbreiteten sich diese Züchtungen dann dort.[161] Auch dieses Beispiel zeigt, dass Wissen immer nur ein Vorsprung auf Zeit ist, insbesondere, je mobiler die Wissensträger sind.

Aus wohlfahrtstheoretischer Sicht spricht viel dafür, den Kreis der Wissensteilhaber möglichst weit zu fassen, denn bei Wissen und Technologie handelt es sich um Güter, bei deren Konsum es keine Rivalität gibt: Das Haber-Bosch-Verfahren zur Synthetisierung von Ammoniak wird für einen Anwender in Europa dadurch nicht schlechter, wenn es auch in Amerika, Asien oder Afrika Verwendung findet. (Dagegen besteht Rivalität im Konsum bei vielen gewöhnlichen Konsumgütern, unter anderem zu beobachten beim Verzehr von Kaiserschmarren auf österreichischen Almen: Viele konkurrierende Gabeln stochern eifrig in einer Pfanne um das immer knapper werdende Gut Kaiserschmarren. Dabei sind sogar schon Stichverletzungen überliefert. Der Inbegriff von Konsumrivalität!) Wenn das Ziel lautet, dass es möglichst vielen Menschen in möglichst vielen Erdteilen möglichst gut gehen soll, sollte man sein Wissen nicht als Herrschaftswissen missbrauchen, sondern es teilen. Geiz ist dann alles andere als geil. Damit fallen zwar die Renditen der Wissensmonopolisten, aber Monopole sind im Sinne der Gesamtwohlfahrt nicht erstrebenswert, denn ihre Renditen entstehen auf Kosten der Verbraucher. Das gilt erst recht bei neuen Technologien, um globalen Bedrohungen wie dem Klimawandel effektiv und effizient zu begegnen.

Der Ausschluss von Technologie ist aber unter zwei Umständen angezeigt: Erstens, um Anreize zur Wissensproduktion zu setzen. Aus diesem Grund gewährt das Patentwesen Monopole auf Zeit bei gleichzeitiger Offenlegung der Technologie. Zweitens, und dies ist für unsere Diskussion besonders relevant, ist Technologieausschluss ein probates Mittel, wenn Staaten das damit verbundene wirtschaftliche Potenzial gegen uns verwenden würden – wirtschaftlich wie militärisch.

Die CoCom wurde 1994 ganz im Zeichen des *End of History* aufgelöst. Heute hätte sie wieder einiges an Relevanz. Eine Wiederbelebung scheint sinnvoll, denn unilaterale Maßnahmen sind weniger wirksam. Auch ökonomisch wären sie ineffizienter als eine koordinierte Club-Lösung. Eine neue CoCom – oder »Wirtschafts-NATO« – könnte volle Technologieteilhabe nach innen garantieren, gleichzeitig den Technologieausschluss nach außen gemeinschaftlich administrieren.

Das transatlantische Freihandelsabkommen TTIP war bekanntermaßen unter großen Teilen europäischer Verbraucherorganisationen nicht gut gelitten. Ultimativ wurde dem Abkommen durch die Trump-Regierung eine Absage erteilt. Ein nach Wahrnehmung der Autoren weitgehend unstrittiger Teilbereich des Abkommens wäre jedoch die gemeinsame technologische Normen- und Standardsetzung gewesen. Aufgrund der überragenden Marktmacht der kombinierten Wirtschaftsleistung von EU und USA hätten diese Standards mit hoher Wahrscheinlichkeit weltweit Gültigkeit erfahren. Um genau solche handelsbezogenen Technologieaspekte zu adressieren, gründeten die EU und die USA 2021 den Handels- und Technologierat (Trade and Technology Council, TTC).[162]

Eine Neuauflage der CoCom sollte auch für die Zwecke der gemeinsamen Normen- und Standardsetzung bestimmt werden. Dabei wäre eine enge Einbeziehung der westlichen Staaten im Fernen Osten – Australien, Japan, Korea, Neuseeland, Taiwan – essenziell, denn diese sind selbst wiederum in vielen Bereichen Technologieführer. Damit erhielte diese Organisation ausreichend Schlagkraft, um den Technologiewettbewerb des 21. Jahrhunderts gewinnen zu können. Man könnte sich außerdem spezielle Anwerbeprogramme für Spitzenforscher aus Russland oder China vorstellen, denn dies würde dort die Adaption westlicher Technologie verlangsamen beziehungsweise dem Westen neue Technologie zuführen.

Bisher betrachteten wir die Wissensdiffusion durch Handel. Diese Betrachtung wäre jedoch unvollständig, ohne gleichzeitig über ausländische Direktinvestitionen und Übernahmen nachzudenken. Deren geopolitische Bedeutung reicht allerdings weit über den Technologiekanal hinaus, man denke dabei nur an kritische Infrastrukturen. Ihnen wollen wir uns im nächsten Kapitel zuwenden.

FAZIT

Die Möglichkeit zum Angriff bietet auch in drohenden Handelskriegen eine komfortable Situation. Technologieführerschaft macht Importe leichter und die eigenen Exporte für das Ausland schwieriger ersetzbar. In einem stabilen Gleichgewicht mit rationalen Spielern kann die Androhung des Exportentzugs ausreichen, um keiner Importerpressung aufsitzen zu müssen. Was daraus allerdings folgt, hat gewichtige Implikationen für die heimische Wirtschafts- und Subventionspolitik: Wie bei der menschlichen Erziehung und Ausbildung sollte man auf seine Stärken setzen und nicht versuchen, alle Schwächen zu kurieren. Die verarbeitungsstarken Volkswirtschaften in der DACH-Region haben dafür beste Voraussetzungen, denn gefragt ist dabei viel Prozess- und Fertigungs-Know-how. Dies geht beim grenzüberschreitenden Handel nicht so ohne Weiteres auf den Importeur über. Exportbezogene Sanktionen führen immer auch zu Schmuggel, und um diesen weitestgehend einzudämmen, sollte Europa hier die viel beschworene Sprache der Macht in Form von Sekundärsanktionen lernen. Dies wäre die offensive Variante des von Emmanuel Macron geforderten »Europe qui protège«, einem Europa, das schützt. Auch institutionell sollte man sich darauf vorbereiten und den Technologieausschluss gegenüber rivalisierenden Mächten konzertiert betreiben. Eine Wiederbelebung der CoCom beziehungsweise einer Wirtschafts-NATO böte dafür einen geeigneten institutionellen Rahmen.

Kapitel 8

Auslandsdirektinvestitionen: Ausverkauf von Tech-Juwelen?

»Mein Geld muss für mich werken und laufen,
Mit Tod und Teufel hart sich raufen,
Weit reisen und auf Zins ausliegen,
Damit ich soll, was mir zusteht, kriegen.«

HUGO VON HOFMANNSTHAL, »JEDERMANN«

AUSLANDSDIREKTINVESTITIONEN sind untrennbar mit dem Handel verknüpft. Wie in Kapitel 3 ausgeführt, können Auslandsdirektinvestitionen den Handel begünstigen oder als Ersatz für den grenzüberschreitenden Handel dienen: Komplementäre Investitionen ermöglichen die Markterschließung, beispielsweise benötigt ein Automobilhersteller ein Vertriebsnetz und einen Wartungsservice, um überhaupt im Ausland Autos verkaufen zu können. Investitionen können den grenzüberschreitenden Handel aber auch ersetzen, weil ein in China gefertigter VW eben nicht von Wolfsburg aus exportiert werden muss und folglich nicht in der Handelsstatistik auftaucht.

Geopolitisch sind Auslandsdirektinvestitionen enorm relevant, so helfen sie dabei, Zölle zu umgehen. Airbus hat nur deswegen in Alabama eine Endmontage, damit es vor US-amerikanischen Zollschlägen geschützt ist: Ganze Flugzeuge und Flugzeugteile sind unterschiedliche Zolllinien. Man könnte Airbus treffen, indem man die Zölle auf fertige Flugzeuge anhebt. Bei Flugzeugteilen wäre dies aber mit unangenehmen Folgen verbunden, denn selbst die amerikanische Flugzeugindustrie ist zum Teil auf importierte Zulieferungen angewiesen. Nachdem damit auch Boeing kein Interesse an solchen Zöllen haben dürfte, verzichtet die Regierung auf entsprechende Sperenzchen, und davon profitiert auch Airbus. Die immer noch hohen europäischen Einfuhrzölle auf Automobile in Höhe von zehn Prozent führten dazu, dass japanische und koreanische und bald wohl auch chinesische Hersteller in der EU produzieren, weil sie so Zölle vermeiden und nebenbei auch keine Transportkosten, geringere Währungsrisiken und Zugang zur Technologie europäischer Zulieferer winken. Nicht selten sind Produktionslinien zur Endmontage ein willkommenes Einfallstor für ausländische Vorprodukte, deren Wertschöpfung damit weiterhin im Ursprungsland liegt. In den bisweilen auch nationalistisch geprägten Konsumentscheidungen – selbst der deutsche Wirtschaftsminister Robert Habeck (*1969) von den Grünen spricht mittlerweile von »Standortpatriotismus«[163] – ermöglicht die Endmontage im Zielland mitunter sogar die Verwendung als Gütesiegel verstandener Werbeslogans wie »Made in Germany«.[164] Es ist davon auszugehen, dass in einer Welt des zunehmenden Unfreihandels sich Unternehmen durch mehr Direktinvestitionen anpassen. Nähe zum Absatzmarkt bietet einen gewissen Schutz vor handelspolitischen Barrieren, Auslandsdirektinvestitionen werden zum Brückenkopf.

FEINDLICHE ÜBERNAHME

Geopolitisch relevant sind Direktinvestitionen auch, weil damit Technologien und Prozess-Know-how über Ländergrenzen hinweg geteilt werden. Das Verteidigen der Technologieführerschaft, wie im vorherigen Kapitel empfohlen, ist nur möglich, wenn eine Investitionskontrolle stattfindet und staatlicherseits die Möglichkeit besteht, Investitionen aus strategischen Gründen zu untersagen. Eine neue CoCom oder auch Wirtschafts-NATO sollte daher auch die Investitionskontrolle gemeinschaftlich regeln.

Nicht wenigen gilt die Übernahme des Augsburger Roboter-Weltmarktführers Kuka durch chinesische Eigentümer im Jahr 2016 als strategisches Debakel nahezu apokalyptischen Ausmaßes. Dies ist sicher übertrieben, denn Wissen und Technologie von Kuka sind seit der Übernahme nicht weg, sondern stecken weiterhin in den Köpfen seiner bayerisch-schwäbischen Belegschaft. Das Unternehmen beliefert weiterhin seine europäischen Kunden. Aber durch die chinesische Übernahme ist der einstmals vorhandene Wissensvorsprung gegenüber Wettbewerbern aus China dahin. Kuka war Pionier der Industrieautomatisierung, seine orangenen Roboter-Arme haben viele nolens volens vor Augen, wenn sie an moderne Fertigungsstraßen denken.

Auslandsdirektinvestitionen

Bei Auslandsdirektinvestitionen investieren Firmen im Ausland mit dem Ziel, diesen ausländischen Markt für die eigenen gewerblichen Zwecke zu erschließen. Zum Beispiel will Tesla mit seinem Werk in Grünheide Fahrzeuge für den europäischen Markt produzieren, auch um damit den EU-Importzoll von zehn Prozent zu umgehen.

Man unterscheidet bei Auslandsdirektinvestitionen zwischen sogenannten Greenfield-Investments, die wie das besagte Tesla-Werk und zum Missfallen einiger Umweltschützer auf der »grünen Wiese« beziehungsweise in einem grünen Wald errichtet werden, und Fusionen und Übernahmen. Bei Letzteren soll der Markteintritt über einen schon bestehenden Unternehmensteil geschehen oder andere Synergien realisiert werden, wie beispielsweise beim unter Skifahrern bekannten Lifthersteller Doppelmayr aus dem österreichischen Vorarlberg, zu dem auch das schweizerische Unternehmen Garaventa gehört. Bei all diesen Transaktionen fanden ausländische Direktinvestitionen statt.

Eigenkapitalseitige Investitionen, die nicht die wirtschaftliche Kontrolle über ein Unternehmen zum Ziel haben, gelten dagegen als Portfolioinvestition. Nicht jeder Tesla-Aktionär ist gleich ein Elon Musk. Für die Auslandsdirektinvestition gilt eine Beteiligungsschwelle von zehn Prozent der Stimmrechte.[165] Fremdkapitalseitige Investitionen sind dagegen für uns erst einmal irrelevant, etwa wenn Rentenfonds Staatsanleihen im Ausland oder europäische Banken wertlose amerikanische Immobilienkreditderivate kaufen.

Die Automatisierung der Industrie hat in Deutschland große Tradition, nicht zuletzt, weil Gewerkschaften in der Vergangenheit oftmals hohe Lohnforderungen durchsetzen konnten und Unternehmen daher nach Auswegen suchten, weniger arbeitsintensiv zu produzieren. Das Hochlohnland Deutschland produziert seine Industriegüter verhältnismäßig maschinen- und damit kapitalintensiv. Und damit zurück zu der Diskussion von Kapitel 7 über die Stärken einer Volkswirtschaft: Die komparativen Vorteile der deutschen Automobilindustrie liegen nicht nur im perfektionistischen Ingenieurwesen, sondern auch ganz wesentlich in der Fähigkeit zur hochqualitativen Massenproduktion. Dieses Prozess-Know-how hängt in Teilen wiederum an Unternehmen wie Kuka. Daher gibt es gute Gründe, solche Übernahmen einzuschränken, denn mit ihnen schwinden die eigenen Wettbewerbsvorteile dahin. Es liegen volkswirtschaftliche Externalitäten vor, die der einzelne Verkäufer bei seiner Verkaufsentscheidung nicht berücksichtigt; genau aus diesem Grund werden Forschungs- und Entwicklungstätigkeiten häufig staatlich subventioniert. Auf dieser Basis kann der Staat nicht ganz zu Unrecht eine Mitsprache einfordern, und daher sieht auch die Außenwirtschaftsgesetzgebung der meisten Länder Möglichkeiten zur Investitionskontrolle bis hin zum Verbot solcher Transaktionen vor.

In Deutschland wurde die Gesetzgebung zuletzt 2020 spürbar verschärft, die Investitionsprüfung bei Investoren aus außereuropäischen Staaten[166] beginnt nun schon bei Beteiligungsschwellen von zehn Prozent der Stimmrechte. Unterschieden wird dabei zwischen der Rüstungsbranche und anderen Sektoren.[167] Das Außenwirtschaftsgesetz atmet nämlich zuvorderst den Geist der Landesverteidigung und nicht des generellen Schutzes von Wettbewerbsvorteilen.

Wenn nun aber die deutsche Automobilindustrie ihre Felle davonschwimmen sah, warum griffen BMW, Mercedes und die Volkswagen-Gruppe nicht selbst nach Kuka? Die dafür notwendigen 4,5 Milliarden Euro hätten sie sicherlich aufbringen können. Dies wirft Fragen auf: War die Technologie von Kuka vielleicht doch nicht so einzigartig oder zumindest nicht diese erkleckliche

Summe wert? Dann würde aus dem vermeintlichen chinesischen Beutezug vielleicht doch nur ein zweitklassiger Deal.

Es gibt mittlerweile einige chinesische Übernahmen in den Daten, sodass man empirisch erforschen kann, ob und, wenn ja, wie sich chinesische Übernahmen von solchen aus anderen Ländern unterscheiden. Ifo-Präsident Clemens Fuest legte im Jahr 2021 eine Studie dazu vor.[168] Danach konzentrieren sich chinesische Investoren auf Übernahmeziele mit höherem Schuldenstand und geringerer Rentabilität. Sie scheinen außerdem nicht systematisch für ihre Übernahmen mehr zu zahlen als Firmen aus anderen Ländern, was die These infrage stellt, dass chinesische Investoren nur mithilfe von staatlichen Subventionen erfolgreich im Ausland auf Einkaufstour gehen können. Die Studie zeigt zudem, dass politische Initiativen wie die Seidenstraßen-Initiative und »Made in China 2025« zwar staatliche, nicht aber private chinesische Investoren beeinflussen, was darauf schließen lässt, dass geopolitische oder technologiepolitische Interessen eine Rolle spielen. In den Jahren nach der Übernahme weisen die von chinesischen Investoren übernommenen Zielunternehmen ein geringeres Wachstum der Kapitalproduktivität, aber ein höheres Wachstum der Mitarbeitervergütung auf.

Letztlich, und das legt auch die genannte Studie nahe, sind bei Investitionskontrollen doch Einzelfallentscheidungen notwendig, denn selbst Technologieabflüsse können, wenn der Preis hoch genug ist, per saldo gute Geschäfte sein.

Zudem spielen zwei weitere Faktoren eine gewichtige Rolle: Gilt in der Investitionspolitik Reziprozität, also können die eigenen Firmen im jeweils anderen Land genauso frei investieren wie umgekehrt? Über Abkommen sollte dies sichergestellt werden. Schon allein dafür lohnt es sich, wenigstens temporär die Daumenschrauben so anzuziehen, dass man anderen Ländern Konzessionen abringt und das viel beschworene »Level playing field« schafft. Zum Zweiten muss unterschieden werden, ob ein ausländischer Akteur aus privatwirtschaftlichen Interessen heraus handelt oder die Interessen einer Regierung verfolgt. Ein US-Investor wird sich in der Regel allein seinen Aktionären verpflichtet sehen und bei einer Übernahme einen möglichst guten Deal für sie herausholen wollen – ganz in kapitalistischer Manier. Man mag dies unsympathisch finden, aber wenigstens liegen dabei die Interessen ganz offen auf dem Tisch. Bei Investoren aus Putins Russland oder Xis China ist jedoch mitnichten klar, aus welchem Grund heraus sie wie handeln. Tun sie dies freiwillig? Oder tun sie dies, um nicht zuerst beim Kreml in Ungnade und anschließend aus einem Hochhaus zu fallen? Oder für rund ein Jahr lang zu verschwinden wie der schillernde Alibaba-Gründer Jack Ma?

Summa summarum beantworten die Autoren die Frage nach Investitionskontrollen mit einem eindeutigen: Es kommt darauf an. Aber eines sollte klar sein: Die Untersagung eines Verkaufs an ein ausländisches Unternehmen ist ein massiver Eingriff in das Eigentumsrecht. Daher braucht es schlüssige Argumente, ausreichend Transparenz über den Investor sowie das zu übernehmende Unternehmen und eine ergebnisoffene öffentliche Debatte.

INVESTIEREN IN CHINA: ERZWUNGENER TECHNOLOGIETRANSFER?

Die Volksrepublik steht bisweilen nicht nur in der Kritik wegen chinesischer Übernahmetätigkeiten im Ausland, sondern auch wegen seiner Politik der Joint-Venture-Verpflichtung: Ausländische Investoren müssen in China mit einem lokalen Partner ein Gemeinschaftsunternehmen mit Mehrheitsbeteiligung der chinesischen Seite gründen. Die Kritik an dieser Praxis ist, dass damit ein Technologietransfer faktisch erzwungen wird. In der Unschärfe der politischen Debatte gelangt dies dann schnell in einen Topf mit Industriespionage und Diebstahl geistigen Eigentums, gegen den auch Donald Trump – aber nicht nur er – in verlässlicher Regelmäßigkeit ledert.

Zur Sortierung: Geistiges Eigentum ist durch internationale Verträge wie das schon erwähnte WTO-Abkommen zu handelsrechtlichen Aspekten von geistigem Eigentum (TRIPS) geschützt. Staaten können gegen Verletzungen Vergeltungsmaßnahmen verhängen, etwa in Form von Zöllen. Dieses Abkommen umfasst beispielsweise Markenrechte. Produktpiraterie in Form gefälschter Adidas-Etiketten oder billiger Rolex-Imitate ist dabei noch ein eher einfaches Beispiel (auch wenn sich meist die Spur der wahren Produzenten verliert; es schiene aber unplausibel, solche Praktiken nur einem Land anzulasten). Nicht selten mangelt es schlicht daran, hieb- und stichfeste Nachweise zu erbringen. Durch TRIPS werden aber auch Patente geschützt.

Ein Beispiel dafür sind die mRNA-Impfstoffe gegen das Coronavirus SARS-CoV2, etwa von BioNTech. Während der Pandemie forderte die WTO-Direktorin Ngozi Okonjo-Iweala (*1954) die Freigabe des Patentschutzes, um die Verfügbarkeit des Impfstoffes gerade in ärmeren Weltregionen zu verbessern. Sie konnte sich damit unter anderem aufgrund des Widerstands der deutschen Bundeskanzlerin Angela Merkel (*1954) nicht durchsetzen. Zum Glück, wie die Autoren finden und damals öffentlich vertraten:[169] Die Patentfreigabe hätte wirklich armen Ländern kaum etwas genützt, da sie nicht in der Lage gewesen wären, alle Produktionsschritte bis hin zu einem mRNA-Impfstoff nachzuvollziehen; BioNTech selbst gibt an, dass dazu 50.000 Schritte notwendig wären.[170] Vor allem aber hätten BioNTech und Co. keine wirtschaftlichen Anreize mehr gehabt, ein Knowledge-Sharing im Rahmen von Lizenzproduktion zu betreiben und durch Prozess-Know-how die Skalierung der Produktion zu unterstützen. Zudem wäre die Patentfreigabe ein fatales Signal an Unternehmen, deren Forschung uns aus der nächsten Weltkrise katapultiert. Gefreut hätten sich überdies China und Russland, deren eigene Corona-Impfstoffe allenfalls eine Teilnehmerurkunde im globalen Rennen um den besten Impfstoff verdienten. Sie verfügen jedoch über das Ausgangswissen, um mit dem freigegebenen Wissen der mRNA-Technologie etwas anzufangen. Dies können sie aber auch so, denn das Patentrecht sieht eine Offenlegung der Technologie vor; nur die kommerzielle Nutzung ist einzig dem Patentinhaber vorbehalten.

Ein schwerwiegender Vorwurf ist zudem Industriespionage: Sie ist verboten, in China wie in der restlichen zivilisierten Welt. Und dennoch geschieht sie. Im Falle Chinas gibt es allerdings viele Berichte über staatlich organisierte Industriespionage, und hier endet die Analogie zur restlichen zivilisierten Welt. Industriespionage ist jedoch ein Fall für die Spionage-Abwehr. Es ist der Job von Geheimdienstlern, heimlich in fremden Feldern zu ernten. Das ist naturgemäß illegal. Ob dem mit handelspolitischen Maßnahmen beizukommen ist, darf bezweifelt werden. Individuellen Tätern muss man – so man ihrer habhaft wird – mit dem Strafrecht beikommen; dem Verursacherstaat muss mit diplomatischen Mitteln und letztlich Sanktionen gedroht werden. Aber nachdem sich kein Staat der Welt offen zu solchen Praktiken bekennen wird, sind sie schlecht sanktionierbar.

Und deshalb nun zum sogenannten erzwungenen Technologietransfer. Dabei ist schon die Terminologie zu hinterfragen, denn China zwingt überhaupt niemanden, dort zu investieren und in ein Joint Venture einzusteigen. Es steht jedem Unternehmen der Welt frei, davon Abstand zu nehmen. Nur sind bei Investitionen in China eben das die Spielregeln. In dem Sinne handelt es sich eher um einen freiwilligen Technologietransfer, sozusagen eine Art Eintrittsgeld, das China für seinen 1,4-Milliarden-Menschen-Markt erhebt. Unternehmen wägen ab und rechnen für sich aus, ob sie bereit sind, diesen Preis zu bezahlen. Westliche Unternehmen enthielten ihren chinesischen Töchtern deshalb sehr häufig Top-Notch-Technologien in der Vergangenheit vor oder stellten sie erst mit einiger Verzögerung zur Verfügung. Mit zunehmendem Wohlstand steigen auch in China die Erwartungen der Konsumenten; zudem verschärfte sich die Konkurrenz. Dies dürfte das Kalkül der westlichen Konzernmütter in vielen Fällen etwas geändert haben.

Aber ganz so einfach ist es auch wieder nicht, denn die WTO-Regeln besagen, dass Marktzugang nicht gegen Eintrittsgelder gewährt werden darf. Eine Liste an verbotenen Eintrittsgeldern ist sogar im Aufnahmeprotokoll Chinas zur WTO explizit angeführt, darunter Technologietransfer, Verpflichtungen zu Forschung und Entwicklung in China, lokale Zulieferung und vieles mehr. Verpflichtungen zur Gesellschafterstruktur, also etwa der besagte Joint-Venture-Zwang, sind jedoch erlaubt. Dies ist interessant, denn diese Praxis muss westlichen Staaten bereits bekannt gewesen sein, sie war schon Gegenstand vorheriger WTO-Beitritte. Darauf wies jedenfalls die Handelsrechtskoryphäe Alan Sykes von der Stanford University hin.[171] Und trotzdem stimmten die anderen Länder dieser Erlaubnis im Rahmen von Chinas WTO-Beitritt 2001 zu. Solange also kein Joint-Venture-Zwang mit einem chinesischen *Staatsunternehmen* besteht, kann man China aus rechtlicher Sicht kaum einen Vorwurf machen.[172]

Dies führt wieder zurück zu der Frage, ob im Staatskapitalismus chinesischer Couleur eine Unterscheidung zwischen privaten und staatlichen Akteuren überhaupt möglich, geschweige denn sinnvoll ist. Verwunderlich ist in diesem Zusammenhang auch, warum Trumps Phase-One-Deal mit China eine Reihe von Vereinbarungen zum Schutz geistigen Eigentums trifft – womit sich Trumps Handelsbeauftragter Robert Lighthizer in seinen Memoiren ausführlich schmückt[173] –, gleichzeitig aber die chinesischen Regeln bezüglich der Gesellschafterstruktur unangetastet lässt.[174]

Ungeachtet der Frage der Legalität findet ein faktischer Technologietransfer durch den Joint-Venture-Zwang statt. Ökonomisch ist die Frage spannend, ob dies notwendigerweise ineffizient ist, wenn Unternehmen dagegen Marktzugang erhalten und die Transaktion freiwillig geschieht. Wie zuvor ebenfalls schon argumentiert, können inländische Technologie-Externalitäten vorliegen. Dann ist es aus Gründen der ökonomischen Effizienz nicht ausreichend, wenn Unternehmen ausschließlich selbst entscheiden, ob sie ihre Technologie auch in Form eines Eintrittsgeldes preisgeben. Staatliches Handeln wäre gefordert, um beispielsweise im Rahmen von Investitionsschutzabkommen solche Praktiken künftig auszuschließen. Eine bloße reziproke Gegenreaktion – ein ähnlicher Joint-Venture-Zwang für chinesische Investoren in Europa – ist aus Sicht eines Technologieführers nicht ausreichend. Auch dabei gäbe es immer noch mehr zu verlieren als zu gewinnen.

Zudem ist zu diskutieren, ob Auslandsinvestitionen auch zu untersagen sind, wenn damit ein Wissens- und Kapazitätstransfer verbunden ist mit beträchtlichen Rückwirkungen auf das Heimatland. Direktinvestitionen laufen nämlich immer latent Gefahr, durch die ausländische Regierung enteignet zu werden oder im Konfliktfall dem Gegner wirtschaftliches Potenzial zu liefern: Dass Opel – damals eine General-Motors-Tochter – im Zweiten Weltkrieg freudig die deutsche Wehrmacht mit mehr als 100.000 Blitz-Lastwagen belieferte, dürfte kaum im Interesse seiner amerikanischen Eigentümer gewesen sein. Gegen die NS-Kommandowirtschaft konnten die Eigentümer aber nichts unternehmen, das produktive Kapital Opels stand nun einmal auf dem Boden des Deutschen Reichs. Wenn Rheinmetall heute Panzerschmieden in Ungarn und der Türkei aufbaut, ist damit ein Technologietransfer dorthin verbunden. Aus deutscher Sicht mag dies bei NATO-Partnern in Ordnung sein, trotz manch skurriler Flirts, die deren Führer zum russischen Präsidenten pflegen. Auch aus Sicht von Rheinmetall sind diese Investitionen angesichts der sehr restriktiven deutschen Rüstungsexportregeln nachvollziehbar; diese sehr starren Regeln provozieren solche Umgehungsgeschäfte nachgerade.

Im westungarischen Zalaegerszeg – gerne einmal laut lesen! – wird der Schützenpanzer Lynx produziert. Er ist der jüngere Bruder des deutschen Schützenpanzers Puma, den Rheinmetall im Auftrag der Bundeswehr produziert. Für die Forschungs- und Entwicklungsarbeiten am Puma floss viel deutsches Steuerzahlergeld, das damit auch die technische Basis für den Lynx finanzierte. Beide teilen sich zudem baugleiche Komponenten. Das geistige Eigentum am Puma darf Rheinmetall nicht ohne Weiteres verkaufen. Aber der Lynx reüssiert auf den Weltmärkten eben auch dank deutscher Staatsgelder. Dies mag man in Ordnung finden, schließlich erhalten andere Unternehmen ebenfalls hohe Subventionen. Im Rüstungsbereich sollten allerdings auch Auslandsinvestitionen genehmigungspflichtig sein, parallel zum Screening von ausländischen Investitionen im Heimatland. Denn das Ergebnis, ein mittelbarer Technologieabfluss, ist identisch.

Am Rande sei erwähnt, dass die europäische Rüstungsexportpolitik ohnehin einer dringenden Harmonisierung bedarf. Unter EU-/NATO-Mitgliedern sollte es keinerlei Beschränkungen geben, damit sich die Branche erfolgreich konsolidieren kann und endlich kosteneffizienter wird. Dies sparte den Steuerzahlern aller Länder erheblich Geld, das für andere Zwecke zur Verfügung stünde. Eine solche Harmonisierung erfordert die gegenseitige Übernahme von Exportgenehmigungen gegenüber Drittstaaten. Ansonsten können grenzüberschreitende Rüstungsvorhaben nicht gelingen, denn jede beteiligte Regierung könnte den Drittstaatenexport für alle anderen blockieren, sodass sich immer die restriktivste Politik durchsetzt. Anekdotisch wurde den Autoren von Brancheninsidern berichtet, dass es in der Rüstungsbranche sogar das Label »German free« gibt, womit sich Produkte international besser vermarkten ließen. Eine sehr restriktive Exportpolitik mag vielleicht das eigene Gewissen befriedigen, aber ungewollt mehr Schaden als Nutzen stiften. Alle drei, Deutschland, Österreich und die Schweiz, sollten gemeinsam mit ihren Partnern in EU und NATO eine ernsthafte Diskussion über diese Fragen führen.

INVESTITIONSSCHUTZ – BLINDER FLECK DES WTO-RECHTS

Der Investitionsschutz ist grundsätzlich nicht auf der Ebene des WTO-Rechts geregelt und damit nicht seiner Gerichtsbarkeit unterworfen. Es ist gewissermaßen ein blinder Fleck des GATT und seiner Folgeabkommen. Zwar gibt es ein multilaterales Abkommen zu handelsbezogenen Fragen des Investitionsschutzes, aber dieses ist relativ eng gefasst. Dabei spielt der internationale Investitionsschutz in der öffentlichen Wahrnehmung eine ganz bedeutende Rolle. Die Kritik an den transatlantischen EU-Freihandelsabkommen mit Kanada (CETA) und USA (TTIP) war maßgeblich gespeist durch die Sorge vor dubiosen Schiedsgerichten, die angeblich Konzerninteressen gegen das legitime Wohl eines Landes durchsetzen würden.

Dabei hätten die EU-Staaten und die USA damit nur nachvollzogen, was Deutschland mit 114, Österreich mit 47 und die Schweiz mit 110 anderen Ländern schon haben:[175] ein bilaterales Investitionsschutzabkommen.

Das weltweit erste solche Abkommen wurde 1959 zwischen der Bundesrepublik Deutschland und Pakistan abgeschlossen. Das Ziel ist einfach: Staaten wollen Investitionen aus dem Ausland anlocken und machen diesem Versprechungen. Allzu häufig wollen sie später von ihren einstigen Zusagen aber nichts mehr wissen, die Investition ist schließlich getätigt. Je besser ein Geschäft läuft, desto mehr kann der Gaststaat davon abschöpfen und muss nicht einmal Unruhen in der Bevölkerung fürchten, schließlich sitzen die leidtragenden Eigentümer im Ausland.

Ein geradezu verrückt klingendes Beispiel ist die Geschichte des Hühnerbarons Adem Dogan. Er war in den 1990er-Jahren nach Turkmenistan auf eine Hochzeit eingeladen und musste feststellen, dass in dem Land Eier notorisch knapp waren. So investierte er und baute ab 1999 eine Hühnerfarm auf, die sich prächtig entwickelte. So prächtig, dass die turkmenische Regierung Gefallen daran fand und die Farm in ihren Besitz bringen wollte. Dogan wollte sie allerdings behalten und rief sogar nach diplomatischer Unterstützung. All dies half nichts, im Jahr 2007 rückte turkmenisches Militär an. Panzer zerstörten die Farm. Der Gang vor nationale Gerichte innerhalb Turkmenistans schien aussichtslos, daher berief Dogan sich auf ein Investitionsschutzabkommen, das Deutschland 1997 mit Turkmenistan geschlossen hatte. Er klagte, gewann und wurde entschädigt.[176]

Investitionsschutzabkommen haben eine bedeutende entwicklungspolitische Dimension: Die Rechtsstaatlichkeit in ärmeren Ländern ist oft schlecht ausgeprägt. Diese institutionellen Defizite können durch ökonomische Entwicklung behoben werden. Die ökonomische Entwicklung bleibt allerdings aus ohne ein Mindestmaß an Rechtsstaatlichkeit, weil Investitionen einen Vertrauensschutz für die Zukunft erfordern. (Investitionen sind übrigens immer in die Zukunft gerichtet, weshalb auch der Begriff »Zukunftsinvestitionen« unsinnig ist.) Bilaterale Investitionsschutzabkommen können diesen Vertrauensschutz herstellen, weil sie imstande sind, Länder von der Versuchung nach Willkür abzuhalten. Sie sind ein Akt der Selbstbindung, ein Commitment-Device. Dabei ist klar, dass ein turkmenischer Investor nicht fürchten muss, ähnliche Behandlung in Deutschland zu erfahren – der bedauerliche Zustand der deutschen Bundeswehr tut sein Übriges, um oben geschilderte Brachialakte zu verhindern; völkerrechtliche Verträge gelten aber nun einmal in beide Richtungen, also reziprok. Und ganz gefeit sind selbst hoch entwickelte Rechtsstaaten vor einer Verletzung des Vertrauensschutzes nicht: Spanien sagte bis zur Finanzkrise Investoren in erneuerbare Energie hohe Einspeisevergütungen über lange Zeiträume zu. Im Zuge späterer Haushaltskonsolidierungen kürzte es die versprochenen Subventionen, wodurch sich Investoren betrogen fühlten. Sie klagten und bekamen recht.[177] »Pacta sunt servanda« (Verträge sind einzuhalten) – so eben der unumstößliche Grundsatz römischen Rechts seit 2000 Jahren.

Dieses Beispiel zeigt, warum bilaterale Investitionsschutzverträge auch unter entwickelten Ländern sinnvoll sein können; selbst wenn diese derzeit keine gute Konjunktur haben: Die Zahl der in Kraft befindlichen Abkommen sinkt, viele europäische Staaten kehren dem Energiecharta-Vertrag den Rücken, der die Investitionsschutzklauseln enthält, auf deren Basis Spanien und andere Länder die besagten Klagen verloren. Dabei ist der Investitionsschutz besser, als es die Presseschlagzeilen suggerieren. In einer empirischen Untersuchung aus dem Jahr 2016 fanden die Autoren, dass die klagenden Unternehmen in nur 27 Prozent der Fälle recht bekamen und dann auch nur 38 Prozent der geforderten Schadenssumme erhielten. Es gibt außerdem keine Evidenz, dass arme Länder systematisch benachteiligt würden.[178] Spektakuläre Fälle wie die Klage des US-Zigaretten-Magnaten Philip Morris gegen ein Raucherverbot in Uruguay scheiterten krachend. Die vermeintlich dubiosen Schiedsgerichte – die nach relativ transparenten Regeln einer UN-Organisation tagen – gaben unzweideutig Staaten bei ihrem Bemühen um Verbraucherschutz und öffentliche Gesundheit recht. Dennoch obsiegte die emotionale Aufregung; der Ton ist gesetzt, der Ruf der Investor-Staat-Schiedsgerichte dahin. Aus TTIP wurde auch deshalb ein Rohrkrepierer.

Dabei könnte eine stärkere Institutionalisierung durch einen Gerichtshof mit einer Berufungsinstanz die Akzeptanz des Investitionsschutzes erhöhen, so wie es schlussendlich auch im EU-Kanada-Abkommen vereinbart wurde. Sollte man den transatlantischen Handels- und Technologierat wie gefordert zu einer neuen CoCom/einer Wirtschafts-NATO weiterentwickeln mit einheitlichen Export- und Investitionsregeln, wäre eine institutionalisierte Streitbeilegung bei Investitionsstreitigkeiten eine sinnvolle Ergänzung. Dagegen zeigt die Blockade der WTO-Gerichtsbarkeit, dass Institutionalisierung allein auch keine Akzeptanz schafft, insbesondere wenn Staaten internationale Regelbindung zunehmend ablehnen und nach diskretionären Entscheidungsspielräumen lechzen. Unter Werte- und Sicherheitspartnern sollte man dennoch weitere Integrationsschritte erreichen können.

AUSLÄNDISCHE INFRASTRUKTURINVESTITIONEN ALS STACHEL IM FLEISCH

Als Letztes ist in der Diskussion um nationale Souveränität die Frage nach dem richtigen Umgang mit ausländischen Infrastrukturinvestitionen elementar. Bildlich gesprochen ist zu klären, ob ausländische Infrastrukturinvestitionen ein Stachel im Fleisch des eigenen Landes sind; oder ob diese Investitionen nicht eher dem Kaninchen vor der Kobra ähneln, das sich in ständiger Gefahr befindet, vom Gastland durch Enteignung vertilgt zu werden.

»Pecunia non olet« (Geld stinkt nicht), möchte man meinen. Warum sollte man ausländische Infrastrukturinvestitionen verhindern? Angenommen, der Gotthardtunnel gehörte chinesischen Investoren, und die Schweizer Bevölkerung wäre unzufrieden mit dem Betrieb. Die Eigentümer könnten wohl kaum damit reagieren, den Gotthardtunnel mit nach Hause zu nehmen. Es ließe sich wohl auch kaum durchsetzen, die Tunnelanlage einzuschränken oder ganz zuzumachen, so wie Putin das mit seinem Gashahn tat. Infrastrukturinvestitionen sind immobil, das heißt, sie können nicht einfach abgezogen werden, anders als Produktionsstätten. In letzter Konsequenz können sie unter die Verwaltung des Gastlandes gestellt werden, und die Eigentümer werden enteignet. Dann sind möglicherweise Entschädigungszahlungen fällig, die aber durch Schiedsgerichte der Höhe nach auf den tatsächlichen wirtschaftlichen Wert begrenzt werden. Die Infrastruktur jedoch ist weiterhin nutzbar. Im schlechtesten Fall könnte ein ausländischer Investor die erworbene Infrastruktur verkommen lassen, indem Modernisierungen oder Reparaturen vernachlässigt werden. Das ist aber auch bei Investoren aus der Heimat oder befreundeten Ländern ein Risiko, gerade wenn es sich um regulierte natürliche Monopole handelt, deren erzielte Erlöse nicht von Kundenzufriedenheit abhängen. Will man geringe Preise und hohe Qualität, muss der Staat die Regulierung anpassen, riskiert dann allerdings, dass private Investoren wegen fehlender Rendite kein Interesse haben. Gegebenenfalls muss der Staat ein natürliches Monopol auch einmal in Staatseigentum nehmen und selbst betreiben, so wie das bei der Straßeninfrastruktur in der Regel der Fall ist. Alles in allem entspricht es der klassisch-liberalen Sicht, dass der Staat für die richtigen Rahmenbedingungen sorgen muss, sich ansonsten aber nicht in die Eigentumsstrukturen einmischen sollte.

Dagegen muss man anführen, dass manche Infrastrukturinvestitionen gegen das Gastland gerichtet werden können, etwa bei der Energieinfrastruktur oder in der Telekommunikation. Spionage, das Abgreifen von Daten zu Analysezwecken, das Unterbinden oder Verlangsamen des Nachrichtenaustauschs und so weiter.

Im Jahr 2023 sorgte die Minderheitenbeteiligung der chinesischen Reederei Cosco an einem Hamburger Hafenterminal für Schlagzeilen. Cosco betreibt schon den Hafen von Piräus in Griechenland. Es ist nicht offensichtlich, wo genau mögliche Nachteile für Deutschland liegen. Gewiss, chinesische Reeder hätten einen besseren Überblick über die Hafenlogistik, die sicherlich einen der neuralgischsten Punkte Deutschlands und mancher seiner Nachbarn bildet. Aber ist das wirklich schlimm? Dagegen kann man fragen: Warum zahlt Cosco mehr für die Beteiligung am Hamburger Hafen als Investoren von anderswo? Die damit zu erzielenden Erlöse sollten transparent sein und zu keiner unterschiedlichen Bewertung als durch andere Investoren führen. Es bestehen zwei Möglichkeiten: Entweder war Cosco dümmer als seine Konkurrenten, in dem Sinn, dass es den tatsächlichen Wert des Terminals am stärksten überschätzte – in der Auktionstheorie nennt sich dieses Phänomen »Fluch des Gewinners«. Derjenige gewinnt eine Auktion, der den tatsächlichen Wert am meisten überschätzt, was dem Gewinner erst im Moment des Zuschlags bewusst wird. Oder Cosco hat eine höhere Zahlungsbereitschaft, weil sich damit Synergien erwirtschaften lassen. So könnte Cosco darauf drängen, die Hafentarife für seine eigenen oder andere chinesische Schiffe zu verringern, wodurch sich deren Wettbewerbssituation verbesserte (und wogegen das Kartellamt vorgehen könnte und müsste). Es könnten sich Vorteile ergeben, vielleicht noch nicht mal innerhalb des Unternehmens, aber für die chinesische Volkswirtschaft insgesamt. Wieder stellt sich die Frage, ob marktwirtschaftliche Akteure am Werk sind oder zentralplanerisches Kalkül. Der ifo-Präsident Clemens Fuest fasste die Diskussion darüber sehr treffend so zusammen, dass es »von unserer eigenen Verfasstheit« abhängt, ob wir solche Investitionen zulassen. Wenn wir nicht imstande sind, Coscos Treiben nachzuvollziehen, ist Vorsicht geboten. Genauso bei 5G und Huawei: Wenn es uns nach Fertigstellung des 5G-Netzes nicht möglich ist, festzustellen, ob ein ausländischer Akteur damit Schindluder treibt, ob er Daten abgreift oder uns überwacht, sollten wir vorsichtig sein. Grundsätzlich sollten wir aufpassen, wenn ausländische Akteure zu viel bezahlen wollen. Kaufmännisch zwar etwas widersprüchlich, aber es gilt die Lebensweisheit: Wenn man nicht weiß, wer bei einem Geschäft der Dumme ist, ist man es meistens selbst.

Chinas globale Ambitionen als aufstrebende Macht zeigen sich vielleicht am deutlichsten in seiner Initiative der »Neuen Seidenstraße« (»One Belt, One Road«). Mit dem Namen lässt sich nicht nur gute PR machen, China verfolgt damit ein gewaltiges Infrastrukturprogramm in über 100 teilnehmenden Staaten. Die Idee dahinter ist simpel: Der Raum zwischen Ostasien und Mitteleuropa ist ökonomisch abgehängt, was auch an seiner geografisch schlechten Lage fernab der wichtigen Handelsrouten liegt. Andere unterentwickelte Länder leiden an schlechter Hafeninfrastruktur. Die Erschließung dieser Räume mit besserer Infrastruktur bietet daher großes entwicklungspolitisches Potenzial, an dem chinesische Firmen wiederum mitverdienen können. Eigentlich eine Win-win-Situation.[179]

Neben rein wirtschaftlichen Aspekten spielen aber auch geostrategische Überlegungen eine bedeutende Rolle. Tim Marshall, Autor des Bestsellers »Die Macht der Geographie im 21. Jahrhundert«, beschreibt sehr eindrücklich die Gefahr für China, seeseitig abgeschnitten zu werden. Im Ostchinesischen Meer könnten die USA und ihre Verbündeten China in einer Linie vom japanischen Festland über Okinawa, Taiwan bis zu den Philippinen abriegeln. Im Südchinesischen Meer ist die Straße von Malakka – die Seestraße zwischen Malaysia und der indonesischen Insel Sumatra, an der auch Singapur liegt – eine Art Achillesferse Chinas, da die Ölimporte aus dem Golf durch sie hindurchmüssen, um nach China zu gelangen. Landverbindungen über Myanmar in den Golf von Bengalen oder über Pakistan, sogar unter Umgehung des Rivalen Indien, in das Arabische Meer sind daher geeignet, Chinas wirtschaftliche Souveränität zu steigern – auch wenn nach eigenem Besehen mindestens der Weg durch Pakistan nur eine unzureichende Alternative bietet.[180]

Bei Chinas Vorgehen werden wir im Übrigen wieder an die deutsch-englische Rivalität erinnert, die wir schon anhand des Technologiewettlaufs zwischen Marconi und Telefunken beobachteten: Wie China gegenüber den USA, war das Deutsche Reich nach 1871 dem British Empire maritim weit unterlegen. Die Briten kontrollierten mit dem 1869 fertiggestellten Suezkanal, der Straße von Gibraltar, der schon erwähnten Straße von Malakka und dem Kap der Guten Hoffnung die wichtigsten Seestraßen der Welt und hatten über die Falklandinseln Zugriff auf Kap Hoorn (der Panamakanal wurde erst 1914 eröffnet und war in US-Besitz). Um beim Handel nicht gänzlich dem Wohlwollen der British Navy ausgeliefert zu sein, wurde unter anderem die Bagdad-Bahn gebaut, die die späteren Mittelmächte des Ersten Weltkrieges miteinander verbinden und Deutschland Zugang zum Persischen Golf verschaffen sollte. Dabei gab es allerdings Probleme. So wollte privates Kapital das Projekt nicht finanzieren, sodass die Reichsregierung massiven Druck auf die deutschen Banken ausüben musste. Wieder einmal sieht man, dass politische und wirtschaftliche Rationalität nicht immer zusammenfallen. Ein Hauch von Bismarck weht derzeit durch Peking.[181]

Dass die chinesischen Infrastrukturinvestitionen eher geostrategischen Überlegungen dienen, legen Zahlen von Christoph Trebesch nahe, der am Kiel Institut für Weltwirtschaft forscht: Immer häufiger geraten Chinas Schuldner in Zahlungsunfähigkeit und müssen staatlich gerettet werden: im Jahr 2021 mit 41 Milliarden US-Dollar, die drei Jahre davor mit jeweils über 30 Milliarden US-Dollar.[182] Wirtschaftlich scheinen sich diese Investments also kaum zu rentieren, es droht eine gewaltige Kapitalvernichtung. Wie schon in Kapitel 3 besprochen, stehen hinter den chinesischen Auslandsinvestitionen frühere Leistungsbilanzüberschüsse. Ein Teil dieser Überschüsse wird damit also abgeschrieben. Auch Chinas Ansehen weltweit steigt nicht unbedingt mit seinen Aktivitäten, denn immer öfter machen Negativschlagzeilen über Knebelverträge die Runde: Für einen seidenstraßenbezogenen Schuldenerlass musste Sri Lanka seinen Hochseehafen Hambantota für 99 Jahre an Peking verpachten. Die einzige Autobahn Montenegros soll vom Hafen Bar über die Hauptstadt Podgorica nach Serbien führen, dessen Meereszugang sich als Binnenstaat damit ebenfalls verbessern würde. Eigentlich eine kluge Idee, die durch chinesische Investoren und Baufirmen realisiert werden soll. Die Baukosten steigen allerdings derart, dass die Autobahn mittlerweile als eine der teuersten der Welt gilt. Zudem wird Montenegro durch den Bau möglicherweise um ein UNESCO-Weltkulturerbe ärmer, ganz sicher aber einen gewaltigen Schuldenberg reicher.[183] Auch eine Umschuldung durch die EU stand im Raum.

Diese Nachrichten sind keine Einzelfälle, und so kann man Chinas Initiative mit Fug und Recht auch *halbseiden* nennen. In Pakistan konnte einer der Autoren eine von China errichtete und kürzlich eingestürzte Brücke über den Gilgit-Fluss betrachten, die die Einheimischen hämisch mit »Chinese Quality« kommentierten. All das trägt nicht zur Popularität der Investoren bei. Das Pew Research Center befragte Menschen weltweit nach ihrer Meinung zu China. Kurz gefasst: Sie ist ausbaufähig.[184] Jüngst traten mit Argentinien und Italien auch zwei G20-Staaten aus der Seidenstraßen-Initiative aus.

Dafür hat China nun einen Militärhafen in Dschibuti, womit es seine militärische Präsenz ins Rote Meer ausdehnen konnte. Und es investiert fleißig, um sich den Zugang zu Seltenen Erden zu sichern (wovon übrigens die meisten nicht selten und allesamt keine Erden sind). Davon kontrolliert es Berichten zufolge 60 Prozent des globalen Abbaus und 90 Prozent der

Weiterverarbeitung. Gleichzeitig verbietet es den Export der Weiterverarbeitungstechnologien.[185] Dies wäre ein idealtypisches Beispiel für die in Kapitel 7 beschriebene Technologieführerschaft in einem schwer substituierbaren Sektor, um dadurch Drohpotenzial aufzubauen. Der Konjunktiv »wäre« deshalb, weil die genauen Abhängigkeiten nicht immer so eindeutig sind: Es gibt kaum verlässliche Zahlen über alternative Produktionspotenziale und Substitutionsmöglichkeiten. Die Frage ist, ob China eine Neuauflage der russischen Gaspolitik verfolgt, indem es hohe Marktanteile erzeugt auf Kosten seiner Gewinnmargen (oder gar unter Herstellungskosten verkauft), um das Ausland abhängig zu machen. Zudem ist China teils nur Weiterproduzent, ohne Inhaber der Rohstoffe selbst zu sein; dies machte seine Ersetzbarkeit in der Wertschöpfungskette deutlich größer. Die Handelsstatistiken legen jedenfalls nicht nahe, dass es gar keine Diversifizierungsoptionen gibt, wie eine Studie von Ifo-Forschern um Lisandra Flach und Feodora Teti zeigt.[186]

Sollten westliche Staaten nun beginnen, Minen für strategisch wichtige (oder scheinbar wichtige) Rohstoffe zu erschließen? Sollten die Güter unter die in Kapitel 6 definierten Kriterien fallen, könnte ein Konzentrationszoll mit Verweis auf die nationale Sicherheit angezeigt sein. Bei den meisten dieser Rohstoffe dürfte dies allerdings nicht der Fall sein, denn ihnen fehlt die unmittelbare Konsumrelevanz. Einen Brocken Lithium werden die wenigsten von uns schon zum Frühstück benötigen. Zudem sollte die europäische Industrie eigene Anreize haben, sich über Einkaufskooperationen zusammenzuschließen, um mit einer gewissen Marktmacht auf den Weltmärkten aufzutreten und aus Sicht der Exporteure an Bedeutung zu gewinnen. Nicht zuletzt ist auf den Einfallsreichtum und Erfindergeist der Ingenieure zu setzen, dass sie alternative Technologien finden, die manche Seltenen Erden verzichtbar machen: Natrium-Ionen-Batterien des schwedischen Herstellers Northvolt etwa kommen ganz ohne Kobalt, Nickel und Lithium aus.[187] Womöglich hat es der Markt schon gerichtet, ehe die Politik tätig wird.

FAZIT

Auslandsinvestitionen sind der Zwillingsbruder des internationalen Handels. Sie können ihn ergänzen und ersetzen zugleich. Mit Blick auf grenzüberschreitende Investitionstätigkeiten stellen sich letztlich die gleichen Fragen wie durch den Handel selbst: Geraten damit Technologien an Staaten, die einem nicht wohlgesinnt sind? Betriebswirtschaftliche Kalküle, wann Technologien beziehungsweise ganze Unternehmen verkauft werden sollen, preisen die Auswirkungen auf die Volkswirtschaft insgesamt nicht mit ein. Im gleichen Maße wie Forschung und Entwicklung staatlich begünstigt werden, darf der Staat mit Fug und Recht Investitionskontrollen vornehmen. Dies gilt umso mehr für Volkswirtschaften, deren komparative Vorteile in wissensintensiven Branchen liegen.

Die Autoren plädieren anknüpfend an die Vorschläge aus Kapitel 7 für eine gemeinsame Investitionspolitik im Rahmen einer neuen CoCom oder Wirtschafts-NATO. Diese sollte grenzüberschreitende Investitionen nach innen, also unter seinen Mitgliedern, vollständig liberalisieren und gleichzeitig eine einheitliche Politik gegenüber Drittstaaten verfolgen. Eine institutionalisierte Schiedsgerichtbarkeit könnte eine Vielzahl bilateraler Investitionsschutzabkommen überflüssig machen. Gegen die Pflicht, bei Investitionen in China ein Joint Venture mit einem lokalen Partner gründen zu müssen, sollten die westlichen Staaten stärker vorgehen und China Konzessionen abringen, vielleicht im Austausch gegen Zollsenkungen oder andere Handelsbarrieren. Besondere Vorsicht bei Investitionen im Inland ist geboten, wenn die wirtschaftlichen Absichten des Investors nicht klar sind und ein Missbrauch der Infrastruktur nicht ausgeschlossen werden kann. Grundsätzlich sind ausländische Investitionen in die heimische Infrastruktur jedoch zu begrüßen, gerade die Dekarbonisierung erfordert hohe Investitionssummen. Es wäre unnötig teuer, auf ausländisches Kapital dabei gänzlich zu verzichten. Dies führt direkt zu der Frage, wie sich Klimapolitik und internationaler Handel in Einklang bringen lassen.

Kapitel 9

Freihandel und Nachhaltigkeit

»Es ist Zeit, sich klar zu werden, wie wir die Globalisierung besser, fairer und nachhaltiger machen. [...] Entsprechend sollten wir auch den Welthandel in Zukunft ausgestalten – mit fairen Abkommen, die anerkennen, dass Nachhaltigkeit die Essenz von Handel ist, kein Nice-to-have.«[188]

ROBERT HABECK (*1969)

NACHHALTIGKEITSPOLITIK wurde in den vergangenen Jahren gleichermaßen in Deutschland, Österreich und der Schweiz zu einem der wichtigsten politischen Themen. Und dies nicht zu Unrecht, denn einige Entwicklungen geben ernsthaften Anlass zur Sorge: Der Wildtierbestand liegt bei nur mehr 30 Prozent des Levels von 1970,[189] um die globale Artenvielfalt ist es nicht gut bestellt, einige wenige Flüsse füllen die Weltmeere mit Plastik,[190] und das Weltklima lag Anfang 2024 erstmals für eine Zwölf-Monats-Periode über 1,5 Grad Celsius über dem vorindustriellen Niveau.[191]

Aus akademischer Perspektive ist insbesondere spannend, dass Umweltpräferenzen weit über den direkten Eigennutz hinausgehen und viele Menschen offenbar generationenübergreifend denken (und manchmal auch entsprechend handeln). Je nach philosophischer Grundauffassung gibt es für Nachhaltigkeitspolitik unterschiedliche Motive. Sei es um Gottes Schöpfung zu bewahren, Mutter Erde zu schützen oder aus ganz anderen Gründen – die Existenz gesellschaftlicher Präferenzen für ökologische Belange ist allerdings unbestrittenermaßen ein Faktum. Zu den ökologischen Sorgen treten in westlichen Gesellschaften zunehmend Überlegungen einer sozial inklusiveren Globalisierung, die die Einhaltung der Menschenrechte und als gerecht empfundener Arbeitsstandards entlang der gesamten Lieferkette sicherstellt. Wir diskutierten bereits ausgiebig, dass ein freier Handel dann nicht mehr effizient ist, wenn externe Effekte vorliegen. Diese gibt es mit Blick auf soziale Belange und Umweltaspekte zuhauf:

- Treibhausgasemissionen stellen eine negative Externalität auf globaler Ebene dar: Ganz gleich, wo sie in die Atmosphäre gelangen, sie tragen zum anthropogenen Klimawandel bei und verändern das Klima für jeden Erdenbürger. Grenzüberschreitender Handel kann ein Umgehungsgeschäft darstellen, das eine nationale Klimapolitik konterkariert.

- Die universellen Menschenrechte sind schon dem Namen nach universell gültig. Sie werden jedem Menschen zuteil, unveräußerlich, bloß aufgrund des Menschseins. Das Hinwirken auf die Menschenrechtsdurchsetzung ist mit der Allgemeinen Erklärung der Menschenrechte Auftrag aller Staaten.[192] Die Menschenrechtsdurchsetzung darf daher nicht daran kranken, dass international mobile Produktionsnetzwerke diese systematisch aushöhlen.

Bei anderen ökologischen Zielen ist das Vorhandensein globaler Effekte womöglich strittig: Viele Menschen begreifen die weltweite Artenvielfalt als globales öffentliches Gut, dessen Schutz durch die ganze Menschheit verfolgt werden soll. Andere würden dagegenhalten, dass dies nur auf die inländische Biodiversität zutrifft und sie etwa als Mitteleuropäer der Artenvielfalt in Australien keine Bedeutung beimessen. Beides scheint legitim. Dagegen sind die Klimaexternalität und die Durchsetzung der Menschenrechte nicht nur weitgehender gesellschaftlicher Konsens, sondern genießen völkerrechtlichen Stellenwert. Wir wollen uns im Folgenden auf diese beiden Aspekte beschränken, weil mit CO_2-Grenzsteuerausgleich und Lieferkettengesetzen gleich zwei bedeutsame handelspolitische Weichenstellungen damit verbunden sind. Voranstellen sollten wir die Tatsache, dass Umwelt- und universelle Menschenrechtsbelange in unseren Gesellschaften höher gewichtet werden als in vielen ärmeren Ländern. Dies ist für vergleichsweise wohlhabende Gesellschaften nicht verwunderlich, eine abgewandelte Maslow-Bedürfnispyramide[193] bietet dafür einen anschaulichen Erklärungssatz. Danach sind Präferenzen und Bedürfnisse hierarchisch geordnet: Ganz unten stehen die Grundbedürfnisse nach Essen und einem Dach über dem Kopf, es treten Zugang zu medizinischer Versorgung und der Wunsch nach Sicherheit hinzu. Ist dies erreicht, sorgen sich Menschen mehr und mehr um ihre Mitmenschen, woraus sich Präferenzen für ein soziales Sicherungssystem herausbilden. Schließlich streben Gesellschaften nach einer intakten Umwelt, die ausreichend Lebensgrundlage für Menschen anderswo und in der Zukunft sowie für andere Lebewesen bietet. Die Übergänge zwischen diesen Stadien sind fließend und nicht eindeutig abgrenzbar. Zudem gibt es auch innerhalb einer wohlhabenden Gesellschaft eine hohe Ungleichheit an materiellem Reichtum, und mancherlei persönliche Präferenzunterschiede bestehen unabhängig davon fort.

Dennoch zeichnet dieses Konzept die gesellschaftliche Präferenzbildung in vielen Staaten in den letzten Jahrzehnten und Jahrhunderten relativ überzeugend nach. Damit dürfen wir es in Deutschland, Österreich und der Schweiz durchaus als Privileg empfinden, dass uns die Ökologie zunehmend am Herzen zu liegen scheint. Andere Bedürfnisse sind offenbar schon stark saturiert. Dieser Ansatz kommt ganz ohne religiöse Verweise wie den Erhalt der Schöpfung oder normative Werturteile aus, er ist rein deskriptiver Natur: Die Präferenzen werden abgeleitet aus der Beobachtung der Wirklichkeit, ohne ein Urteil, ob dies richtig oder falsch, gut oder böse ist. Wir wollen das Vorhandensein dieser Präferenzen als Grundlage für die weitere Diskussion nehmen.[194] Gleichzeitig sollten wir im Hinterkopf behalten, dass diese unsere unsere Präferenzen aus nachvollziehbaren Gründen nicht überall mit demselben Nachdruck verfolgt werden.

NACHHALTIGKEIT UND RESSOURCENEFFIZIENZ

Der Begriff der Nachhaltigkeit ist derzeit in aller Munde. Er hat eindeutig säkulare Ursprünge und geht zurück auf eine Schrift aus dem Jahr 1713, verfasst von Hans Carl von Carlowitz (1645–1714), Oberberghauptmann am sächsischen Hof. Seine Forderung angesichts eines damals in weiten Teilen abgeholzten Europas ist so banal wie genial: Bei der Forstbewirtschaftung darf nicht mehr Holz geschlagen werden als nachwächst.[195] Damit dürfte es sich um eine der eingängigsten Differenzengleichungen handeln, deren Sinnhaftigkeit niemand ernsthaft anzweifelt. Sie ist problemlos anwendbar auf sämtliche *nachwachsenden Ressourcen*, wie zum Beispiel den Umgang mit Wildtier- und Fischbeständen oder die Süßwassernutzung. Bei *erschöpfbaren Ressourcen* wie fossilen Energieträgern wird dieses Konzept aber schnell zur unüberwindbaren Hürde, denn Erdöl entsteht bestenfalls über einen Zeitraum von vielen Jahrtausenden. Nach dieser Regel müssten wir die Nutzung sofort beinahe vollständig einstellen. Zudem sehen wir auch, wofür der Begriff der Nachhaltigkeit definitionsgemäß nicht passt, etwa in Bezug auf Menschenrechte.

Den Rechenansatz von Carlowitz können wir allerdings auch mit Blick auf den Klimawandel heranziehen: Wenn jedes Jahr genauso viel Treibhausgasemissionen freigesetzt werden, wie durch natürliche Prozesse (Pflanzenwachstum durch Photosynthese) oder technische Verfahren (CO_2-Abscheidung und -Speicherung) gebunden werden, bleibt die Treibhausgaskonzentration in der Atmosphäre konstant. Nichts anderes ist gemeint mit dem Ziel der *Netto-Null-Emissionen*. Zeitweilige Netto-Negativ-Emissionen könnten die Treibhausgaskonzentration sogar senken. Das Klima kann sich dann zwar weiterhin ändern, aber der menschengemachte Klimawandel hört auf.

In Kapitel 1 führten wir ein in die grundlegenden Handelstheorien. Als Ausgangspunkt diente die Idee von David Ricardo, wonach Handelsvorteile stets bei demjenigen liegen, der weniger Ressourcen zur Produktion eines Gutes im Vergleich zu anderen Gütern benötigt als andere. Wer weniger lang für einen gegebenen Output arbeiten muss, hat genauso einen Wettbewerbsvorteil wie derjenige, der für seine Produktion eine geringere Menge fossiler Energie oder anderer Rohstoffe verwendet. Denn auch wenn der Rohstoffpreis für Erdöl nicht sämtliche Kosten seiner Nutzung widerspiegelt, bedeutet er dennoch Kosten. Und da niemand gerne Kosten trägt, bestehen im marktwirtschaftlichen Wettbewerb hohe Anreize zur Kostensenkung. Je intensiver der Wettbewerb, desto mehr ineffiziente Produktionsprozesse scheiden aus dem Markt aus. Globalisierung und Freihandel der letzten drei Jahrzehnte waren damit ein weltweites Programm gegen die Ressourcenverschwendung. Sie haben den Wettbewerb massiv intensiviert. Nichts half der globalen Umwelt mehr als der wirtschaftliche Zusammenbruch der Sowjetunion und ihrer kommunistischen Vasallen, die mangelnde Produktivität stets durch extensive Ressourcennutzung auszugleichen versuchten. Marktwirtschaft und Freihandel sind eine notwendige Bedingung für globale Ressourceneffizienz. Und damit ist es so sicher wie das Amen in der Kirche, dass eine Welt ohne Freihandel schädlicher für die Umwelt wäre. Wer gar im Namen des Umweltschutzes die Marktwirtschaft abschaffen will – wobei zumeist fälschlicherweise »Kapitalismus« als Kampfbegriff angeführt wird[196] –, leistete der Umwelt einen kolossalen Bärendienst.

Natürlich müssen externe Effekte, wie der Ausstoß von Treibhausgasemissionen, im Preissystem abgebildet werden, damit das Marktgeschehen effizient funktionieren kann – das wissen Ökonomen seit den bahnbrechenden Arbeiten des Cambridge-Professors Arthur Cecil Pigou (1877–1959). Das gilt für Emissionen, die bei der Produktion anfallen, genauso wie für Emissionen des internationalen Transports. Wenn diese nicht bepreist werden, ist der Transport über weite Strecken zu billig, und es kommt zu ineffizient viel internationalem Handel. Daher müssen die Transportemissionen mit CO_2-Preisen belastet werden. Weil aber Freihandel in Reinform in der Realität ohnehin höchst selten ist, weil Zölle und vor allem die sogenannten nichttarifären (regulatorischen, bürokratischen) Handelsbarrieren deutlich höher als die Transportkosten sind, haben wir vermutlich trotz Nichtbepreisung der Transportexternalitäten eher zu wenig als zu viel internationalen Handel. Außerdem verhindern die verschiedenen Barrieren eine effiziente Arbeitsteilung, indem sie die globalen Produktions- und Konsumentscheidungen verzerren. Dies hat beträchtliche Rückwirkungen auf die weltweite Klimabilanz: In vielen Ländern sind Einfuhrzölle auf Produkte, deren Erzeugung große Mengen an CO_2 freisetzt, signifikant niedriger als Zölle auf Waren, die weniger klimaschädlich sind. Das Ausmaß dieser impliziten Subventionen für klimaschädliche Produkte wird auf 85 bis 120 US-Dollar pro Tonne CO_2 geschätzt.[197] Zölle auf weniger klimaschädliche Produkte sollten daher mindestens auf dasselbe Niveau abgesenkt werden, sodass wenigstens die Lenkungswirkung hin zu klimaschädlichen Produkten aufgehoben wird. Ein Absenken darüber hinaus würde klimaschädliche Güter relativ sogar verteuern. Dies könnte helfen, die Klimaexternalitäten zu internalisieren, die mit ihrer Produktion einhergehen.[198] Übrigens: Eine ungerechtfertigte Schlagseite bei Zöllen gibt es noch in eine andere Richtung: Einfuhrzölle auf überproportional von Frauen konsumierte Waren sind in den USA erwiesenermaßen höher als auf jene Waren, die vor allem Männer häufiger kaufen.[199]

Zurück zur Klimawirkung des Freihandels. Im globalen Maßstab spielt insbesondere ein Effekt eine Rolle, der zu Mehremissionen führt: Globalisierung und Freihandel führen zu Einkommenszuwächsen, und dieses Mehr an Einkommen wird teilweise wieder für ressourcenintensiven Konsum verwendet. Wirtschaftliche Entwicklung geht dann insgesamt mit einem Mehrverbrauch an Ressourcen einher. Der Zusammenhang nimmt allerdings irgendwann wieder ab, wie wir im Folgenden gleich sehen werden. Diese Nichtlinearität wird mit der sogenannten Environmental Kuznets Curve beschrieben, benannt nach Simon Smith Kuznets (1901–1985), einem US-Ökonomen russisch-jüdischer Herkunft, der einen ähnlichen Zusammenhang für Ungleichheit erforschte. Gemäß diesem Konzept steigt die Ressourcenintensität mit dem Bruttoinlandsprodukt zunächst an, wie Abbildung 20 veranschaulicht. Nach Erreichen des Subsistenzlevels wird zusätzliches Geld für materielle Güter verwendet: Die Menschen beginnen mehr zu heizen und zu kühlen, sich energieintensiver fortzubewegen und so weiter. Dieser Effekt kehrt sich allerdings ab einem gewissen Wohlstandsniveau um. Der Konsum fließt dann mehr in ressourcenärmere Dienstleistungen, es entstehen die erwähnten Präferenzen für eine saubere Umwelt und damit Zahlungsbereitschaften, die materiellen Konsumwünsche weniger ressourcenintensiv zu befriedigen. Das absolute Niveau an Ressourceneinsatz sinkt.

Grafisch stellt das Einkommensniveau Y_R^{max} das BIP-Niveau dar, bei dem der Ressourcenverbrauch maximal ist. Dieses theoretische Konzept wurde in zahlreichen Forschungsarbeiten empirisch überprüft, wobei verschiedentlich auch versucht wurde, das ressourcenintensivste Einkommensniveau zu ermitteln.[200] In einer 2016 veröffentlichten Arbeit wurde dieser Punkt auf ein Pro-Kopf-Einkommen von 30.000 US-Dollar geschätzt (in Preisen von 2005), womit wiederum nur die wenigsten Länder darüberliegen.[201]

Dies zeigt das große Dilemma: Aus entwicklungspolitischer Sicht muss es unser Anliegen sein, dass das BIP pro Kopf in möglichst vielen Ländern rasch ansteigt, denn mit ihm verbessern sich die Bildungschancen, die Gesundheit, die Gleichberechtigung und viele wünschenswerte Dinge mehr. Dies bedeutet allerdings, dass die Ressourcenintensität zunächst erst einmal steigen wird, ehe sie zu fallen beginnt. Das Gute ist, dass es sich dabei um ein *transitorisches Problem* handelt, es also nur eine Übergangserscheinung ist; andererseits drängt die Erderwärmung dermaßen, dass die klimawirksamen Konsequenzen dieses entwicklungspolitischen Übergangs selbst zum Problem werden könnten.

China erlebt vielleicht gerade diesen Scheitelpunkt. Seine Emissionen stiegen zuletzt kaum mehr an und liegen pro Kopf nun auf dem Niveau Deutschlands (acht Tonnen CO_2 pro Jahr). In Österreich (6,9 Tonnen) und der Schweiz (vier Tonnen) liegen sie darunter. Dagegen dürfte mit Indien das bevölkerungsreichste Land der Erde von dem Scheitelpunkt noch weit entfernt sein (zwei Tonnen, stark steigend).[202]

Abbildung 20: Schematische Darstellung der Environmental Kuznets Curve

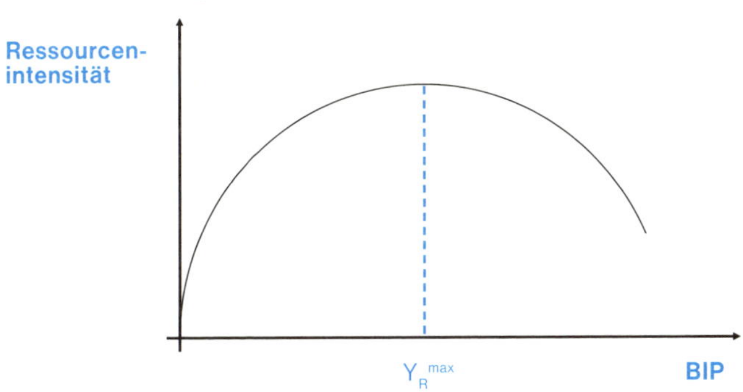

Quelle: Eigene Darstellung.

In der DACH-Region befinden wir uns eindeutig rechts von dem Punkt Y_R^{max}, jedenfalls wenn wir die Emissionen von Treibhausgasen betrachten. Abbildung 21 zeigt für Deutschland, Österreich und die Schweiz, wie die BIP-Entwicklung und die Treibhausgasemissionen sich voneinander entkoppelten. In allen drei Ländern gelang es über die Zeit, immer mehr zu produzieren bei gleichzeitig deutlich geringeren Treibhausgasemissionen. Die Treibhausgasintensität des BIP sank erheblich: Um heute einen Euro oder Franken zu erwirtschaften, benötigt man verglichen mit 1991 in Deutschland 59 Prozent weniger Treibhausgasemissionen, in Österreich 44 Prozent und in der Schweiz 52 Prozent weniger. Die apodiktische Behauptung, wonach ökonomische Entwicklung und Klimaschutz grundsätzlich im Widerspruch zueinander stünden, ist empirisch nicht haltbar.

Spannend dagegen ist, wie man diese Entkoppelung erklären kann. Die ökonomische Literatur zerlegt sie in drei Effekte, die gleichermaßen berücksichtigt werden müssen und und einander entgegenwirken.[203]

Erstens gibt es einen *Skaleneffekt*, der letztlich eine proportionale Beziehung zwischen BIP und Emissionen unterstellt: Je größer das BIP, desto mehr Emissionen. Gedanklich können wir dafür die indische Volkswirtschaft festhalten, in der momentan dieser Effekt aufgrund von jährlichen BIP-Wachstumsraten von um die sieben Prozent dominiert. Gemäß obiger Abbildung befindet sich eine Volkswirtschaft links vom Punkt Y_R^{max}, wenn der Skaleneffekt der gewichtigste ist.

Zweitens spielt der *Technologieeffekt* eine überragende Rolle, er ist für Volkswirtschaften unserer Einkommensklasse meist der quantitativ bedeutsamste: Danach werden schließlich Technologien entwickelt, die denselben Output erzeugen, aber mit geringeren Inputs, etwa durch Wirkungsgradsteigerungen. Volkswirtschaften mit dominierendem Technologieeffekt befinden sich rechts vom Punkt Y_R^{max}.

Drittens gibt es einen *Kompositionseffekt*, der die Veränderung der Industriestruktur berücksichtigt. Häufig richten sich wohlhabendere Volkswirtschaften mehr in Richtung Dienstleistungssektoren aus, und selbst das verarbeitende Gewerbe importiert »schmutzige« Inputs von anderswo, wodurch die eigenen Emissionen sinken. Dieser Effekt kann damit in beide Richtungen wirken und sowohl die Entwicklung links wie rechts vom Punkt Y_R^{max} erklären. Beim Kompositionseffekt ist offensichtlich, wie der internationale Handel eine entscheidende Rolle einnimmt. Aber auch der Skaleneffekt ist, wie beschrieben, mit ihm verbunden, denn Freihandel schafft Wohlstand und damit ein Potenzial für Mehremissionen. Und nicht zuletzt verbreiten sich mit dem Handel auch sparsamere Technologien, wie in Kapitel 7 ausgiebig diskutiert.

Abbildung 21: CO_2-Emission, CO_2-Konsum und BIP pro Kopf (Index, 1990 = 100)

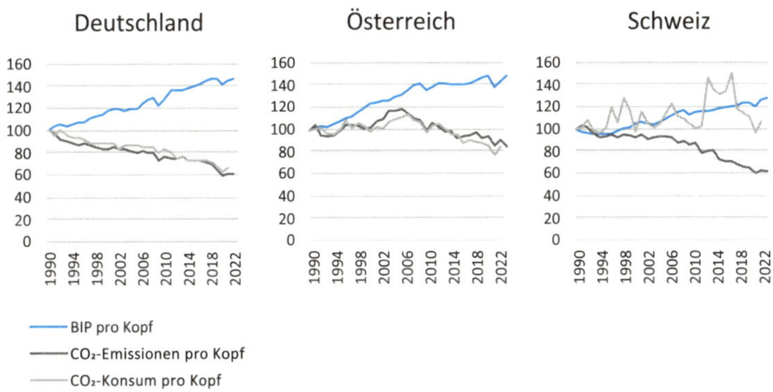

Quelle: Daten von »Our World in Data«. Eigene Darstellung.

Würde der Skaleneffekt wie im Beispiel Indiens dominieren, könnten die Emissionen bei gleichzeitig wachsendem Output insgesamt nicht sinken. Für die Volkswirtschaften der DACH-Region führen der Kompositions- und der Technologieeffekt dagegen zu sinkenden Emissionen, allerdings mit einem großen Unterschied: Durch Erstgenannten werden sie lediglich verlagert und nur durch Letzteren wirklich eingespart. Die Verlagerung, das sogenannte Carbon Leakage, würde unsere Klimabemühungen vollständig konterkarieren. Wie schnell das geht, zeigt das Beispiel der Schweiz: Hier sind die territorialen CO_2-Emissionen pro Kopf zwar seit 1990 um fast 40 Prozent gesunken, die durch den Schweizer Konsum weltweit erzeugten Emissionen sind aber überhaupt nicht zurückgegangen. Eine Mentalität à la »aus den Augen, aus dem Sinn« löste unsere Klimaprobleme jedoch überhaupt nicht. Die gute Nachricht aber ist, dass der Technologieeffekt der weit wirkmächtigere ist. Das legen jedenfalls empirische Studien nahe, genauso wie die in Abbildung 21 gezeigten Zahlen.[204] Des Pudels Kern zur Lösung der Klimaproblematik heißt Technologie, und dies hat ganz erhebliche Politikimplikationen: Der Technologieförderung kommt die größte Bedeutung beim Einsparen von Treibhausgasemissionen zu; also sollten staatliche Subventionen insbesondere darauf ausgerichtet werden, diese zu erforschen und zu entwickeln. Im Gegensatz zum Technologieausschluss, den wir in Kapitel 7 fordern, sollten wir diesen bei Netto-Null-Technologien tunlichst unterlassen – aus wohlverstandenem Eigeninteresse. Wir kommen noch darauf zu sprechen, dass Klimapolitik und Sicherheitspolitik verschiedene Lösungsansätze erfordern.

DER KLIMAPOLITISCHE RECHENFEHLER: DIE PRODUKTIONSBASIERUNG DER TREIBHAUSGASEMISSIONEN

Der Kompositionseffekt ist nur möglich durch internationalen Handel. Ohne Handel müssten Volkswirtschaften genau das produzieren, was sie selbst konsumieren möchten. Die Industriestruktur richtete sich weniger an den relativen Wettbewerbsvorteilen aus, sondern vielmehr an den Konsumwünschen. Dies wäre gewiss ineffizient, aber die Klimabilanzen wären ein gutes Stück aussagekräftiger. Mit dem Kyoto-Protokoll von 1997 verpflichteten sich die damaligen Industriestaaten erstmalig zu mengenbezogenen Einsparungen von Treibhausgasemissionen. Die Ziele bezogen sich auf die territorialen Emissionen, also auf die von einem Staatsgebiet ausgehenden Treibhausgase. Gemäß diesem Territorialprinzip, das bis heute den Grundsatz bei nationalen und internationalen Klimaschutzbemühungen bildet, müssen Emissionseinsparungen produktionsseitig vorgenommen werden. Dafür gibt es vor allem administrativ gute Gründe, beispielsweise lassen sich Emissionen aus der Gesamtnutzung fossiler Energieträger relativ leicht bestimmen (man weiß sehr genau, wie viele Tonnen Kohle oder Liter Öl verbrannt werden). Dagegen ist die Anreizwirkung völlig falsch: Ein Land könnte seine Klimaschutzverpflichtungen einfach dadurch erfüllen, dass es sämtliche Industrieproduktion auslagert und die restliche Menge Energie CO_2-frei in Form von Strom importiert. Noch extremer gedacht könnten alle der rund 200 Staaten bis auf einen eine solche Politik verfolgen, und dieser eine Klimasünder emittierte einfach für den Rest fröhlich mit. In der ökonomischen Literatur ist dies unter dem Stichwort »Verschmutzungshafen« (engl. pollution haven) bekannt.[205] Das Weltklima ginge dann trotz 99,5-prozentiger Klima-Compliance vor die Hunde.

Daher lohnt es sich, auf die konsumbasierten Emissionen zu schauen: Dabei werden diejenigen Emissionen aus der nationalen Emissionsbilanz herausgerechnet, die zur Produktion von Exportgütern freigesetzt werden, und spiegelbildlich diejenigen hinzuaddiert, die anderswo zur Herstellung der Importe anfallen. Die Statistik wird somit um den internationalen Handel bereinigt und hält Erstaunliches bereit.

Abbildung 22: Konsumbasierte CO_2-Emissionen relativ zu produktionsbasierten Emissionen, 2021, ausgewählte Länder

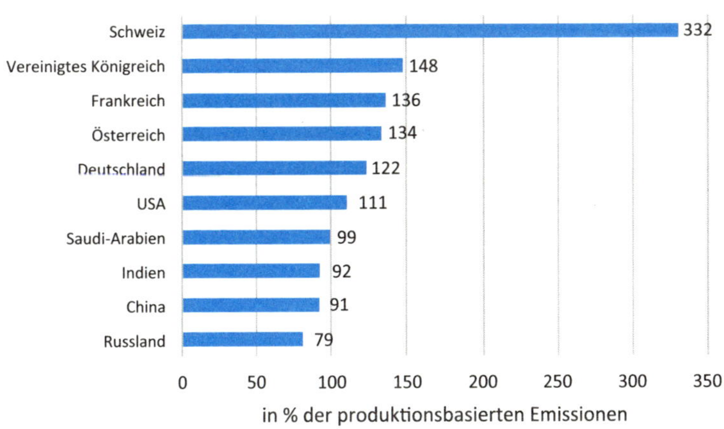

Quelle: Daten von »Our World in Data«. Eigene Darstellung.

Abbildung 22 stellt die konsumbasierten Emissionen relativ zu den produktionsbasierten Emissionen für eine Anzahl von Ländern dar. Liegt der Wert über 100 Prozent, ist das betroffene Land ein Netto-Importeur von Emissionen, liegt der Wert dagegen unter 100 Prozent, emittiert das betroffene Land sozusagen im Auftrag anderer. Die Schweiz, pro Kopf wie erwähnt mit vier Tonnen CO_2-Äquivalenten ein klimapolitischer Musterschüler unter den Industrienationen, müsste diese Zahl gemäß Konsumbasierung mal 3,3 nehmen, womit sie sogar die Pro-Kopf-Emissionen Deutschlands überträfe. Auch Briten und Franzosen trügen längst keine so grüne Weste mehr; bei ihnen macht sich der niedrige Industrieanteil bemerkbar, denn auch das verarbeitende Gewerbe trägt überproportional zu produktionsbasierten Emissionen bei. Inder und Chinesen dagegen konsumieren weniger CO_2, als sie gemäß ihrer Produktion in die Atmosphäre freisetzen. In Russland ist die Differenz nach unten am größten, mutmaßlich aufgrund von Gas-Leckagen bei der Förderung von Öl und Erdgas, das es bekanntermaßen reichlich exportiert(e).

Die Anwendung des Territorialprinzips beziehungsweise der Produktionsbasierung ist gewissermaßen der kardinale Rechenfehler der internationalen Klimapolitik: Die Möglichkeit zum Carbon Leakage hält Länder von einer restriktiveren Klimapolitik ab und/oder hat eine Art Klimaprotektionismus zur Folge, damit Klimapolitik nicht zu Wettbewerbsnachteilen führt. Darauf ist das Welthandelssystem nicht ausgelegt. Eine entsprechende Ergänzung der WTO-Regeln liegt jedoch in weiter Ferne, da sie Einstimmigkeit verlangte und zu viele Staaten WTO-Mitglieder sind, deren Geschäftsmodell eine adäquate Bepreisung von Treibhausgasemissionen gar nicht zulässt. So sind von 22 Staaten des OPEC-Plus-Ölkartells immerhin 16 Mitglieder der WTO.

Eine Konsumbasierung der Emissionsbesteuerung wäre hingegen vollkommen wettbewerbsneutral. Überall könnte unabhängig von CO_2-Preisen produziert werden, und jedes Land kann seine eigenen CO_2-Konsumsteuern einführen, ohne dadurch die eigene Industrie zu benachteiligen; ganz so wie heute auch Mehrwertsteuersätze über Länder hinweg unterschiedlich hoch sein können. Daher appellieren wir dringend an die Verantwortlichen, das Territorialprinzip zu überdenken. Auch Klimaschützer, die sich insbesondere um weniger entwickelte Länder sorgen, sollten sich diese Forderung nachdrücklich zu eigen machen: Nicht selten sind es die wohlhabenden Länder, deren konsum- die produktionsbasierten Emissionen übersteigen, und umgekehrt bei ärmeren Ländern. Die Last zur Emissionsreduktion nach dem Territorialprinzip wiegt damit unverhältnismäßig schwerer auf den ärmeren Ländern. Klimagerechtigkeit beginnt bei so schnöden Themen wie der richtigen Buchführung. Dennoch wurde ein Pfad eingeschlagen, der heute nur mehr schwerlich umkehrbar scheint, denn warum sollten Länder wie Deutschland, Österreich oder die Schweiz und viele andere Industriestaaten einer Reform zustimmen, die die eigene Klimabilanz noch schlechter dastehen ließe? Einstimmigkeit dürfte es aufgrund dieser systematischen Interessenunterschiede nicht geben; und damit sticht die normative Macht des Faktischen, also der Status quo. Diese Pfadabhängigkeit zwingt uns, andere Überlegungen anzustrengen.

Zunächst stellt sich die Frage, ob Carbon Leakage überhaupt ein real existierendes Problem darstellt. Abbildung 22 ist noch kein Beweis dafür, sondern spiegelt zuallererst die Struktur der relativen Wettbewerbsvorteile zwischen den Ländern wider. Es handelt sich dabei nur um ein Ergebnis der internationalen Arbeitsteilung. Dass sich darin Unterschiede in der Emissionsintensität bemerkbar machen, dürfte nicht verwundern. Die entscheidende Frage aber lautet, ob sich die Diskrepanz aus konsum- und produktionsbasierten Emissionen aufgrund unterschiedlich ambitionierter Klimapolitik verändert. Vulgo: Wandern tatsächlich Industrien aufgrund des Klimaschutzes ab?

Eigenen Arbeiten zufolge ist das so: Nach Abschluss des Kyoto-Protokolls ist für die Vertragsstaaten beobachtbar, dass ihre Importe aus Nichtvertragsstaaten zunehmen und gleichzeitig deren CO_2-Gehalt steigt.[206] Aufgrund schlechter Datenverfügbarkeit – es ist gar nicht so eindeutig, wie viel Emissionen tatsächlich hinter einem Produkt stecken – kranken viele Studien an einer eher oberflächlichen Betrachtung, die nur auf Branchen und nicht auf Güter abstellt. Für manche Güter konnten die Autoren ebenfalls Reaktionen identifizieren, wonach ein Anstieg der europäischen CO_2-Preise zu vermehrten Importen von außerhalb der EU führt.[207]

Wahrscheinlich war Carbon Leakage bisher noch eher vernachlässigbar, denn Unternehmen müssten schließlich ihre Produktion verlagern, Transportkosten in Kauf nehmen und gegebenenfalls Zölle zahlen, um wieder nach Europa exportieren zu können. All dies kostet Geld. Allerdings dürften die europäischen CO_2-Preise erst in den letzten Jahren begonnen haben, so richtig zu wirken: Lagen sie bis einschließlich 2020 bei unter 30 Euro/Tonne, notieren sie derzeit zwischen 70 und 80 Euro, in der Spitze sogar schon bei 100 Euro. Es ist mithin nicht vorstellbar, dass ab einem gewissen CO_2-Preis nicht doch Produktionsverlagerungen geschehen. Und spätestens dann stellt sich die Frage: Wettbewerbsfähig bleiben oder Klimaschutz betreiben?

Unter Umständen könnte Carbon Leakage als Folge einer ambitionierten Klimapolitik sogar zu insgesamt höheren Emissionen führen: Erstens werden in den klimaschützenden Ländern verhältnismäßig saubere Technologie genutzt, und diese könnten im Zuge von Produktionsverlagerung durch weniger saubere Technologien im Ausland ersetzt werden. Zweitens fallen durch den Transport weitere zusätzliche Emissionen an; nach Zahlen der Internationalen Energieagentur entfallen immerhin zwei Prozent der globalen Emissionen auf den internationalen Schiffsverkehr.[208] Somit könnte eine ambitionierte Klimapolitik jedenfalls im Bereich der handelbaren Güter sogar kontraproduktiv sein, es gäbe ein weiteres grünes Paradoxon. Durch den internationalen Handel wird nationale Klimapolitik eindeutig weniger effektiv.

Grünes Paradoxon

Das Grüne Paradoxon ist eine Theorie des deutschen Ökonomen Hans-Werner Sinn (*1948), die im Jahr 2008 durch den gleichnamigen Buchtitel einer breiteren Öffentlichkeit bekannt wurde. Gemäß dieser Theorie führt die Ankündigung der Dekarbonisierung durch klimaschützende Länder zu globalen Mehremissionen. Dies geschieht aufgrund der bloßen nachfrageseitigen Wirkung der Klimapolitik (reduzierte Nachfrage nach Öl und Gas), während das Angebot an fossilen Energien weitestgehend preisunelastisch ist. Das bedeutet, dass die globale Förderung an Öl und Gas durch Nachfragereduktion gar nicht sinkt, sondern lediglich Preiseffekte nach sich zieht: Öl und Gas verbilligen sich, und davon profitieren die Länder, die keine Klimapolitik verfolgen.

Gemäß dem Grünen Paradoxon ist die nachfragegetriebene Klimapolitik bestenfalls wirkungslos; schlimmstenfalls löst sie bei den Förderländern von Öl und Gas sogar eine Beschleunigung ihrer Förderungen aus, da diese um die künftige Entwertung ihrer natürlichen Ressourcen fürchten müssen, in Erwartung weiter fallender Preise. Damit wäre eine paradoxe Wirkung zur eigentlich intendierten Wirkung der Klimapolitik geschaffen. Auch empirisch gibt es überzeugende Hinweise und wissenschaftlich innovative Belege für das Grüne Paradoxon.[209]

CO_2-BEPREISUNG UND GRENZSTEUERAUSGLEICH

Aus Kapitel 5 sind wir noch die Auflösung des zweiten Grundes schuldig, den der Ahnvater der Ökonomen, Adam Smith, als Rechtfertigung für Handelsbeschränkungen ansieht. Wir erinnern uns, der erste lag vor im Fall von Industrien, die für die Landesverteidigung relevant sind. Zum zweiten schreibt er: »The second case, in which it will generally be advantageous to lay some burden upon foreign for the encouragement of domestic industry is, when some tax is imposed at home upon the produce of the latter. In this case, it seems reasonable that an equal tax should be imposed upon the like product of the former.« (Der zweite Fall, in dem es generell vorteilhaft ist, eine ausländische Industrie zur Unterstützung der heimischen zu belasten, liegt bei Vorliegen von inländischen Steuern auf die Produktion durch letztgenannte vor. In diesem Fall scheint es vernünftig, eine gleiche Steuer auf das Vergleichsprodukt der erstgenannten [ausländischen Industrie] zu erheben.)[210]

Wenn also eine heimische Produktionssteuer vorliegt, sollte ein Äquivalent dazu auch für importierte Waren gelten. Was Smith beschreibt, ist nichts anderes als geltende WTO-Rechtslage. Interessanterweise, und das dürfte kein Zufall sein, nutzt er bereits mit dem Terminus »like product« eine Begrifflichkeit, die sonst nur in der WTO-Sprache geläufig ist. Im Deutschen würde man es wohl mit »Vergleichsprodukt« übersetzen.

Ein Beispiel für eine Produktionssteuer (indirekte Steuer) ist die Mehrwertsteuer: Sie wird auf die Wertschöpfung erhoben, wobei Vorleistungen herausgerechnet werden. Letztlich ist die Bemessungsgrundlage der Umsatz, der mit Endkunden erzielt wird, weshalb sie in Deutschland und Österreich anders als in der Schweiz offiziell *Umsatzsteuer* und nicht *Mehrwertsteuer* heißt. Werden Waren importiert, so entfallen auf sie die gleichen Umsatzsteuersätze wie auf das heimische Vergleichsprodukt. So wie auch schon Smith eine *equal tax* fordert. Gleichzeitig ist es erlaubt, Exporte von der Besteuerung mit indirekten Steuern auszunehmen, und dies geschieht auch: Für den Export deklarierte Waren sind von der Umsatzsteuer befreit; die Autoren argumentieren daher an anderer Stelle, dass in der Handelsstatistik zu hoch ausgewiesene Exportzahlen auf massiven Umsatzsteuerbetrug hindeuten.[211] Exporte werden schließlich gemäß dem *Ziellandprinzip* dort besteuert, wo der Konsument ansässig ist. Auch Schweizer können in ihren EU-Nachbarstaaten umsatzsteuerfrei einkaufen, was an den Kassen in Grenzregionen nicht selten zu langen Warteschlangen und entsprechendem Verdruss bei den dortigen Bewohnern führt. Gleichzeitig sind sie grundsätzlich zur Nachbesteuerung in der Schweiz verpflichtet, dort liegen die Mehrwertsteuersätze allerdings niedriger.

Die EU geht nun den Weg, einen *CO_2-Grenzausgleich* für Güter zu schaffen, die ihrer Meinung nach durch Carbon Leakage gefährdet sind. Darunter fallen Güter der Kategorien Eisen und Stahl, Aluminium, Zement, Düngemittel, Wasserstoff und Strom. Beim Import dieser Güter werden ab 2026 Abgaben fällig, die der Höhe nach dem CO_2-Preis in der EU entsprechen sollen.[212] Dabei sollen auch CO_2-Preise anrechenbar sein, die im Herstellungsland bei der Produktion bereits bezahlt wurden. Beispielsweise führt das Vereinigte Königreich nach dem Brexit ein dem EU-Emissionshandel sehr ähnliches System weiter fort. Bezahlen müssen britische Exporteure dann nur den Preisunterschied zum EU-CO_2-Preis. Gleiches gilt für schweizerische Exporteure, denn auch in der Schweiz gibt es einen Emissionshandel. Die EU wäre aber nicht die EU, wollte sie nicht genau auf Heller und Pfennig abrechnen. Und dazu ist es notwendig, den CO_2-Gehalt der Importe nachzuweisen (oder alternativ auf Standardwerte auszuweichen). Dies schafft hohe administrative Umsetzungsaufwände ausgerechnet bei den Unternehmen, die sauberer produzieren als durch die Standardwerte impliziert. Dabei wäre der Wettbewerbsnachteil für europäische Produzenten ohnehin schon ausgeglichen, wenn die durchschnittliche Emissionsintensität der EU-Produzenten zugrunde gelegt würde. So fordert es beispielsweise auch der Handelsökonom und WTO-Experte Robert W. Staiger.[213]

Niemand kann derzeit die Rechtskonformität eines solchen Grenzausgleichs seriös bestätigen. Sehr zur Freude von Handelsökonomen und -juristen, die seit einigen Jahren eine intensive akademische Debatte über ebenjene WTO-Konformität führen dürfen.[214] Wir wollen uns an dieser Stelle nicht an der juristischen Debatte beteiligen; es ist jedoch sonnenklar, dass das Handelsrecht diesbezüglich einer Aktualisierung bedarf. Die Unzulänglichkeiten des WTO-Rechts sind nur allzu offensichtlich: Es ist ökonomisch völlig einerlei, ob ein Land seine Klimapolitik über eine explizite CO_2-Steuer administriert oder, wie die EU und die Schweiz und viele andere, Emissionsrechte verteilt und diese Rechte zunehmend verknappt, worüber sich ein marktlicher CO_2-Preis bildet. Die Wirkung ist exakt identisch, und doch kann eine rechtliche Identität nicht zweifelsfrei hergestellt werden, sodass eine analoge Import-Nachbesteuerung und Export-Befreiung bei CO_2-Preisen rechtssicher umsetzbar erschiene.

Emissionshandel

Den EU-Emissionshandel (engl. Cap and Trade) gibt es seit 2005. Er schließt sämtliche Emissionen der Industrie, des zivilen Flugverkehrssektors und der Stromerzeugung ein und deckt damit etwa 40 Prozent der EU-weiten Treibhausgasemissionen ab. Er besteht aus zwei Komponenten: der Deckelung (Cap) und dem Handel (Trade) von Emissionsrechten.

DECKELUNG: Bei einem Emissionshandel muss jeder, der emittieren möchte, ein CO_2-Zertifikat vorweisen, dessen Gültigkeit mit dem Emittieren erlischt. Durch die Ausgabe dieser knappen Zertifikate steuert der Staat die Menge an Emissionsrechten und erreicht durch die stete Verknappung seine Klimaziele. Beispielsweise reduziert die EU die Menge an Zertifikaten jedes Jahr um rund 2,2 Prozentpunkte.[215] Aufgrund ihrer Knappheit haben die Zertifikate einen Wert, der den CO_2-Preis bildet. Dieser Preis kann schwanken, womit sich für die Marktakteure preisliche Unsicherheit einstellt. Dagegen werden die Klimaziele in Bezug auf erreichte Mengenreduktionen ganz sicher erreicht. (Bei einer CO_2-Steuer ist es genau umgekehrt: Es herrscht Klarheit über den Preis, allerdings Unklarheit, ob die Klimaziele erreicht werden.)

HANDEL: Der Handel von Zertifikaten an Börsenplätzen stellt sicher, dass die Emissionsreduktionen bei denjenigen Akteuren erfolgen, die dies zu den geringsten Kosten bewerkstelligen können. Angenommen, Unternehmen A hat Vermeidungskosten für eine Tonne CO_2 in Höhe von 50 Euro, Unternehmen B in Höhe von 100 Euro, und der Marktpreis liegt bei 75 Euro. Unternehmen A würde dann lieber sein Zertifikat in den Markt verkaufen, eine Tonne CO_2 einsparen und damit sogar 25 Euro Gewinn machen. Unternehmen B würde weiter emittieren und dafür sogar lieber ein Zertifikat mehr erwerben. Dem Klima ist es schließlich egal, wer die Einsparung leistet. Ob die Emissionszertifikate anfänglich versteigert oder verschenkt werden, spielt letztlich auch keine Rolle, solange es keine Überversorgung an Zertifikaten gibt, denn dann wäre der Preis gleich null. Der Charme am Verschenken, auch freie Zuteilung genannt, liegt darin, dass sich der Staat nicht an den Knappheitsrenten bereichert. Dennoch kann sich ein hoher Marktpreis bilden, der eine Lenkungsfunktion einnimmt. Die Verteilungswirkung einer CO_2-Steuer und eines Emissionshandels können sich jedoch durch das Verschenken unterscheiden (je nachdem, ob eine Rückverteilung des Steueraufkommens zum Beispiel durch ein Klimageld stattfindet oder nicht).

Es ist spannend, ob und wann die ersten Staaten gegen den europäischen Grenzsteuerausgleich klagen und wie sich der Rechtsweg angesichts des defekten Rechtssystems der WTO gestaltet (vgl. Kapitel 2). Bis zu einer gegenteiligen Präzedenz sollte sich die EU dennoch auf ihren Weg kaprizieren. Erst nach einem WTO-Richterspruch dürfte nämlich wirklich klar werden, was rechtlich geht und was nicht. Und dabei darf man sicher auf den einen oder anderen juristischen Winkelzug gespannt sein. Oder um es mit Konrad Adenauer (1876–1967) zu sagen: »Natürlich achte ich das Recht. Aber auch mit dem Recht darf man nicht so pingelig sein.« Aus Sicht der Autoren benötigt das WTO-Recht hinsichtlich des Klimaschutzes dringend eine Reihe von Aktualisierungen, die wie folgt skizziert werden können:

→ Strikte Verankerung der Ziellandbesteuerung. Eine produktionsbasierte Bepreisung mit Exportfreistellung und Import-Nachbesteuerung führt nämlich faktisch zu einer rein konsumbasierten Bepreisung von CO_2. Sie ist inhärent wettbewerbsneutral und verunmöglicht damit Carbon Leakage.

→ Anwendung der Ziellandbesteuerung auch auf Transportemission, sodass die CO_2-Bepreisung auf die vollen Emissionen angewendet werden kann, die durch Produktion einschließlich Transport freigesetzt wurden.

→ Einheitliche und verbindliche Regeln zur Erfassung des CO_2-Gehalts eines Produkts entlang der Wertschöpfungskette unter Vermeidung von Doppelerfassung. Zudem die Möglichkeit für WTO-Mitglieder, Produkte gemäß CO_2-Gehalt zu differenzieren. Eine Tonne Stahl, hergestellt aus CO_2-freien Energien, wäre damit anders zu behandeln als eine Tonne Stahl aus Kohleenergie.[216]

→ Anerkennung der Gleichwertigkeit von CO_2-Preisen aus Emissionshandelssystemen und CO_2-Steuern. Dies ist zwingend notwendig, denn 36 Staaten weltweit steuern ihre Klimapolitik über einen Emissionshandel als Leitinstrument, neben der EU und der Schweiz auch Australien, China, Indonesien, Kasachstan, Neuseeland und Südkorea. In Brasilien, Indien, Pakistan, der Türkei und einigen ASEAN-Staaten befindet sich ein solches System gerade im Aufbau. Japan dagegen setzt wie 38 andere Staaten auf eine steuerliche Lösung.[217] Ziel muss sein, beide Systeme vollständig miteinander kompatibel zu machen.

Die genannte Zahl an Staaten, die den einen oder anderen Weg bei der CO_2-Bepreisung beschreiten, veranschaulicht die Tragweite einer möglichen juristischen Präzedenz. Diese dürfte für die WTO-Schiedsgerichte ein Dilemma darstellen: Erlauben sie die oben skizzierten Punkte unter aktuellen Handelsregeln, wäre dies eine sehr weite Interpretation der Rechtsnormen. Es wäre Wasser auf die Mühlen derer, die wie die USA die Rechtsfortentwicklung anprangern, und hätte damit enormes Spaltungspotenzial. Interpretieren die Schiedsgerichte hingegen das existierende Recht sehr eng, bestehen nach Ansicht der Autoren kaum Möglichkeiten, einen adäquaten Rechtsrahmen für die CO_2-Bepreisung mit den derzeitigen Handelsregeln zu etablieren. Damit würden die WTO-Richter eine Reihe von klimaambitionierten Staaten vor den Kopf stoßen. Die WTO kann also nur verlieren. Retten kann sie nur ein neues multilaterales Abkommen zur CO_2-Bepreisung oder die Umstellung der internationalen Klimapolitik auf die Konsumbasierung von Emissionen. Leider sind wir von beidem Lichtjahre entfernt.

KLIMACLUB ALS LÖSUNG?

Die Frage liegt nahe, ob man denn im Sinne des Klimaschutzes nicht sogar grundsätzlich auf Freihandel pfeifen sollte. Aus Sicht der Autoren überwögen die negativen Folgen eindeutig: Ohne internationale Arbeitsteilung wäre die Technologiediffusion viel langsamer, viel mehr Staaten setzten auf *extensives* Wirtschaftswachstum, also ein Wachstum, das schlicht durch den Mehrverbrauch von Ressourcen getrieben ist.

Aber nicht nur in der dynamischen Betrachtung überwiegen die Nachteile dramatisch. Auch in der statischen Analyse wäre es töricht, den internationalen Handel einzustellen: Der Berkeley-Ökonom Joseph Shapiro errechnete die Kosten-Nutzen-Verhältnisse aus dem internationalen Handel. Danach übersteigt der Nutzen aus dem internationalen Handel sogar unter Einrechnung der Emissionen aus dem internationalen Warenverkehr die Klimakosten um den Faktor 161. Man müsste Klimakosten einer jeden Tonne CO_2 von mindestens 4669 US-Dollar ansetzen, damit es volkswirtschaftlich sinnvoll wäre, auf den internationalen Handel zu verzichten.[218] Das soll nicht als fossiles Feigenblatt verstanden werden, Klimaschutz ist eine wichtige Aufgabe. Die Reihenfolge der Dekarbonisierung sollte nur sein, zuerst die günstigsten Emissionseinsparungen zu realisieren und später die teuersten. Den internationalen Handel abzuschaffen, fällt nicht unter die günstigen Optionen.

Der Ökonomie-Nobelpreisträger William D. Nordhaus (*1941)sorgte 2015 mit seinem Vorschlag zur Schaffung eines internationalen Klimaclubs für Aufsehen. Dabei spricht er zu Recht das *Trittbrettfahrerproblem* beim internationalen Klimaschutz an. Seiner Meinung nach sollten die klimaschützenden Länder einen Club bilden, der nach innen Freihandel ermöglicht, sich aber nach außen durch Zölle abschottet. Die androhende Abschottung würden die Staaten außerhalb des Clubs als Anreiz sehen, einen ambitionierteren Klimaschutz zu verfolgen, sodass sie dem Club beitreten könnten.[219]

Neben der Tatsache, dass damit auch die Handelsregeln der WTO beerdigt würden, krankt dieser Vorschlag an praktischer Umsetzbarkeit: Klimapolitik ist nicht null oder eins. Die Europäer sind ambitionierter als Amerikaner und Chinesen. Aber wo zieht man die Grenze? Ist jeder Staat Clubmitglied, der einen CO_2-Preis einführt? Der chinesische CO_2-Handelspreis lag 2023 bei etwas unter zehn US-Dollar je Tonne, der europäische bei umgerechnet 90 US-Dollar, der britische bei 69 US-Dollar.[220] Die USA haben gar keinen CO_2-Preis, verfolgen allerdings dennoch eine Klimapolitik, und zwar über Subventionen grüner Technologien und ordnungsrechtliche Verbote (etwa technische Normen). Das ist weder effizient noch im internationalen Vergleich sonderlich ambitioniert, aber eben auch nicht nichts. Die eigentliche Gefahr eines als »westlich« empfundenen Klimaclubs ist aber, dass die Nichtteilnahme umso attraktiver ist, je weniger Staaten Mitglieder sind.[221] Die Nichtteilnehmer könnten den Handel untereinander ebenfalls liberalisieren und sich gegenüber dem Klimaclub ihrerseits abschotten. Ohne Indien und China wird der Klimawandel jedoch nicht aufzuhalten sein.

Unsere Ablehnung eines solchen Klimaclubs steht augenscheinlich im Widerspruch zu unseren Überlegungen in Kapitel 7, wo wir für eine Neuauflage der CoCom beziehungsweise eine Wirtschafts-NATO plädieren, die nichts anderes ist als eine konfrontative Clublösung. Diese unterschiedliche Herangehensweise ist jedoch der jeweiligen Natur des Problems geschuldet und weder Ausdruck geistiger Schizophrenie noch ruchloser Doppelzüngigkeit: In der Klimapolitik geht es um den Erhalt eines global unteilbaren Gutes. Die technologische Führerschaft dagegen dient dem staatlichen Souveränitätserhalt und der eigenen Sicherheit. Beides sind keine globalen Güter.

Die G7-Staaten hoben 2022 einen Klimaclub aus der Taufe. Er hat mit Nordhaus' Vorschlag jedoch nicht mehr als den Namen gemein. Ziel dieses Clubs ist eine internationale Kooperation zur Dekarbonisierung der Industrie. Dabei sollen Best Practices ausgetauscht und einheitliche Rahmenbedingungen festgelegt werden, so etwa ein gemeinsamer Mindestpreis für CO_2-Emissionen. Handelssanktionen sind nicht Teil dieser Initiative.[222] Das Mitmachen im Club würde aber damit belohnt werden, dass kein unangenehmer (weil bürokratischer) CO_2-Grenzausgleich notwendig wäre. Ansätze zur global einheitlichen Erfassung von Emissionen entlang der Wertschöpfungskette könnten ebenfalls wertvolle Elemente eines solchen Clubs sein, ebenso das Setzen gemeinsamer Standards (etwa was unter grünem Stahl zu verstehenist). Auflösen lassen sich die genannten grundsätzlichen Probleme damit allerdings auch nicht.

WIE HÄLTST DU'S MIT DER LIEFERKETTE?

Am 24. November 2012 brannte die Tazreen-Textilfabrik in Bangladeschs Hauptstadt Dhaka. Dabei kamen mindestens 112 Menschen ums Leben, über 200 wurden verletzt. Die Fabrik produzierte unter anderem für C&A und Walmart.[223] Auf den Tag genau fünf Monate später stürzte die Rana-Plaza-Textilfabrik ein. Wieder in Bangladesch. Erneut starben Menschen, diesmal 1136, die Verletzten werden auf über 2000 geschätzt. Wieder stellte sich heraus, dass die Waren vor allem für Europa und Nordamerika produziert wurden.[224] Gerade das letztgenannte Unglück führte zu einer globalen Debatte über die Produktionsbedingungen in armen Staaten. Dabei ist nicht zuletzt die ethische Frage zu stellen, ob man als Konsument eine Mitverantwortung für solche Tragödien trägt. Sie sind keine unveränderliche Fügung des Schicksals und auch kein Unglück im eigentlichen Sinne. Sie sind das Ergebnis menschlichen Handelns.

Die Frage nach der ethischen Bewertung ist einigermaßen komplex: Kann von uns erwartet werden, dass wir uns mit Produktionsbedingungen anderswo auseinandersetzen? Müssen wir das überhaupt oder ist das nicht Aufgabe der dortigen Regierungen? Basieren wirtschaftliche Handlungen abseits von Zwangsarbeit nicht immer auf Freiwilligkeit, und könnte man damit nicht argumentieren, dass Arbeiter den vorherrschenden Produktionsbedingungen bei Arbeitsaufnahme implizit zustimmen?

Interessant in diesem Zusammenhang ist ein strafrechtlicher Aspekt aus einem anderen Bereich: Das Verbot des Konsums von Kinderpornografie wird genau damit gerechtfertigt, dass der Endkonsument die Nachfrage für ein Wirtschaftsgut erzeugt, für das eine Straftat begangen werden muss. Das ist konsequent, denn Kinderpornografie kann anders als Textilwaren niemals so produziert werden, dass dabei keine Straftat vorläge. Dennoch ist bemerkenswert, dass die Strafbewehrung bei der Endnachfrage ansetzt, womit die mittelbare Verantwortung des Kindesmissbrauchs eben auch beim Endnachfrager gesehen wird (und nicht ausschließlich beim unmittelbaren Täter). Die Analogie ist gewiss sehr steil, und nichts läge den Autoren ferner, als Kinderpornografie zu verharmlosen oder ungerechtfertigt gleichzusetzen; aber damit drängt sich dennoch die plakative Frage auf: Kann jemand vernünftige Produktionsbedingungen entlang der gesamten Lieferkette erwarten, der ein T-Shirt made in Bangladesch für fünf Euro kauft?

Analytisch ist die Analogie deshalb interessant, weil dabei ein *verantwortungsethischer* Ansatz zum Tragen kommt. Der deutsche Soziologe Max Weber (1864–1920) unterschied zwischen Verantwortungs- und Gesinnungsethik. Bei Ersterer muss sich ein Akteur für die Folgen seiner Handlung verantworten und diese ethisch rechtfertigen. Auch die mittelbaren Folgen müssen dabei berücksichtigt werden. Damit hätte der Endkonsument die Produktionsbedingungen in der Textilindustrie mitzuverantworten. Beim Gesinnungsethiker muss dagegen die Intention beziehungsweise die Absicht hinter einer Handlung der ethischen Überprüfung standhalten. Wer also in gutem Glauben und ohne böse Absicht ein T-Shirt für fünf Euro kauft, muss sich nicht für Produktionsbedingungen anderswo rechtfertigen.

Unser Alltag ist durchzogen vom Spagat zwischen Gesinnungs- und Verantwortungsethik: Niemand wird einem guten Freund die Freundschaft kündigen, der in guter Absicht ein kleines Malheur zum eigenen Schaden zu verantworten hat. Gut gemeint ist oft das Gegenteil von gut gemacht, aber aufgrund der integren Handlungsabsicht sehen wir über schlechte Handlungsfolgen dann und wann auch mal hinweg. Umgekehrt wäre es vermutlich anders: Mit Goethes Mephisto – »ein Teil von jener Kraft, die stets das Böse will und stets das Gute schafft« – möchte vermutlich niemand gern befreundet sein. Offenbar würden wir hierbei gesinnungsethisch handeln.Auf höherer Ebene eignet sich der Pazifismus sehr anschaulich für die Unterscheidung zwischen Verantwortungs- und Gesinnungsethik.[225] In der Politik greift der gesinnungsethische Ansatz meist zu kurz, auch Max Weber plädiert für mehr Verantwortungsethik.[226] Die Volkswirtschaftslehre als Wissenschaftsdisziplin ist ebenfalls durchdrungen vom Geist des Konsequenzialismus, zu dem die Verantwortungsethik gerechnet wird. Einfach gesagt gilt dabei Helmut Kohls (1930–2017) berühmt gewordene Erkenntnis: »Entscheidend ist, was hinten rauskommt.«[227]

Das Problem mit der Verantwortungsethik ist nur ein anderes: Die mittelbaren Folgen einer Handlung sind aufgrund komplexer Zusammenhänge oft nicht so richtig zu ermessen. Was heißt das im Beispiel Bangladeschs? Das Land war traditionell der ärmste Teil Britisch-Indiens, das Pro-Kopf-Einkommen lag noch bei der Abspaltung von Pakistan 1971 unter dem Indiens und Pakistans. Dank großer Globalisierungsgewinne seit den 1990er-Jahren ist Bangladesch nun das wohlhabendste Land dieses Dreigespanns. Es weist gegenüber den beiden anderen außerdem eine niedrigere Arbeitslosigkeit, Staatsverschuldung und Mordrate auf, dafür eine höhere Lebenserwartung.[228] Heute ist mehr als jeder dritte Arbeitnehmer in Bangladesch eine Frau, auch diese Rate liegt deutlich über jenen in Pakistan und Indien. 1991 lag die Partizipationsrate von Frauen nur bei 21 Prozent. In den 34 Jahren seit 1991 wurde das Land 30 Jahre lang von Premierminister*innen* geführt. Das Land nahm eine beeindruckende Entwicklung, die eng verwoben ist mit der Textilindustrie. Sie brachte insbesondere Frauen Arbeit und damit Einkommen. Nichts hilft der Emanzipation von Frauen mehr als wirtschaftliche Eigenständigkeit. Damit stieg ebenso ihr politischer Einfluss. Auch andere sozioökonomische Indikatoren verbesserten sich im Zuge dieser Globalisierungserfolge erheblich. Angesichts dieser Entwicklung kann man im Sinne der Verantwortungsethik also fragen: Sollte man nicht gerade T-Shirts made in Bangladesch kaufen, damit genau solche Entwicklungen möglich sind?

Diese Frage provoziert geradezu die Antwort: Ja, aber wenn dieses acht statt fünf Euro kostet, könnte sich das Land entwickeln, *und* die Produktionsbedingungen wären für alle akzeptabel. Unklar ist hingegen, ob sich beides gleichzeitig genau so hätte realisieren lassen: Die Textilindustrie wanderte aus Europa aufgrund der hier geltenden hohen Arbeitskosten ab. Dabei geht es nicht nur um die Löhne, die an die Arbeitnehmer ausbezahlt werden, sondern ebenso um die Kosten von Unternehmern für die Sicherstellung der geltenden Arbeitsschutzstandards. Auch diese müssen erst mal auf den Absatzmärkten für die Erzeugnisse verdient werden. Vielleicht wäre in Bangladesch niemals eine wettbewerbsfähige Textilindustrie entstanden, hätten dort seit jeher europäische Standards gegolten. Denn eines ist klar: Die hiesigen Arbeitsschutzstandards mussten sich ebenfalls erst über die Zeit entwickeln und setzen ein anfängliches Wohlstandsniveau voraus – wir erinnern uns an die Maslow-Pyramide. Bei Lieferkettengesetzen besteht also die Gefahr, dass sie Staaten ihrer Entwicklungsmöglichkeiten berauben könnten. Darüber hinaus werden sie nicht ganz zu Unrecht als fremde Einmischung in innere Angelegenheiten angesehen, der Vorwurf westlichen Kolonialismus' steht im Raum. Und nicht zuletzt ist ein gewisser Wettbewerb unter Staaten um die richtigen Arbeitsschutzstandards aus ökonomischer Perspektive wünschenswert, um dessen effizientes Maß zu identifizieren. Es darf bezweifelt werden, dass die Welt zwingend am Wesen des deutschen Arbeitsschutzgesetzes und der Arbeitsstättenverordnung genesen wird.

Nichtsdestotrotz ist festzustellen, dass viele Verbraucher eine Zahlungsbereitschaft für als anständig empfundene Produktionsbedingungen im Ausland aufweisen. Der Herstellungsprozess wird damit zum Teil der Produkteigenschaft. Auch das ist gemäß WTO-Regeln zur Definition des »like product« rechtlich nicht angelegt. Während lange Zeit durch Siegel wie Fair Trade eine Produktdifferenzierung auf freiwilliger Basis stattfand, wird mit den Lieferkettengesetzen ein Weg beschritten, solche Standards de facto für allgemeingültig zu erklären.

DER FALSCHE WEG: EUROPÄISCHE LIEFERKETTENGESETZE

In Deutschland gilt seit 2023 ein Lieferkettensorgfaltspflichtengesetz, kurz Lieferkettengesetz. Alle Unternehmen mit über 1000 Beschäftigten müssen danach ihre Lieferkette auf menschenrechtliche und umweltbezogene Risiken hin überprüfen und entsprechende Berichte vorlegen. Bei Vorliegen von Verletzungen sind Maßnahmen zu ergreifen.

Mit Lieferkette sind indes alle in- und ausländischen Zulieferer gemeint. Menschenrechtliches Risiko klingt einigermaßen harmlos, und niemand wird vernünftigerweise das Verbot der Sklaverei und der Kinderarbeit dabei infrage stellen. Es geht aber um mehr: Eine Verletzung liegt auch vor bei »Missachtung der nach dem Recht des Beschäftigungsortes geltenden Pflichten des Arbeitsschutzes«. Faktisch dürfen sich nun deutsche Importeure mit sämtlichen Arbeitsschutzvorschriften dieser Welt auseinandersetzen – quasi eine Neuauflage des babylonischen Sprachgewirrs. Für das Zulieferunternehmen gilt auch das »Verbot der Ungleichbehandlung in Beschäftigung, etwa aufgrund von nationaler und ethnischer Abstammung, sozialer Herkunft, Gesundheitsstatus, Behinderung, sexueller Orientierung, Alter, Geschlecht, politischer Meinung, Religion oder Weltanschauung«.[229] Es bleibt das Geheimnis der Verfasser solcher Gesetze, wie Importeure überhaupt feststellen sollen, dass ausländische Beschäftigte durch ihre Arbeitgeber wegen ihrer politischen Meinung diskriminiert werden – und dann stelle man sich hypothetisch vor, ein kirgisischer Arbeitgeber diskriminiert einen rechtsradikalen, antisemitischen Mitarbeiter, der unentwegt den Hitlergruß zeigt. Und der mittelständische Möbelhersteller aus Ostwestfalen-Lippe – er wollte lediglich Holzfurniere zukaufen – findet sich plötzlich als Schiedsrichter an der Seitenlinie und darf Haltungsnoten darüber verteilen.

Die Polemik sei an dieser Stelle entschuldigt, aber solche Gesetze verfehlen ihren Regelungszweck: Sie führen zu enormer Bürokratie, immensen Kosten und schaffen mehr rechtliche Unsicherheit für alle Beteiligten, als dass sie irgendetwas klarstellen würden:[230] Welche Pflichten sich daraus exakt ergeben, bleibt nämlich ebenso unklar wie die Rechtsfolgen. Unternehmen müssen die ihnen obliegenden Pflichten in »angemessener Weise« umsetzen; es gibt eine Bemühenspflicht hinsichtlich Präventions- und Abhilfemaßnahmen.[231] In der Praxis bedeutet dies reichlich Ermessensspielraum für Gerichte, sodass am Ende präzedenzbasiertes Richterrecht stehen dürfte. Auf dem Amtsschimmel reitet das Lieferkettengesetz von den Behörden in die Gerichte. Dabei ist diese Art der Beweislastumkehr einer Marktwirtschaft eigentlich völlig wesensfremd: Nicht der Nachweis sollte erbracht werden müssen, dass man mit anderen legale Geschäfte machen darf. Vielmehr sollte umgekehrt nachweispflichtig sein, dass man mit jemandem keine Geschäfte machen darf. Deutsche Unternehmen sollen weltweit nun Menschenrechte durchsetzen, ein Unterfangen, an dem die Vereinten Nationen seit Jahrzehnten scheitern. Diese Vorstellung ist entweder naiv oder größenwahnsinnig.

Für eine substanziierte empirische Überprüfung liegen heute noch nicht die richtigen Daten in der nötigen Detailtiefe vor, allerdings deutet erste Evidenz genau darauf hin, wovor viele – die Autoren eingeschlossen – mit Verve warnten: Es sind viel mehr Unternehmen betroffen als durch die definierten Mitarbeiterschwellen intendiert, denn kleinere Zulieferer größerer Firmen sind eben mittelbar betroffen. Ihre großen Abnehmer verlangen nach Compliance gemäß dem Lieferkettengesetz. Als logische Folge ist der deutsche Textilimport aus Pakistan und Bangladesch im Jahr 2023 um über 20 Prozent eingebrochen.[232] Anstelle von »Abhilfemaßnahmen« ziehen sich Unternehmen verständlicherweise zurück. Nichts dürfte aber besser werden in diesen Ländern, wenn sich deutsche Firmen daraus zurückziehen. Und genau hier tritt der Unterschied zwischen Gesinnungs- und Verantwortungsethik nur allzu deutlich hervor: Lieferkettengesetze verfolgen zweifellos eine gute Absicht. Aber sie könnten das Gegenteil dessen bewirken, wofür sie geschaffen wurden. Verantwortungsethisch ist es nicht zu rechtfertigen, Bangladesch seiner wirtschaftlichen Basis zu berauben: Sein BIP wird zu 20 Prozent in der Textilwirtschaft geschneidert, über 80 Prozent der landesweiten Exporte sind Textilwaren.[233] Wie schon erwähnt, sollte eine Prämisse staatlichen Handels sein, die Dinge zunächst einmal nur nicht schlechter zu machen – »primum non nocere«. Genau das aber tun Lieferkettengesetze in der Art des deutschen.

Am 24. April 2024 verabschiedete das Europaparlament eine Richtlinie für ein Europäisches Lieferkettengesetz. Sie verpflichtet alle europäischen Staaten, entsprechende Gesetze zu erlassen. Brüssel agiert dabei noch deutscher als die Deutschen: Unternehmen sollen dabei auch überprüfen, ob sich Partnerunternehmen auf einem Klimapfad befinden, der mit dem Paris-Abkommen kompatibel ist. Dazu werden Unternehmen für Verletzungen ihrer Zulieferer direkt in zivilrechtliche Haftung genommen. Und während sich die Reichweite des deutschen

Lieferkettengesetzes nur auf die unmittelbaren Zulieferer beschränkt (bei begründetem Verdacht auch auf mittelbare Zulieferer), soll der Anwendungsbereich des Europäischen Lieferkettengesetzes die gesamte Lieferkette umfassen. Neben den direkten Zulieferern also auch die Zulieferer der Zulieferer der Zulieferer ...[234] »Tu felix Helvetia«, möchte man den Schweizern angesichts dieser Aussichten zurufen.

WIE MAN ES RICHTIG MACHEN SOLLTE

Es bleibt unbestritten, dass Menschenrechte global durchgesetzt werden sollen und Unternehmen dazu einen Beitrag leisten können. Ein grundlegendes Problem bei Lieferkettengesetzen ist jedoch, dass jeder zusätzliche Zulieferer für den heimischen Importeur Kosten verursacht in Form von Prüfaufwänden. Entweder ein Unternehmen trägt den Aufwand selbst, oder es beauftragt ein Unternehmen, dies zu tun. Die großen Wirtschaftsprüfungskanzleien werden sicher nicht unglücklich sein über die Lieferkettengesetze, bei ihnen dürften am 24. April 2024 die Sektkorken geknallt haben. Mit dem Delegieren an andere werden Märkte für Lieferkettenzertifizierer entstehen – dabei entstehen allerdings zum großen Teil keine volkswirtschaftlichen Mehrwerte, sondern bloß Kosten. Und die gilt es zu minimieren.

Dazu sollte, erstens, der Anwendungsbereich der Lieferkettengesetze nach Ländern und Branchen radikal eingeschränkt werden. Es ist nicht sinnvoll, dass ein deutscher Importeur seine Zulieferer aus Österreich und der Schweiz überprüft und umgekehrt. Die Menschenrechtslage hier wie dort ist absolut gesichert, jegliche Prüfbetätigung ist reine Ressourcenverschwendung. Noch schlimmer ist die Ressourcenverschwendung, wenn ein Schweizer Unternehmen zehn deutsche Firmen beliefert und alle zehn deutschen Firmen zur Menschenrechtsüberprüfung bei ein und derselben Firma anrücken. Man sollte vielmehr dort hinschauen, wo es wirklich wichtig ist: nach Myanmar, Turkmenistan, Eritrea, Nordkorea, Afghanistan, Swasiland – diese Staaten tragen die rote Laterne des Menschenrechtsindex.[235] (Dabei zeigt sich, dass mit diesen Ländern ohnehin kaum Handel stattfindet – sicher ist das kein Zufall. Noch weniger Handel wird allerdings auch keine Lösung sein.) Zudem sollten nur Branchen in den Blick genommen werden, in denen Menschenrechtsverletzungen tatsächlich vorzufinden sind, etwa im Bergbau oder der Textilindustrie. Niemand benötigt eine Kontrolle der Arbeitsstandards hoch bezahlter Arbeiter in der Halbleiterbranche. Die EU-Richtlinie definiert solche Risikosektoren, was vernünftig ist. Nicht vernünftig ist, dass bei Risikosektoren lediglich die Anwenderschwellen auf 250 Mitarbeiter abgesenkt werden, anstatt eine Befreiung für alle Nichtrisikosektoren zu schaffen. Der Anwendungsbereich kann sich sinnvollerweise auch nur auf direkte Zulieferer beschränken, denn indirekte Zulieferer dürften dem Abnehmer häufig noch nicht einmal bekannt sein, geschweige denn hat er irgendwelche Abhilfemöglichkeiten.

Zweitens kehrte ein Negativlistenansatz die Beweislast um, sodass Importeure lediglich die Namen ihrer Zulieferer mit einer von Brüssel veröffentlichten Liste abgleichen müssten. Findet sich dort ein gelistetes Unternehmen, ist der Handel gegebenenfalls einzuschränken. Die Durchsetzung von »normalen« Handelssanktionen sowie Maßnahmen gegen Geldwäsche oder gegen Terrorismusfinanzierung funktionieren genau über solche Systeme der Negativlisten. Sie schaffen Rechtssicherheit für die beteiligten Unternehmen und garantieren eine bürokratiearme Administration. Über eine strafbewehrte Mitwirkungspflicht könnten Unternehmen angehalten werden, Menschenrechtsverstöße zu melden. Der individuelle Anreiz, eine Meldung zu vollziehen, ist in einem solchen System sogar höher: In dem Moment, in dem heimische Unternehmen Menschenrechtsverletzungen eines Zulieferers gewahr werden, müssen sie überlegen, ob ihre Konkurrenten, die beim selben Zulieferer einkaufen, über diese Informationen ebenfalls verfügen, und entsprechende Maßnahmen ergreifen. Unternehmen mit der höchsten Compliance hätten die größten Wettbewerbsnachteile, weil nur sie sich von ihren Zulieferern verabschiedeten. Dagegen würde die Meldung eines Verstoßes an eine Zentralstelle dazu führen, dass der Handel gleichermaßen für die Wettbewerber eingeschränkt würde. Ein Negativlistenansatz ist auch deswegen zu bevorzugen, weil er die Fixkosten neuer Zulieferbeziehungen gering hält:

Bei aufwendigen Prüfverfahren überlegt sich jedes Unternehmen ganz genau, ob es weitere Lieferbeziehungen eingeht oder nicht sogar bestehende Beziehungen kappt. Jeder neue Lieferant kostet Zeit und Geld. Das steht allerdings in völligem Widerspruch zu unseren Zielen der Lieferkettendiversifizierung. Um die Substitutionsfähigkeit zu erhöhen, sollte man Firmen anreizen, mehr statt weniger Lieferbeziehungen einzugehen.

Drittens sollte der Abbruch der Lieferbeziehungen nur bei eklatantesten Menschenrechtsverstößen erfolgen. Deutlich klüger und niederschwelliger wären Strafzahlungen in Form von unternehmensspezifischen Zöllen: Aufgrund der europäischen Marktmacht würden sie ökonomisch von dem delinquenten Unternehmen selbst getragen. Auf europäischer Seite entstünden Einnahmen, die man beispielsweise für die Administration der Negativliste verwenden könnte. Der Menschenrechtsverletzer dagegen müsste für sein Handeln bezahlen und erhielte damit einen direkten monetären Anreiz, seine Menschenrechtslage in Ordnung zu bringen. Denn dann winkt die Aufhebung der Strafzahlungen. Einmal abgerissene Lieferbeziehungen dagegen ließen sich viel schlechter rekonstituieren. Schlimmstenfalls orientiert sich ein einmal sanktioniertes Unternehmen gänzlich neu, ändert nichts an seinem Geschäftsgebaren und sucht sich neue Abnehmer mit geringeren moralischen Ansprüchen. Dann trägt Europa den wirtschaftlichen Schaden, ohne dass sich irgendetwas an der Menschenrechtslage verbessert hätte.

Viertens und letztens sollten Lieferkettengesetze nur Anwendung finden, solange und so weit die universellen Menschenrechte betroffen sind. Eine Überfrachtung mit weitergehenden Arbeitsschutzstandards sowie umwelt- und klimapolitischen Zielen schadet dem eigentlichen Anliegen und macht diese Gesetze immer weniger handhabbar. Ausländische Zulieferer sind keine Vertragsparteien des Pariser Klimaschutzabkommens, sie sind auch nicht für die Energie- und Rohstoffpolitik ihres Landes verantwortlich. Man stelle sich umgekehrt vor, ausländische Unternehmen mieden deutsche Zulieferer deswegen, weil Deutschlands Regierungen klimaneutrale Atomkraftwerke abschalten und klimaschädliche Kohlemeiler weiterbetreiben.

Internationale Klimapolitik kann und muss anders administriert werden, siehe oben. Die universellen Menschenrechte dagegen sind klar definiert.

FAZIT

Ökologische und menschenrechtliche Aspekte rücken zusehends in den Mittelpunkt der Handelspolitik. Dies ist eine an sich erfreuliche Entwicklung, zeugt sie doch von relativem Wohlstand. Nicht selten werden Forderungen nach besseren Arbeitsstandards und ökologischeren Produktionsbedingungen jedoch mit einem protektionistischen Zungenschlag vorgebracht. Dabei ist der Freihandel inhärent ressourcenschonend. Seine entwicklungspolitischen Konsequenzen sind in der Gesamtschau unzweifelhaft positiv, und dennoch führen CO_2-Bepreisung und Lieferkettengesetze zu neuen Handelsbarrieren. In ersterem Fall deshalb, weil international die falsche Buchhaltungsform zum Standard erhoben wurde und das WTO-Handelsrecht nicht fähig ist, CO_2-Bepreisung und Wettbewerbsneutralität unter einen Hut zu bringen. Im zweiten Fall ist es ein gesinnungsethisch motivierter Ansatz, der die richtigen Ziele derart falsch umsetzt, dass daraus mehr Schaden als Nutzen erwächst. Wir zeigen Lösungsansätze auf, die ökologische und soziale Belange sicherstellen, jedoch die ökonomischen Kosten deutlich reduzieren können. Derzeit ist jedoch nicht absehbar, dass solche pragmatischen Ansätze Aussicht auf schnelle Umsetzung haben. Im Namen des Klimas und der Menschenrechte errichten wir also neue Handelsbarrieren. Sie sind größtenteils unnötig und kommen zusätzlich zu den Handelsbarrieren, die aufgrund von Souveränitätsüberlegungen nötig sind.

Schluss: Der Freihandel hat fertig

FREIHANDEL IST EINE IDEALVORSTELLUNG, die wir in der Realität kaum jemals angetroffen haben oder realistischerweise in Reinform antreffen werden. Vielmehr können wir Freihandel an einem Ende eines denkbaren Spektrums verorten, als eine Weltwirtschaft ganz ohne jegliche Handelsbarrieren. Am entgegengesetzten Ende dieses Spektrums liegt die totale Autarkie, eine vollständige Abschottung eines einzelnen Landes gegenüber allen außenwirtschaftlichen Verflechtungen. Freihandel ist insofern auch voraussetzungsreich, weil ein Land dafür immer wenigstens einen willigen Partner braucht; Autarkie geht im Alleingang.

Der Freihandel hat in dem Sinne fertig, als dass wir uns auf diesem Spektrum wieder mehr in Richtung Autarkie bewegen; nicht weil die Gründe für die grundsätzliche Vorteilhaftigkeit von freiem Handel plötzlich alle falsch wären – zahllose empirische Arbeiten und der gesunde Menschenverstand legen genau das Gegenteil nahe. Ein neuer Kurs liegt deshalb an, weil das Ziel der Wohlstandsmehrung nun wieder unter die Prämisse der Wirtschaftssicherheit und der strategischen Souveränität gefasst werden muss (»wieder«, weil die Älteren unter uns diese Situation auch schon vor 1989/90 erlebten, und sie eigentlich – bedauerlicherweise – im großen Bogen der Geschichte der Normalfall war und wohl leider auch ist). Dazu treten eine Menge von uns nicht beeinflussbarer Faktoren wie die politischen Entwicklungen in Moskau, Peking oder Washington, zunehmend auch in Neu-Delhi, Lagos und Jakarta. Der wirtschaftliche Austausch dürfte absehbar unfreier werden. Dabei geht es angesichts Vollbeschäftigung und Arbeitskräftemangels heute weniger um traditionellen Protektionismus, der Arbeitsplätze und Unternehmensinteressen in bestimmten Branchen schützen soll. Vielmehr prägt ein neuer machtpolitisch motivierter Nationalprotektionismus die globale Wirtschaftspolitik.

Deutschland, Österreich und die Schweiz sind heute wohlhabende Länder. Dieser Wohlstand ist nicht gottgegeben, wir verdanken ihn in nicht unerheblichem Maße freien und offenen Märkten. Ohne sie ist unser Wohlstandsniveau nicht ansatzweise haltbar, denn mittelständisch geprägte Wirtschaftsstrukturen mit ihren hohen Industrieanteilen in der Mitte von Wertschöpfungsketten sind besonders störungsanfällig gegenüber Protektionismus. Und darum steht für uns wesentlich mehr auf dem Spiel als etwa für China oder die USA, sollte die Globalisierung in Bruchstücke zerfallen und wechselseitig immer neue Handelsbarrieren errichtet werden. Nicht alle diese Entwicklungen liegen in unserer Hand, aber wir tragen zu manchen Entwicklungen bei: Hiesige Abschottungsüberlegungen rufen Gegenreaktionen im Ausland hervor, sei es durch Subventionen für vermeintliche »Resilienzboni« oder durch neue Zölle im Automobilsektor. Die Gefahr besteht, ungewollt mehr Schaden anzurichten, als Nutzen zu stiften. Die Autoren beobachten solche Tendenzen mit Sorge: Lieferkettengesetze gehören ebenso dazu wie manche krude geführte Resilienzdebatte oder Überlegungen zur vermeintlich strategischen Industriepolitik.

Dabei steht heute außer Frage, dass die nationale Souveränität auch ein wirtschaftspolitisches Ziel sein sollte und handelspolitische Erpressbarkeiten vermieden werden müssen, selbst wenn solche Überlegungen im wissenschaftlichen Diskurs in den letzten Jahrzehnten sträflich vernachlässigt wurden. Dieses Buch schlägt deshalb eine Brücke zwischen der Handelsökonomie und Sicherheitsüberlegungen. Dafür erscheinen den Autoren auch Markteingriffe notwendig, allerdings unter strengen Bedingungen. Dazu wurden in Kapitel 6 drei Kriterien erarbeitet, die eine Richtschnur bieten: Wenn kurzfristig keine Substitutionsmöglichkeiten bestehen, Güter unmittelbar konsumrelevant sind und darüber hinaus im Mangelfall mit der Rationierung oder externen Effekten zu rechnen wäre, dann – und nur dann – tun wir uns einen Gefallen mit einem Eingriff in das freie Marktgeschehen. Die Quintessenz unserer Überlegungen ist gerade nicht, Staatseingriffe grundsätzlich zu verteufeln und Marktversagen zu ignorieren. Wir dürfen nur das Marktversagen nicht durch Staatsversagen ersetzen. Mit einem Konzentrationszoll bei homogenen Gütern und Kapazitätsmärkten zur Absicherung kontextspezifischer Risiken schlagen wir marktnahe Ansätze vor. Sie suchen das Heil nicht in einem dumpfen Autarkismus, sondern überlassen die Problemlösungen dem Wettbewerb auf Märkten, die mit den richtigen ordnungspolitischen Leitplanken ausgestattet sind.

Aufgrund struktureller Fehlkonstruktionen und der Blockade durch die USA ist auch die WTO keine Garantin mehr für unsere bisherige Art des freien Handels. Man braucht sie deswegen nicht gleich zu beerdigen, denn sie bietet weiterhin ein willkommenes Forum für multilaterale Gespräche, Analysen und Datenaustausch. Vielleicht treten ja heute noch nicht absehbare Entwicklungen ein, die wieder mehr Vertrauen unter den Staaten schaffen, sodass das Ziel der gemeinsamen Wohlstandsmehrung eines Tages wieder mehr in den Vordergrund treten kann (vgl. Kapitel 5). Es wäre allerdings fahrlässig, nur auf das Prinzip Hoffnung zu bauen. Daher brauchen wir Vorbereitungen, Handelskriege offensiv zu führen. Unseren Top-Branchen müssen wir dazu im Inland beste Voraussetzungen bieten, insbesondere in den wissensintensiven Industrien. Dazu sollten wir, wie in Kapitel 7 diskutiert, unsere Subventionspolitik vom Kopf auf die Füße stellen. Wir sollten nicht gegen die komparativen Wettbewerbsvorteile ansubventionieren. Nach außen hin wäre nicht zuletzt eine andere Technologiepolitik angezeigt: Mit einer neuen CoCom beziehungsweise einer Wirtschafts-NATO sollten die westlichen Demokratien einen Technologieschild gegenüber den Autokratien bilden. Die Überlegenheit freier Gesellschaften zeigt sich gerade in ihrer Innovationskraft, diese sollten wir weiter ausbauen. Technologie- und Investitionspolitik sollte unter diesen Ländern nach innen vollständig liberalisiert und nach außen vollständig harmonisiert werden. Gleichwohl die Autoren gegenüber früheren Forderungen nach Handelsliberalisierungen skeptischer wurden, ist eines ganz evident: Unter marktwirtschaftlich organisierten Demokratien besteht weiterhin kein Grund, den wirtschaftlichen Austausch einzuschränken. Eigennutzorientierte Unternehmer und Verbraucher handeln dann miteinander. Sie denken nicht in den Dimensionen von Erpressung und Sanktionierung, denn sie wollen gute Geschäfte machen – das ist nach wie vor die Voraussetzung für die Schaffung von Wohlstand. Demokratien besitzen keine Ewigkeitsgarantien, gewiss. Aber wir können uns auf Erfahrungswerte stützen. Es ist ein Armutszeugnis für die EU, dass sie das Handelsabkommen mit den lateinamerikanischen Mercosur-Staaten nicht zum Abschluss bringen kann. In diesen Ländern finden sich rechtsstaatliche Demokratien ohne imperiale Ansprüche, die uns historisch, kulturell, religiös und sprachlich sehr nahestehen. Auch der Regenwald im Amazonas wird nicht dadurch gerettet, dass wir dort China das Feld überlassen.

Für die neue Ost-West-Konfrontation sollten wir nicht vergessen, dass die westlichen Staaten noch immer deutlich mehr ökonomisches Gewicht auf die Waage bringen: Die USA, die EU mit den übrigen Staaten des europäischen Wirtschaftsraums, das Vereinigte Königreich, Australien, Japan, Kanada, Neuseeland, Südkorea und Taiwan stehen für mehr als die Hälfte der Weltwirtschaftsleistung. Dies ist eine ganze Menge, um sich gegenüber den Autokratien zu behaupten, zumal die andere Hälfte nicht automatisch gegen uns steht, wie zum Beispiel Brasilien, Indien und die ASEAN-Staaten. Die demografische Entwicklung arbeitet zudem gegen Autokratien wie Russland und China, die nicht nur (wie wir) unter bedenklich niedrigen Geburtenraten leiden, sondern auch von Abwanderung insbesondere der gut Ausgebildeten betroffen sind. Die Sehnsuchtsziele der Emigranten der Welt sind noch immer die westlichen Staaten; kaum ein talentierter junger Mensch im Globalen Süden träumt von einem Leben unter dem Kriegsherrn Putin oder unter der Fuchtel der Kommunistischen Partei Chinas. Wir sollten nicht die Strahlkraft unseres Systems, bestehend aus Demokratie, Rechtsstaat und Marktwirtschaft, unterschätzen und damit der gegen uns gerichteten Propaganda auf den Leim gehen. Wir haben daher allen Grund, den anstehenden Herausforderungen gemäß Oscar Wilde mit einem gerüttelt Maß an Zuversicht zu begegnen: »Am Ende wird alles gut. Und wenn es nicht gut ist, ist es noch nicht das Ende.«

ENDNOTEN

1 Übersetzung der Autoren. Siehe Larry Finks (CEO BlackRock) Brief an die Aktionäre vom 24.3.2022. https://www.blackrock.com/corporate/investor-relations/2022-larry-fink-chairmans-letter. Aufgerufen am 28.5.2024.

2 Übersetzung von: »The implication is clear: Europe is far from having a single market.« Siehe Santamaria, Marta; Ventura, Jaume; Yeşilbayraktar, Ugur (2021): Borders within Europe. CEPR Discussion Paper No. 15633. CEPR Press. Paris, London. https://cepr.org/publications/dp15633.

3 Siehe Felbermayr, Gabriel; Gröschl, Jasmin (2014): Within U.S. Trade and the Long Shadow of the American Secession. Economic Inquiry. 52 (1). S. 382–404.

4 Zahlen von https://databank.worldbank.org/. Aufgerufen am 10.12.2023.

5 Siehe Eppinger, Peter; Felbermayr, Gabriel J.; Krebs, Oliver; Kukharskyy, Bohdan (2021): Decoupling Global Value Chains. CESifo. Munich. CESifo Working Paper No. 9079.

6 Zahlen und Smartphone-Beispiel von OECD (2024): The trade policy implications of global value chains. https://www.oecd.org/trade/topics/global-value-chains-and-trade/#:~:text=For%20example%2C%20a%20smart%20phone,export%20of%20the%20final%20product. Aufgerufen am 4.1.2023.

7 Lehmann, Robert; Wollmershäuser, Timo (2024). Struktureller Wandel im Verarbeitenden Gewerbe: Produktion unterzeichnet Bruttowertschöpfung. Ifo Schnelldienst, 2024, 77, Nr. 2, S. 55–60. https://www.ifo.de/publikationen/2024/aufsatz-zeitschrift/struktureller-wandel-im-verarbeitenden-gewerbe.

8 Die MSC Irina ist das erste Containerschiff der ebenso benannten chinesischen Frachtschiffklasse, das 2023 fertiggestellt wurde.

9 Die Steuerbasis bei einem Ad-Valorem-Zoll ist der Warenwert, der Zoll wird dann als Prozentsatz ausgedrückt. Das Pendant dazu ist ein spezifischer Zoll, der mengen- oder gewichtsmäßig erhoben wird, also pro Stück oder pro Tonne. Möglich sind auch Kombinationen. Der EU-Einfuhrzoll auf Rindfleisch (Cuts ohne Knochen) liegt bei 12,8 Prozent + 303,40 €/100 kg.

10 BBC (2022). Tweet von @qikipedia der BBC-Wissensshow »Quite Interesting«, https://twitter.com/qikipedia/status/1577644786810441729?s=43&t=vsBZ6i2rCzgo9pqujrHTfg. Aufgerufen am 4.1.2024.

11 Bown, Chad P.; Irwin, Douglas A. (2019): Mainly Poor Countries Use Tariffs as a Major Source of Government Revenue. PIIE Charts. https://www.piie.com/research/piie-charts/mainly-poor-countries-use-tariffs-major-source-government-revenue. Aufgerufen am 20.12.2023.

12 Zolleinnahmen 2022 in Deutschland: 6,8 Milliarden Euro bei 896 Milliarden Euro Gesamtsteueraufkommen.

13 Daten für 2022, Zahlen von https://databank.worldbank.org/. Aufgerufen am 29.12.2023.

14 »Wenn sie sich nicht in Form bringen, würde ich aus der WTO austreten.«, Übersetzung der Autoren. Quelle: Bloomberg (2019): Trump Threatens to Pull U.S. Out of WTO If It Doesn't »Shape Up«. https://www.bloomberg.com/politics/articles/2018-08-30/trump-says-he-will-pull-u-s-out-of-wto-if-they-don-t-shape-up. Aufgerufen am 6.1.2024.

15 Santana, Roy (2017): 70th anniversary of the GATT. Stalin, the Marshall Plan, and the provisional application of the GATT 1947. Journal of Trade Law and Development. Volume 9. S. 1–20.

16 Eine vollständige Liste aller WTO-Mitglieder einschließlich des Beitrittsdatums ist abrufbar unter https://www.wto.org/english/thewto_e/whatis_e/tif_e/org6_e.htm. Für die GATT-Mitgliedschaft siehe https://www.wto.org/english/thewto_e/gattmem_e.htm. Beide aufgerufen am 4.1.2024.

17 Verhandelt dabei wurden Zollobergrenzen. Die tatsächlich angewandten Zollsätze können allerdings auch niedriger angesetzt werden, sofern dies meistbegünstigend geschieht. In der Praxis nutzen die meisten Staaten ihren verhandelten Zollspielraum weitestgehend aus, sodass sich die angewandten nicht zu sehr von den maximal zulässigen Zollsätzen unterscheiden.

18 Braml, Martin; Felbermayr, Gabriel (2018): Von der Ohnmacht zur Obsoleszenz? Die ungewisse Zukunft der WTO. ifo Schnelldienst. 71 (11). S. 3–6.

19 Siehe Jakubik, Adam; Keck, Alexander; Piermartini, Roberta (2023): Trade Policy Implications of Changing World: Tariffs and Import Market Power. IWF Working Paper 23/5. Das Argument ist, dass steigende Anteile an der Weltnachfrage eines Landes sinkende Zölle nach sich ziehen müssen, um Terms-of-Trade-Externalitäten zu internalisieren. Siehe dazu auch Bagwell, Kyle; Staiger, Robert W. (2011): What do trade negotiators negotiate about? Empirical evidence from the World Trade Organization. American Economic Review. 101 (4). S. 1238–1273.

20 Während des G7-Gipfels im Juni 2018 äußerte sich Trump allerdings dahingehend, dass sein Ziel die Eliminierung sämtlicher Zölle sei: »Ultimately that's what you want. You want a tariff free. You want no barriers. And you want no subsidies. Because you have some cases where countries are subsidizing industries and that's not fair.« Siehe https://www.cbsnews.com/pittsburgh/news/president-trump-g7-summit/. Aufgerufen am 17.1.2024.

21 Zollunionen wie die Europäische Union sehen eine Abschaffung der Zölle zwischen den Mitgliedern, die Einrichtung eines gemeinsamen Außenzolls und in weiterer Folge eine weitgehende Vergemeinschaftung der Außenhandelspolitik vor. Freihandelsabkommen sehen Handelserleichterungen zwischen den Mitgliedern vor, überlassen ihnen aber die Setzung von Zöllen gegenüber Drittstaaten.

22 Dass die IRA-Debatte vor allem aus der deutschen und französischen Perspektive geführt wird, zeigen Gründler, Klaus; Heil, Philipp; Potrafke, Niklas; Wochner, Timo (2023): Weltweite Experteneinschätzungen zu den Auswirkungen des US-Inflation Reduction Acts. Studie im Auftrag des Bundesministeriums der Finanzen. No. 138. ifo Forschungsberichte.

23 Siehe https://www.wto.org/english/news_e/news24_e/ds623rfc_28mar24_e.htm. Aufgerufen am 30.3.2024.

24 Quelle: Krugman, Paul (1997): What should trade negotiators negotiate about? Journal of Economic Literature 35 (1). S. 113–120. Übersetzung der Autoren.

25 Bagwell und Staiger leiten her, dass die inländische Zollpolitik eine negative Externalität für das Ausland aufgrund von Terms-of-Trade-Verschiebungen darstellt. Ohne Koordination droht ein suboptimales Nash-Gleichgewicht. Quellen: Bagwell, Kyle; Staiger, Robert W. (1999): An economic theory of GATT. American Economic Review 89.1.

S. 215–248. Bagwell, Kyle; Staiger, Robert W. (2003): The Economics of the World Trading System.

26 The Washington Post (2018): Trump has officially put more tariffs on U.S. allies than on China. https://www.washingtonpost.com/news/wonk/wp/2018/05/31/trump-has-officially-put-more-tariffs-on-u-s-allies-than-on-china/. Aufgerufen am 6.1.2024.

27 Die Zeit (2018): EU-Zölle: Harley-Davidson verlagert Produktion aus den USA. https://www.zeit.de/news/2018-06/25/eu-zoelle-harley-davidson-verlagert-produktion-aus-den-usa-180625-99-874735. Aufgerufen am 6.1.2023.

28 Ähnliches findet sich in noch älteren Gesetzestexten, zum Beispiel im Codex Hammurapi aus dem 18. Jahrhundert vor Christus.

29 Zum »Chicken War« gibt es ausführliche akademische Literatur. Siehe Ikenson, Dan (2003): Ending the »Chicken War«. The Case for Abolishing the 25 Percent Truck Tariff. https://www.cato.org/sites/cato.org/files/pubs/pdf/tbp-017.pdf. Aufgerufen am 17.1.2024.

30 In Anlehnung an die Europäische Gemeinschaft (EG), bis 1992 Vorgängerin der Europäischen Union.

31 Sekh, Lenore (2002): Trade Retaliation: The »Carousel« Approach. https://www.everycrsreport.com/files/20020305_RS20715_dbe616c8f12d16860ee8a39b88e9747ed299aca2.pdf. Aufgerufen am 9.1.2024.

32 EU-Kommission, Pressemitteilung vom 15.6.2021. https://ec.europa.eu/commission/presscorner/detail/en/ip_21_3001. Aufgerufen am 9.1.2024.

33 Braml, Martin (2020): Beggar-thy-neighbor or favor thy industry? An empirical review of transatlantic tariff retaliation. Ifo Working Paper No. 326.

34 Aus diplomatischen Gründen unterscheidet die EU seit 2017 nicht mehr zwischen Marktwirtschaften und Nichtmarktwirtschaften bei ihren Antidumpingmaßnahmen. Im Falle Chinas definiert die EU allerdings ganze Branchen, in denen sie von nichtmarktwirtschaftlichen Bedingungen ausgeht, sodass weiterhin die Antidumpingzölle ermittelt werden können wie im Fall von Nichtmarktwirtschaften. Siehe: Garcia-Herrero, Alicia; Wolff, Guntram; Xu, Jianwei; Poitiers, Nicolas; Felbermayr, Gabriel; Langhammer, Rolf; Liu, Wan-Hsin; Sandkamp, Alexander (2020): EU-China trade and investment relations in challenging times. Study for the European Parliaments Committee on International Trade. S. 24 ff.

35 Sandkamp, Alexander; Yalcin, Erdal (2016): Chinas Marktwirtschaftsstatus und die Anti-Dumping-Gesetzgebung der EU. Ifo Schnelldienst. 69 (4). S. 50–59. Und: Sandkamp, Alexander (2020): The trade effects of antidumping duties: Evidence from the 2004 EU enlargement. Journal of International Economics. 123. 103307.

36 Siehe https://ec.europa.eu/commission/presscorner/detail/en/ip_24_3231. Aufgerufen am 28.6.2024.

37 Siehe https://www.zdf.de/nachrichten/wirtschaft/china-autos-e-mobilitaet-konkurrenz-deutschland-100.html. Aufgerufen am 17.5.2024.

38 Die WTO bietet ein interaktives Dashboard an, auf dem unter anderem Antidumpingmaßnahmen aufgelistet werden: https://trade-remedies.wto.org/en/antidumping/investigations/measures/usa-a-441-801-1. Aufgerufen am 22.1.2024.

39 Siehe eine Beschreibung des Falls »DS512: Russia – Measures Concerning Traffic in Transit« unter https://www.wto.org/english/tratop_e/dispu_e/cases_e/ds512_e.htm. Aufgerufen am 13.1.2024.

40 Siehe Artikel 17 des Understanding on Rules and Procedures Governing the Settlement of Disputes (DSU). https://www.wto.org/english/docs_e/legal_e/28-dsu_e.htm#17. Aufgerufen am 13.1.2024.

41 Eine Liste der ursprünglichen Unterzeichner im Jahr 2020 kann hier abgerufen werden: https://docs.wto.org/dol2fe/Pages/FE_Search/FE_S_S009-DP.aspx?language=E&CatalogueIdList=263504. Japan trat im März 2023 bei: https://policy.trade.ec.europa.eu/news/eu-welcomes-japan-joining-dispute-settlement-arrangement-2023-03-10_en. Aufgerufen am 13.1.2024.

42 United States Trade Representative (2020). United States Report on the WTO Appellate Body. https://ustr.gov/sites/default/files/Report_on_the_Appellate_Body_of_the_World_Trade_Organization.pdf. Aufgerufen am 13.1.2024.

43 Mattoo, Aaditya; Staiger, Robert W. (2020): Trade wars: What do they mean? Why are they happening now? What are the costs? Economic Policy. Volume 35. Issue 103. Juli 2020. S. 561–584.

44 WTO (2023). World Tariff Profiles 2023. S. 14–25. https://www.wto.org/english/res_e/booksp_e/world_tariff_profiles23_e.pdf. Aufgerufen am 8.1.2024.

45 Zum aktuellen Stand der Ratifikation des CETA-Abkommens siehe https://www.consilium.europa.eu/en/documents-publications/treaties-agreements/agreement/?id=2016017. Aufgerufen am 17.1.2024.

46 European Commission, Directorate-General for Trade (2018): Evaluation of the implementation of the free trade agreement between the EU and its Member States and the Republic of Korea – Final report. S. 111f. https://op.europa.eu/en/publication-detail/-/publication/43612c84-ebf8-11ea-b3c6-01aa75ed71a1/language-en. Aufgerufen am 17.1.2024.

47 Benannt nach dem Verfassungsrechtler Ernst-Wolfgang Böckenförde (1930–2019): »Der freiheitliche, säkularisierte Staat lebt von Voraussetzungen, die er selbst nicht garantieren kann.«

48 Siehe https://www.economist.com/europe/2019/11/07/emmanuel-macron-warns-europe-nato-is-becoming-brain-dead. Aufgerufen am 2.6.2024.

49 Siehe Präsident Trumps Statement zum G7-Gipfel 2018: https://www.youtube.com/watch?v=-rL3P55X7Z8. Aufgerufen am 10.2.2024.

50 Daten der Weltbank (BIP pro Kopf, kaufkraftbereinigt, 2021). Aufgerufen am 18.1.2024.

51 Daten der Weltbank (Exporte, Nettoexporte, Saldo der Leistungsbilanz). Aufgerufen am 18.1.2024.

52 Spiegelbildliches gilt auch für den Faktor Arbelt: Beim grenzüberschreitenden Pendeln erhält ein inländischer Arbeitnehmer eine Entlohnung aus dem Ausland. Diese Entlohnung wird ebenfalls in der Primäreinkommensstatistik erfasst.

53 Theoriegeschichtlich erklärbar ist dies erst so richtig seit dem bahnbrechenden Aufsatz des US-amerikanischen Ökonomen Marc Melitz aus dem Jahr 2003, der anhand von Produktivitätsunterschieden bei Firmen darlegen kann, welche Firmen sich überhaupt nicht internationalisieren, welche exportieren und welche im Ausland Direktinvestitionen tätigen. Letztere sind die produktivsten Firmen. Siehe Melitz, Marc J. (2003): The impact of trade on intra industry reallocations and aggregate industry productivity. Econometrica. 71 (6). S. 1695–1725.

54 Zahlen der Deutschen Bundesbank.

55 Die praktische Erfassung von Importen und Exporten ist dennoch

fehlerbehaftet. Diskrepanzen ergeben sich durch unterschiedliche Buchungsmethodiken, zum Beispiel ob Fracht- und Versicherungskosten dem Warenwert zugerechnet werden. Darüber hinaus gibt es auch illegalen Handel (Schmuggel) oder die Umgehung von Kapitalverkehrskontrollen und Gewinnverschiebung, die die Statistiken verzerren. Auch Umsatzsteuerhinterziehung kann eine Rolle spielen: Die Autoren zeigen, dass die EU im Jahr 2018 einen logisch unmöglichen Handelsüberschuss mit sich selbst in den amtlichen Statistiken ausweist. Dieser ist mit 307 Milliarden Euro gewaltig und beträgt rund 1,9 Prozent des EU-BIP. Siehe Braml, Martin; Felbermayr, Gabriel (2022): The EU self-surplus puzzle: An indication of VAT fraud? International Tax and Public Finance. 29.5. S. 1075–1097.

56 Positiver formuliert kann dahinter aber auch eine fiskalisch restriktive Ausrichtung des Staates stehen, denn auch das Staatsdefizit ist geeignet, inländische Ersparnis zu absorbieren und damit den Leistungsbilanzsaldo zu drücken.

57 In einer Studie für die Bertelsmann Stiftung haben sich die Autoren eingehender mit der Frage beschäftigt, wie ein außenwirtschaftliches Gleichgewicht als staatspolitisches Ziel zu interpretieren ist. Siehe Braml, Martin; Felbermayr, Gabriel (2022): Außenwirtschaftliches Gleichgewicht im 21. Jahrhundert. https://www.bertelsmann-stiftung.de/de/publikationen/publikation/did/aussenwirtschaftliches-gleichgewicht-im-21-jahrhundert. Aufgerufen am 10.2.2024.

58 Sinn, Hans-Werner (2012): Die Target-Falle. Gefahren für unser Geld und unsere Kinder.

59 Hünnekes, Franziska; Konradt, Maximilian; Trebesch, Christoph; Schularick, Moritz; Wingenbach, Julian (2019): Exportweltmeister: The Low Returns on Germany's Capital Exports. Kieler Arbeitspapiere. 2133.

60 Gemäß Daten von Eurostat. Eigene Auswertung.

61 Siehe https://www.consilium.europa.eu/de/policies/sanctions/restrictive-measures-against-russia-over-ukraine/sanctions-against-russia-explained/. Aufgerufen am 10.2.2024.

62 Von Weizsäcker, Carl Christian; Krämer, Hagen (2019): Sparen und Investieren im 21. Jahrhundert.

63 Dazu müssen die Produktionsfaktoren merklich unterausgelastet sein. Dies gilt im Lehrbuchfall einer keynesianischen Nachfragekrise. In einer angebotsrestringierten Welt, die von hoher Inflation gekennzeichnet ist, liegt eine solche Unterauslastung in der Regel nicht vor. Dann wirkt eine Erhöhung der Staatsaktivität zusätzlich inflationär, weil der Staat mit der privaten Nachfrage um knappe Ressourcen auf dem Markt konkurriert. Es findet eine Verdrängung des privaten Konsums und der privaten Investitionen statt, ohne dass sich das BIP merklich verändert.

64 Braml, Martin; Felbermayr, Gabriel; Wilbert, Lucia (2018): Exportieren Länder mit Leistungsbilanzüberschüssen Arbeitslosigkeit? ifo Schnelldienst. 71. 16. S. 20–25.

65 Rodrik, Dani (2011): The Globalization Paradox. Democracy and the Future of the World Economy. S. 47 ff..

66 Autor, D.; Dorn, D.; Hanson, G. (2003): The China Syndrome. Local Labor Market Effects of Import Competition in the United States. American Economic Review. 103 (6). S. 2121–2168.

67 Daten der US Federal Reserve Bank of St. Louis. https://fred.stlouisfed.org/series/MANEMP. Aufgerufen am 4.2.2024.

68 Benannt nach dem niederländischen Wirtschaftsnobelpreisträger Jan Tinbergen (1903–1994), nach dem jedes wirtschaftspolitische Ziel mindestens ein linear unabhängiges Instrument benötigt. Einfach gesprochen bedeutet das, dass es nicht effizient ist, zwei oder mehr Fliegen mit einer Klappe zu schlagen.

69 Zahlen des Statistischen Bundesamts für 2022.

70 Siehe Lighthizer, Robert (2023): No Trade Is Free. Changing Course, Taking on China, and Helping America's Workers. S. 3–6.

71 Siehe dazu etwa Berry, Steven; Levinsohn, James; Pakes, Ariel (1999): Voluntary Export Restraints on Automobiles. Evaluating a Trade Policy. American Economic Review 89 (3). S. 400–430.

72 Siehe https://ustr.gov/about-us/policy-offices/press-office/press-releases/2024/may/us-trade-representative-katherine-tai-take-further-action-china-tariffs-after-releasing-statutory. Aufgerufen am 19.5.2024.

73 Siehe https://www.tagesschau.de/ausland/juncker-trump-109.html. Aufgerufen am 13.2.2024.

74 Braml, Martin; Felbermayr, Gabriel (2019): What do we really know about the transatlantic current account? CESifo Economic Studies. 65 (3). S. 255–274.

75 Reuters (2018): »Enough excuses!« France's Le Maire grows impatient over GAFA tax. https://www.reuters.com/article/us-eu-tax-digital-france/enough-excuses-frances-le-maire-grows-impatient-over-gafa-tax-idUSKCN1MS1AM/. Aufgerufen am 4.1.2024.

76 Tome 1 de l'annexe Voies et moyens annexée au projet de loi de finances pour 2023. S. 32. https://www.budget.gouv.fr/documentation/file-download/18981. Aufgerufen am 13.2.2024.

77 Das Akronym GAFA meint die Firmen Google, Amazon, Facebook und Apple. Quelle: Reuters (2020): Macron and Trump declare truce in digital tax dispute. https://www.reuters.com/article/idUSKBN1ZJ24D/. Aufgerufen am 3.1.2024.

78 Siehe https://www.investing.com/news/stock-market-news/us-five-european-countries-extend-truce-over-digital-taxes-until-mid2024-3305315. Aufgerufen am 16.2.2024.

79 Siehe https://www.youtube.com/watch?v=-cNRUGGRrgk, Minute 1:46. Aufgerufen am 17.3.2024.

80 Siehe Lighthizer, Robert (2023): No Trade Is Free. Changing Course, Taking on China, and Helping America's Workers. S. 217.

81 Ursprungsregeln verhindern unter Teilnehmern von Freihandelszonen, dass Waren aus einem Drittstaat zollfrei zwischen diesen gehandelt werden. Beispielsweise treibt Kanada Freihandel sowohl mit der EU (CETA) als auch mit den USA (NAFTA/USMCA). Die USA und die EU hingegen haben kein vergleichbares Abkommen. Um zu verhindern, dass Waren von der EU zollfrei nach Kanada und von dort ebenfalls zollfrei in die USA gelangen, gibt es Ursprungsregeln. Danach müssen sich Waren, die zollfrei im Rahmen eines Freihandelsabkommens gehandelt werden, durch ihren Ursprung qualifizieren. Kanadische Exporteure müssen daher nachweisen, dass es tatsächlich kanadische Wertschöpfung ist, die sie zollfrei in die USA beziehungsweise die EU exportieren. Dies behindert internationale Wertschöpfungsketten, schafft Bürokratiekosten und senkt den Wert von Freihandelsabkommen. Ohne sie könnten Länder allerdings de facto keine eigenständige Handelspolitik mehr verfolgen.

82 Ebenda. S. 220.

83 Siehe USMCA Agreement. 4-B-1-28. https://ustr.gov/sites/default/files/files/agreements/FTA/USMCA/Text/04%20Rules%20of%20Origin.pdf. Aufgerufen am 17.3.2024.

84 Siehe Bown, Chad (2018): The five surprising things about the new USMCA trade agreement. https://cepr.org/voxeu/blogs-and-reviews/five-surprising-things-about-new-usmca-trade-agreement. Aufgerufen am 13.2.2024.

85 Siehe https://www.economist.com/the-americas/2024/03/12/could-there-be-a-us-mexico-trade-war. Aufgerufen am 17.3.2024.

86 Torres, Luis; Jayashankar, Aparna (2023): Mexico awaits »nearshoring« shift as China boosts its direct investment. https://www.dallasfed.org/research/swe/2023/swe2303. Aufgerufen am 17.3.2024.

87 Siehe https://edition.cnn.com/2024/03/16/politics/trump-bloodbath-auto-industry-election/index.html. Aufgerufen am 17.3.2024

88 Siehe https://www.politico.com/story/2016/06/donald-trump-trans-pacific-partnership-224916. Aufgerufen am 11.2.2024.

89 Das TPP-Abkommen wurde ursprünglich zwischen zwölf pazifischen Anrainerstaaten verhandelt und 2016 unterzeichnet: Australien, Brunei, Chile, Japan, Kanada, Malaysia, Mexiko, Neuseeland, Peru, Singapur, Vietnam und die USA. Es trat jedoch nie in Kraft.

90 Aichele und Felbermayr haben das Abkommen für die Bertelsmann Stiftung evaluiert und gefunden, dass das reale Pro-Kopf-Einkommen in den USA um circa zwei Prozent steigen und in China um circa 0,1 Prozent fallen würde. Siehe: Aichele, Rahel; Felbermayr, Gabriel (2015): The Trans-Pacific Partnership Deal (TPP). What are the economic consequences for in- and outsiders? Ifo Studie für die Bertelsmann-Stiftung. https://www.bertelsmann-stiftung.de/fileadmin/files/BSt/Publikationen/GrauePublikationen/Economic_Effects_of_TPP_IFO_GED.pdf.

91 Das Abkommen heißt nun CPTPP (Comprehensive and Progressive Agreement for Trans-Pacific Partnership).

92 Siehe https://www.gov.uk/government/collections/the-uk-and-the-comprehensive-and-progressive-agreement-for-trans-pacific-partnershipcptpp#:~:text=Contents&text=The%20UK%20concluded%20negotiations%20to,the%20second%20half%20of%202024. Aufgerufen am 11.2.2024.

93 Siehe https://www.aph.gov.au/Parliamentary_Business/Committees/Joint/Foreign_Affairs_Defence_and_Trade/CPTPPMembership/Report/section?id=committees%2Freportjnt%2F024826%2F78218#:~:text=China%20notified%20New%20Zealand%20of,on%20whether%20to%20commence%20negotiations. Aufgerufen am 11.2.2024.

94 Safeguard-Maßnahmen sind nach WTO-Recht erlaubte handelsbeschränkende Maßnahmen (Zölle oder Einfuhrmengenbegrenzungen), die zeitlich befristet nach einem vorausgegangenen transparenten Verfahren verhängt werden dürfen, um eine Industrie zu schützen, die von einem signifikanten und plötzlichen Importanstieg getroffen wird.

95 Bei einem Quotenzoll werden unterschiedliche Zollsätze auf gehandelte Mengen erhoben. Im Beispiel der Waschmaschinen sah der Zollplan im ersten Jahr vor, dass auf die ersten 1,2 Millionen importierten Waschmaschinen der Zollsatz 20 Prozent betragen soll und darüber hinaus 50 Prozent. Siehe https://ustr.gov/about-us/policy-offices/press-office/press-releases/2018/january/president-trump-approves-relief-us. Aufgerufen am 17.3.2024.

96 Siehe https://english.bdi.eu/media/themenfelder/aussenwirtschaftspolitik/publikationen/Table__BDI__Trade_Conflict_U.S.-China__March_2020.pdf. Aufgerufen am 19.5.2024.

97 Siehe außerdem für eine Diskussion der Zollinzidenz: Amiti, Mary; Redding, Stephen J.; Weinstein, David E. (2021): Who's Paying for the US Tariffs? A Longer-Term Perspective. AEA Papers and Proceedings 2020. 110. S. 541–546. Sowie: Fajgelbaum, Pablo; Goldberg, Pinelopi; Kennedy, Patrick J.; Khandelwal, Amit K. (2020): The Return to Protectionism. The Quarterly Journal of Economics. 135. S. 1–55.

98 Braml, Martin; Steininger, Marina (2019): Giving Away Wealth? Trade Effects of the Yuan Devaluation. In: CESifo Forum. Vol. 20. No. 4. S. 32–35.

99 Siehe https://www.ers.usda.gov/publications/pub-details/?pubid=102979. Aufgerufen am 23.3.2024.

100 Siehe https://ustr.gov/sites/default/files/files/agreements/phase%20one%20agreement/US_China_Agreement_Fact_Sheet.pdf. Aufgerufen am 23.3.2024.

101 Siehe https://www.piie.com/research/piie-charts/us-china-phase-one-tracker-chinas-purchases-us-goods. Aufgerufen am 23.3.2024.

102 1971 führte Richard Nixon einen zehnprozentigen Zollaufschlag auf alle zu verzollenden Waren ein, 1977 führte Jimmy Carter eine Mengenbeschränkung für Schuhimporte ein, 1981 übte Ronald Reagan Druck auf Japan aus, sogenannte freiwillige Exportbeschränkungen auf Automobile einzuführen, 2002 führte George W. Bush Zölle auf Stahl ein, und 2009 verhängte Barack Obama 35 Prozent Zoll auf chinesische Reifen. Siehe Amiti, Mary; Redding, Stephen J.; Weinstein, David E. (2019): The Impact of the 2018 Tariffs on Prices and Welfare. Journal of Economic Perspectives. 33 (4). S. 187–210.

103 Siehe Lighthizer, Robert (2023): No Trade Is Free. Changing Course, Taking on China, and Helping America's Workers. S. 89–110.

104 Siehe Farrell, Henry; Newman, Abraham (2019): Weaponized Interdependence. How Global Economic Networks Shape State Coercion. International Security 44 (1). S. 42–79. https://doi.org/10.1162/isec_a_00351.

105 Im Deutschen Reich starben in der Periode 1914 bis 1918 rund 800.000 Menschen infolge von Unterernährung. In der Zeit von 1939 bis 1945 starben rund 600.000 Menschen infolge alliierter Bombenangriffe (bei größerer Gesamtbevölkerung). Siehe Corni, Gustavo (2009): Hunger. In: Hirschfeld, Gerhard; Krumeich, Gerd; Renz, Irina (Hg.): Enzyklopädie Erster Weltkrieg. S. 565; Weidenbach, Bernhard (2021): Zivile Luftkriegstote der deutschen Bevölkerung während des Zweiten Weltkrieges. Statista-Online vom 12.1.2021. Abrufbar unter https://de.statista.com/statistik/daten/studie/1089481/umfrage/zivile-luftkriegstote-der-deutschen-bevoelkerung-waehrend-des-zweiten-weltkrie-ges/#:~:text=Der%20Einsatz%20von%20Bomben%20durch,600.000%20deutsche%20Zivilisten%20das%20Leben. Aufgerufen am 25.3.2024.

106 Siehe Wolf, Nikolaus (2021): Deutschland in der ersten Globalisierung. 101. Jahrgang. Heft 4. S. 254–258. https://www.wirtschaftsdienst.eu/inhalt/jahr/2021/heft/4/beitrag/deutschland-in-der-ersten-globalisierung.html. Aufgerufen am 31.3.2024.

107 Siehe Martin, Philippe; Mayer, Thierry; Thoenig, Mathias (2008): Make Trade Not War? Review of Economic Studies. 75 (3). S. 865–900.

108 Siehe https://www.theguardian.com/commentisfree/2020/jul/04/why-do-muslim-states-stay-silent-over-chinas-uighur-brutality. Aufgerufen am 10.4.2024.

109 Siehe Braml, Martin; Felbermayr, Gabriel (2022): Außenwirtschaftliches Gleichgewicht im 21. Jahrhundert. https://www.bertelsmann-stiftung.de/de/publikationen/publikation/did/aussenwirtschaftliches-gleichgewicht-im-21-jahrhundert. Aufgerufen am 10.2.2024.

110 Siehe https://www.statista.com/statistics/1201743/russian-gas-dependence-in-europe-by-country/. Aufgerufen am 25.3.2024.

111 Siehe https://www.srf.ch/news/international/gaslieferant-russland-so-abhaengig-ist-die-schweiz-von-putins-gas. Aufgerufen am 25.3.2024.

112 Siehe Smith, Adam (1776): The Wealth of Nations. 4. Buch. Kapitel 2. https://www.marxists.org/reference/archive/smith-adam/works/wealth-of-nations/book04/ch02.htm. Aufgerufen am 24.3.2024.

113 Siehe https://www.nzz.ch/wirtschaft/das-ausland-zweifelt-an-der-schweizer-ruestungsbranche-die-industrie-fuerchtet-um-ihre-zukunft-ld.1759479. Aufgerufen am 9.4.2024.

114 Siehe https://ourworldindata.org/children-saved-global-health. Aufgerufen am 7.5.2024.

115 Dazu existiert reichhaltige Literatur; siehe beispielsweise Hegre, Håvard (2014): Democracy and armed conflict. Journal of Peace Research. 51 (2). S. 159–172. https://doi.org/10.1177/0022343313512852.

116 Siehe https://www.euronews.com/2024/03/03/russia-likely-suffered-at-least-355000-casualties-in-ukraine-war-uk-mod. Aufgerufen am 21.5.2024.

117 Siehe unter anderem https://www.economist.com/briefing/2023/05/11/how-soon-and-at-what-height-will-chinas-economy-peak und https://www.economist.com/graphic-detail/2023/06/07/when-will-chinas-gdp-overtake-americas. Aufgerufen am 9.4.2024.

118 Blackwill, Robert D.; Harris, Jennifer M. (2016): War by Other Means: Geoeconomics and Statecraft. https://doi.org/10.2307/j.ctt1c84cr7.

119 Siehe https://www.nzz.ch/nzzas/nzz-am-sonntag/erster-weltkrieg-ein-krieg-um-brot-ld.116482. Aufgerufen am 1.4.2024.

120 Der deutsche Bundesfinanzminister Christian Lindner (*1979) gab im Jahr 2017 das Ende einer Koalitionsbildung zwischen CDU/CSU, Bündnis 90/Die Grünen und der FDP mit den mittlerweile geflügelten Worten bekannt: »Es ist besser, nicht zu regieren, als falsch zu regieren.«

121 Siehe dazu auch das Gutachten »Leitplanken zur Verstärkung der Versorgungssicherheit« des wissenschaftlichen Beirats beim Bundesministerium für Wirtschaft und Klimaschutz aus dem Jahr 2023. https://www.bmwk.de/Redaktion/DE/Downloads/Wissenschaftlicher-Beirat/wissenschaftlicher-beirat-presseerklaerung-versorgungssicherheit-gutachten.pdf?__blob=publicationFile&v=6. Aufgerufen am 23.5.2024.

122 Siehe Brunnermeier, Markus (2021): Die resiliente Gesellschaft: Wie wir künftige Krisen besser meistern können.

123 Siehe https://www.ifo.de/pressemitteilung/2022-11-22/viele-industriefirmen-senken-gasverbrauch-ohne-produktion-zu-drosseln. Aufgerufen am 2.4.2024.

124 Siehe Bachmann, Ruediger; Baqaee, David; Bayer, Christian; Kuhn, Moritz; Löschel, Andreas; Moll, Benjamin; Peichl, Andreas; Pittel, Karen; Schularick, Moritz (2022): What if? The economic effects for Germany of a stop of energy imports from Russia. No. 028. ECONtribute Policy Brief.

125 Siehe https://www.boeckler.de/pdf/PM_imk_2022_05_09.pdf. Aufgerufen am 1.4.2024.

126 Siehe https://www.prognos.com/de/projekt/lieferausfall-russischen-gases-folgen-fuer-die-deutsche-industrie. Aufgerufen am 22.5.2024.

127 Zahlen der Bundesnetzagentur.

128 Benannt nach dem russisch-amerikanischen Ökonomen Wassily W. Leontief (1905–1999), der unter anderem starre Input-Output-Verhältnisse untersuchte und für seine Arbeiten im Jahr 1973 mit dem Nobelpreis geehrt wurde.

129 Siehe die Talkshow »Anne Will« vom 26.3.2022.

130 Siehe Braml, Martin; Teti, Feodora; Aichele, Rahel (2020): Apotheke der Welt oder am Tropf der Weltwirtschaft? Deutschlands Außenhandel auf dem Markt für Arzneien und medizinische Ausrüstungen. ifo Schnelldienst. 73. 05. S. 35–42.

131 Die Handelsstatistik weist dabei allerdings folgende Schwächen auf: Zum einen ist der Detailgrad der Güterklassifikation unterschiedlich granular, sodass ein Produkt weiter gefasst sein kann (im Sinne einer Kategorie) oder sehr spezifisch, was die Vergleichbarkeit erschwert. In jedem Fall aber werden Güter zum Beispiel anhand ihrer Wirkstoffe definiert, das heißt wirkstoffgleiche Medikamente werden zusammengefasst, auch wenn sich das einzelne Medikament unterscheiden kann. Die Handelsstatistik unterscheidet auch nicht hinsichtlich der Dosierung. Dies sei vorangestellt, da einzelne Medikamente nicht gleichzusetzen sind mit den hier definierten Produkten (die allerdings einen guten Ausgangspunkt für Substitutionsfähigkeit bilden). Zum anderen bildet sie indirekte Lieferkettenbeziehungen durch Weiterverarbeitungen nicht ab.

132 Siehe https://www.economist.com/finance-and-economics/2024/01/25/the-false-promise-of-friendshoring. Aufgerufen am 27.4.2024.

133 Artikel XIII GATT gibt das Ziel aus, Quoten so zu administrieren, dass die Handelsanteile den Marktanteilen entsprächen, die sich ohne Quote einstellen würden. Dies ist praktisch kaum umzusetzen, weil die Marktanteile unter Freihandel nicht beobachtbar sind und deren Abschätzung starke Annahmen voraussetzt. Die Aufteilung der Quote kann auch durch Zustimmung der exportierenden Länder erfolgen, was mächtigen Importeuren einen erheblichen Politikspielraum gibt.

134 Siehe https://www.reuters.com/article/idUSKCN1TE2HU/. Aufgerufen am 17.5.2024.

135 Siehe https://www.spiegel.de/wirtschaft/unternehmen/corona-krise-vw-richtet-sich-auf-bau-von-medizintechnik-ein-a-061b3503-2310-45c9-b7c6-cbcd78f97fd9. Aufgerufen am 13.4.2024.

136 Siehe Baur, Andreas; Flach, Lisandra (2024): Zeitenwende in den deutsch-chinesischen Handelsbeziehungen? Ergebnisse einer aktuellen Unternehmensbefragung. ifo Schnelldienst digital. 5. Nr. 4. S. 1–5.

137 Siehe https://www.sueddeutsche.de/meinung/china-derisking-decoupling-1.5946671. Aufgerufen am 27.4.2024.

138 Siehe Flach, Lisandra; Yotov, Yoto; Larch, Mario; Braml, Martin; Gröschl, Jasmin; Teti, Feodora; Steininger, Marina; Schneider, Georg (2020): Die volkswirtschaftlichen Kosten der Sanktionen in Bezug auf Russland. Ifo Studie. https://www.ifo.de/publikationen/2020/monographie-autorenschaft/die-volkswirtschaftlichen-kosten-der-sanktionen-bezug. Aufgerufen am 27.4.2024.

139 Siehe https://www.youtube.com/watch?v=0fzJlkUXfio, ab Minute 35. Aufgerufen am 29.4.2024.

140 Zahlen des statistischen Bundesamtes. Siehe https://www.destatis.de/DE/Presse/Pressemitteilungen/2024/05/PD24_N020_46_51.html#:~:text=Exportiert%20wurden%2058%2C0%20%25%20mehr,von%2012%2C6%20Milliarden%20Euro. Aufgerufen am 6.5.2024.

141 Daten der Weltbank: https://data.worldbank.org/indicator/NV.IND.MANF.ZS?locations=FR.

142 Als »Holländische Krankheit« oder »Resource Curse/Ressourcenfluch« bezeichnet man in der Volkswirtschaftslehre ein Phänomen, wonach die Entdeckung von Rohstoffen zu wirtschaftlichen Problemen führt. Das trat unter anderem in den Niederlanden nach der Exploration von Erdgasvorkommen in den 1960er-Jahren auf. Dabei kam es zu Lohnsteigerungen, getrieben durch den Erdgassektor, die wiederum die anderen Sektoren ihrer Wettbewerbsfähigkeit beraubten. Hinzu traten Effekte der Währungsaufwertung. Das plötzliche Auftreten neuer komparativer Vorteile führte damit zu wirtschaftlichen Verwerfungen, gegen die staatliche Interventionen weitestgehend machtlos waren.

143 Siehe Beason, Dick; Patterson, Dennis (2012): The Japan that never was. Explaining the rise and decline of a misunderstood country.

144 Siehe Evenett, Simon; Jakubik, Adam; Martin, Fernando; Ruta, Michele (2024): The Return of Industrial Policy in Data. IMF Working Paper 24/1. https://www.imf.org/-/media/Files/Publications/WP/2024/English/wpiea2024001-print-pdf.ashx.

145 Als Sunk Cost Fallacy bezeichnet man einen Fehlschluss im Zusammenhang mit versunkenen Kosten. Versunkene Kosten sollten für die Zukunft nicht mehr entscheidungsrelevant sein, dennoch ist häufig zu beobachten, dass bloß aufgrund bereits getätigter Investitionen ein Projekt zu Ende geführt wird, obwohl der Abbruch trotz versunkener Kosten günstiger wäre.

146 Siehe Ali, Mohammed; Shah, Iqbal (2000): Sanctions and Childhood Mortality in Iraq. The Lancet 355 (9218). S. 1851–1857. https://doi.org/10.1016/S0140-6736(00)02289-3.

147 Syropoulos, Constantinos; Felbermayr, Gabriel; Kirilakha, Aleksandra; Yalcin, Erdal; Yotov, Yoto V. (2024): The Global Sanctions Data Base – Release 3: COVID-19, Russia, and multilateral sanctions. Review of International Economics 32 (1). S. 12–48. https://doi.org/10.1111/roie.12691.

148 Dai, Mian; Felbermayr, Gabriel; Kirilakha, Aleksandra; Syropoulos, Constantinos; Yalcin, Erdal; Yotov, Yoto (2021): Timing the Impact of Sanctions on Trade. In: Bergeijk, Peter (Hg.) (2021): Research Handbook on Economic Sanctions.

149 Die Freiheit des Dienstleistungshandels, des Kapitalverkehrs und die Personenfreizügigkeit sind in der Eurasischen Wirtschaftsunion hingegen weiterhin deutlich schwächer ausgeprägt als in der EU. Für Details siehe etwa https://www.chathamhouse.org/2022/07/what-eurasian-economic-union. Aufgerufen am 26.5.2024.

150 Siehe https://www.ihk.de/duesseldorf/presse/pressearchiv/wirtschaftstag-kasachstan-in-der-ihk-duesseldorf-5782184 oder https://www.ihk.de/duesseldorf/system/veranstaltungssuche/vstdetail-antrago/5438946/15816?terminId=15816. Aufgerufen am 6.5.2024.

151 Siehe Flach, Lisandra (2024): De-Risking – aber effizient. Folie 9. https://www.bundesregierung.de/resource/blob/975228/2282830/efdb01c8281d615a93e05266aa864b27/2025-05-14-konferenz-flach-data.pdf?download=1. Aufgerufen am 29.5.2024.

152 Siehe https://www.reuters.com/world/us-issues-hundreds-sanctions-targeting-russia-takes-aim-chinese-companies-2024-05-01/. Aufgerufen am 6.5.2024.

153 Siehe dazu eine Studie im Auftrag des Europäischen Parlaments aus dem Jahr 2020: https://www.europarl.europa.eu/thinktank/en/document/EXPO_STU(2020)653618. Aufgerufen am 5.5.2024.

154 Brunnermeier, Markus;Doshi, Rush; James, Harold (2018): Beijing's Bismarckian Ghosts: How Great Powers Compete Economically. The Washington Quarterly. 41 (3). S 161 – 176. https://doi.org/10.1080/0163660X.2018.1520571.

155 Nach Zahlen von UN-Comtrade. HS-4-Digit-Codes 8541 und 8542 beziehungsweise 2709.

156 Siehe https://blogs.lse.ac.uk/cff/2022/09/01/is-chinas-semiconductor-strategy-working/ und https://merics.org/en/report/mapping-chinas-semiconductor-ecosystem-global-context-strategic-dimensions-and-conclusions. Aufgerufen am 5.5.2024.

157 Siehe https://www.reuters.com/article/idUSKCN1SL2QX/. Aufgerufen am 7.5.2024.

158 Siehe https://www.pillsburylaw.com/en/news-and-insights/china-tightens-technology-export-control-rules.html. Aufgerufen am 7.5.2024.

159 Siehe https://www.worldhistory.org/article/2183/the-textile-industry-in-the-british-industrial-rev/. Aufgerufen am 7.5.2024.

160 Siehe https://hls-dhs-dss.ch/de/articles/048308/2006-11-17/. Aufgerufen am 7.5.2024.

161 Siehe Behling, Klaus (2007): Hightech-Schmuggler im Wirtschaftskrieg. Wie die DDR das Embargo des Westens unterlief.

162 Siehe https://commission.europa.eu/strategy-and-policy/priorities-2019-2024/stronger-europe-world/eu-us-trade-and-technology-council_en. Aufgerufen am 6.5.2024.

163 Er verwendete diesen Begriff im Zusammenhang mit der Entscheidung des Deutschen Fußballbunds, einen Sponsorenvertrag mit Nike und nicht mit Adidas abzuschließen. Siehe https://table.media/berlin/news-ber/wirtschaft-habeck-ruft-zu-standortpatriotismus-auf/. Aufgerufen am 13.5.2024.

164 Es gibt in dem Sinne keine rechtliche Norm für »made in Germany«, dafür einige Präzedenzfälle, bei denen eine irreführende Verwendung gerichtlich festgestellt wurde. Siehe https://www.ihk-muenchen.de/de/Service/Internationalisierung/Exportdokumente-Zoll-Exportkontrolle/Zoll-allgemein/Herkunftsbezeichnung-Made-in-Germany/#:~:text=Das%20Siegel%20%27Made%20in%20Germany,Kunden%20und%20betreibt%20unlauteren%20Wettbewerb. Aufgerufen am 13.5.2024.

165 Siehe https://www.bundesbank.de/resource/blob/798330/1ff610c6dea42ce4b49b4ce070f3541b/mL/methodische-erlaeuterungen-direktinvestitionen-data.pdf. Aufgerufen am 13.5.2024.

166 Gemeint sind die Nicht-EU- und Nicht-EFTA-Staaten.

167 Siehe https://www.bmwk.de/Redaktion/DE/Artikel/Aussenwirtschaft/investitionspruefung.html. Aufgerufen am 15.5.2024.

168 Siehe Fuest, Clemens; Hugger, Felix; Sultan, Samina; Xing, Jing (2022): What drives Chinese overseas M&A investment? Evidence from micro data. Review of International Economics 30. S. 306–344.

169 Siehe Martin Braml als Gast im Podcast »Beyond The Obvious« von Daniel Stelter vom 16.5.2021. https://bto.podigee.io/76-neue-episode. Aufgerufen am 17.5.2024.

170 Siehe https://investors.biontech.de/de/news-releases/news-release-details/biontech-gibt-update-zu-status-der-impfstoffproduktion-der/. Aufgerufen am 16.5.2024.

171 Diese Information stammt ebenfalls vom nachfolgend zitierten WTO-Rechtler Alan O. Sykes während eines Seminars im Jahr 2019 an der Stanford University, an dem einer der Autoren persönlich teilnahm.

172 Siehe Sykes, Alan (2021): The Law and Economics of »Forced« Technology Transfer and Its Implications for Trade and Investment Policy (and the U.S.–China Trade War). Journal of Legal Analysis. Vol. 3. Issue 1. 2021. S. 127–171. https://doi.org/10.1093/jla/laaa007.

173 Siehe Lighthizer, Robert (2023): No Trade Is Free. Changing Course, Taking on China, and Helping America's Workers. S. 193–194.

174 In Artikel 2.2 des Abkommens heißt es lediglich: »Neither Party shall require or pressure persons of the other Party to transfer technology to its persons in relation to acquisitions, joint ventures, or other investment transactions.« Damit ist nicht gesagt, dass der Joint-Venture-Zwang aufgehoben wäre. Siehe https://ustr.gov/sites/default/files/files/agreements/phase%20one%20agreement/Economic_And_Trade_Agreement_Between_The_United_States_And_China_Text.pdf. Aufgerufen am 17.5.2024.

175 Zahlen der Unctad.

176 Siehe https://www.gleisslutz.com/de/aktuelles/mandate-kanzlei-news/gleiss-lutz-erringt-sieg-fuer-deutschen-investor-investitionsschiedsverfahren-gegen-den-staat-turkmenistan. Aufgerufen am 16.5.2024.

177 Siehe https://www.cuatrecasas.com/resources/fortun-619d1dce2edf5121749027.pdf?v1.74.0.20240418. Aufgerufen am 16.5.2024.

178 Siehe Braml, Martin; Felbermayr, Gabriel (2016): Internationaler Investitionsschutz. Die Fakten. ifo Schnelldienst. 69. Nr. 23. S. 23–28. https://www.ifo.de/publikationen/2016/aufsatz-zeitschrift/internationaler-investitionsschutz-die-fakten.

179 Siehe für einen Überblick Felbermayr, Gabriel; Sandkamp, Alexander; Liu, Wan-Hsin; Goldbeck, Moritz (2019): Megatrends im Welthandel: Die neue Seidenstraße – Wachstumsregion zwischen Europa und Asien. Ifo Studie im Auftrag der bayerischen IHKs. https://www.ifo.de/publikationen/2019/monographie-autorenschaft/megatrends-im-welthandel-die-neue-seidenstrasse. Aufgerufen am 18.5.2024.

180 Siehe einen Reisebericht entlang des Karakorum-Highways vom August 2023 von Martin Braml auf Twitter/X: https://x.com/martinbraml/status/1692868905658683730?s=43&t=vsBZ6i2rCzgo9pqujrHTfg. Aufgerufen am 18.5.2024.

181 Siehe Brunnermeier, Markus; Doshi, Rush; James, Harold (2018): Beijing's Bismarckian ghosts: How great powers compete economically. The Washington Quarterly. 41 (3). S. 161–176.

182 Siehe https://www.ifw-kiel.de/de/publikationen/aktuelles/neue-seidenstrasse-china-muss-immer-haeufiger-seine-schuldner-retten/. Aufgerufen am 18.5.2024.

183 Siehe https://www.zeit.de/2021/17/montenegro-china-europa-schulden-autobahn-handelsroute sowie https://www.dw.com/de/prestigeprojekt-autobahn-montenegros-deal-mit-china/a-66590595 und https://www.ardmediathek.de/video/dokus-und-reportagen/re-prestigeprojekt-autobahn/hr-fernsehen/Y3JpZDovL2hyLW9ubGluZS8xOTU2ODU. Aufgerufen am 18.5.2024.

184 Siehe https://www.pewresearch.org/global/2023/07/27/views-of-china/. Aufgerufen am 18.5.2024.

185 Siehe https://www.csis.org/analysis/what-chinas-ban-rare-earths-processing-technology-exports-means. Aufgerufen am 18.5.2024.

186 Siehe Flach, Lisandra; Teti, Feodora; Gourevich, Isabella; Scheckenhofer, Lisa; Grandum, Leif (2022): Wie abhängig ist Deutschland von Rohstoffimporten? Eine Analyse für die Produktion von Schlüsseltechnologien. Ifo Studie. https://www.ifo.de/publikationen/2022/monographie-autorenschaft/wie-abhaengig-ist-deutschland-von-rohstoffimporten.

187 Siehe https://www.tagesschau.de/wirtschaft/technologie/northvolt-natrium-ionen-batterien-energiewende-nachhaltigkeit-elektroautos-100.html. Aufgerufen am 18.5.2024.

188 Siehe https://www.bmwk.de/Redaktion/DE/Pressemitteilungen/2022/05/20220522-habeck-reist-zum-weltwirtschaftsforum-nach-davos.html. Aufgerufen am 2.6.2024.

189 Siehe Living Planet Index unter https://ourworldindata.org/grapher/global-living-planet-index. Aufgerufen am 20.5.2024.

190 Es wird geschätzt, dass über 90 Prozent des Plastikeintrags in die Weltmeere durch lediglich zehn Flüsse geschehen. Acht davon liegen Asien, zwei in Afrika. Siehe https://www.ufz.de/index.php?de=36336&webc_pm=34/2017. Aufgerufen am 20.5.2024.

191 Siehe https://www.tagesschau.de/wissen/erderwaermung-copernicus-100.html. Aufgerufen am 20.5.2024.

192 Präambel der Allgemeinen Erklärung der Menschenrechte. Siehe https://www.ohchr.org/en/human-rights/universal-declaration/translations/german-deutsch?LangID=ger. Aufgerufen am 20.5.2024.

193 Benannt nach dem US-amerikanischen Psychologen Abraham Maslow (1908–1970). Sein Konzept adressiert nicht gesellschaftliche Präferenzen, sondern fokussiert lediglich auf das Individuum.

194 Für Zahlen zum Umweltbewusstsein in Deutschland siehe https://www.umweltbundesamt.de/themen/nachhaltigkeit-strategien-internationales/umweltbewusstsein-in-deutschland#:~:text=Der%20Schutz%20von%20Umwelt%20und%20%E2%81%A0Klima%E2%81%A0%20ist%20f%C3%BCr,allerdings%20ein%20leichter%20R%C3%BCckgang%20ab. Aufgerufen am 20.5.2024.

195 Siehe https://www.bmel.de/DE/themen/wald/wald-in-deutschland/carlowitz-jahr.html. Aufgerufen am 20.5.2024.

196 Die korrekten Antagonismen sind Marktwirtschaft und Planwirtschaft sowie Kapitalismus und Sozialismus. Ersteres bezieht sich auf die Art der Zuteilung von Ressourcen und Gütern, entweder basierend auf freien Preisen (Markt) oder zentral zugeteilt durch staatliche Planungsbüros. Kapitalismus und Sozialismus dagegen meinen die Eigentümerstruktur des produktiven Kapitals, das entweder in privaten oder gemeinschaftlichen Händen liegen kann. Die Forderung, gewisse Dinge »der Marktlogik zu entziehen«, zielt in der Regel darauf ab, marktwirtschaftliche Preismechanismen auszusetzen.

197 Siehe Shapiro, Josef S. (2021): The environmental bias of trade policy. The Quarterly Journal of Economics. 136 (2). S. 831–886.

198 Diese Forderung erhoben die Autoren bereits in einer Studie für die Bertelsmann Stiftung. Siehe Braml, Martin; Felbermayr, Gabriel (2022): Außenwirtschaftliches Gleichgewicht im 21. Jahrhundert. https://www.bertelsmann-stiftung.de/de/publikationen/publikation/did/aussen-wirtschaftliches-gleichgewicht-im-21-jahrhundert. Aufgerufen am 10.2.2024.

199 Siehe https://digitalcommons.law.byu.edu/cgi/viewcontent.cgi?article=3351&context=lawreview. Aufgerufen am 2.6.2024.

200 Eine erste Arbeit dazu ermittelte diesen Punkt bei einem Pro-Kopf-Einkommen von 8000 US-Dollar (Veröffentlichung 1995). Siehe Grossman, Gene; Krueger, Alan (1995): Economic growth and the environment, The Quarterly Journal of Economics. 110. 2. S. 353–377.

201 Siehe Uchiyama, Katsuhisa (2016): Environmental Kuznets curve hypothesis. S. 31–45.

202 Nur CO_2-Emissionen aus fossilen Energieträgern und der Industrie. Daten von »Our World in Data«. Siehe https://ourworldindata.org/grapher/co-emissions-per-capita?country=-CHN. Aufgerufen am 21.5.2024.

203 Siehe Antweiler, Werner; Copeland, Brian; Taylor, Scott (2001): Is free trade good for the environment? American Economic Review. 91 (4). S. 877–908.

204 Siehe Shapiro, Joseph; Walker, Reed (2018): Why is pollution from US manufacturing declining? The roles of environmental regulation, productivity, and trade. American Economic Review 108. 12. S. 3814–3854.

205 Zur sogenannten Pollution-Haven-Theorie siehe unter anderem: Copeland, Brian (1994): International trade and the environment. Policy reform in a polluted small open economy. Journal of Environmental Economics and Management. 26 (1). S. 44–65. Sowie: Copeland, Brian; Taylor, Scott (1994): North-south trade and the environment. The Quarterly Journal of Economics. 109 (3), S. 755–787.

206 Siehe Aichele, Rahel; Felbermayr, Gabriel (2012): Kyoto and the carbon footprint of nations. Journal of Environmental Economics and Management. 63 (3). S. 336–354.

207 Noch nicht veröffentlicht.

208 Siehe https://www.iea.org/energy-system/transport/international-shipping. Aufgerufen am 23.5.2024.

209 Siehe Norman, Maya; Schlenker, Wolfram (2024): Empirical tests of the green paradox for climate legislation. NBER Working Paper 32405.

210 Siehe Smith, Adam (1776): The Wealth of Nations. 4. Buch. Kapitel 2. https://www.marxists.org/reference/archive/smith-adam/works/wealth-of-nations/book04/ch02.htm. Aufgerufen am 24.3.2024.

211 Siehe Braml, Martin; Felbermayr, Gabriel (2022): The EU self-surplus puzzle: An indication of VAT fraud? International Tax and Public Finance 29. 5. S. 1075–1097.

212 Siehe https://taxation-customs.ec.europa.eu/carbon-border-adjustment-mechanism_en. Aufgerufen am 23.5.2024.

213 Siehe Staiger, Robert W. (2021): A world trading system for the twenty-first century. NBER Working Paper Series No. 28947.

214 Siehe dazu ein Gutachten des Wissenschaftlichen Beirats beim Bundesministerium für Wirtschaft und Klimaschutz aus dem Jahr 2021. https://www.bmwk.de/Redaktion/DE/Publikationen/Ministerium/Veroeffentlichung-Wissenschaftlicher-Beirat/gutachten-co2-grenzausgleich.html. Aufgerufen am 24.5.2024.

215 Siehe https://climate.ec.europa.eu/eu-action/eu-emissions-trading-system-eu-ets/emissions-cap-and-allowances_en. Aufgerufen am 23.5.2024.

216 Die Ausarbeitung solcher Regeln ist eine Herausforderung. Wenn ein Land keine CO_2-Bepreisung vornimmt, aber über unterschiedliche CO_2-intensive Formen der Stromerzeugung verfügt, entsteht die Gefahr, dass für die Exporte systematisch CO_2-armer Strom verwendet, für den heimischen Konsum aber umso CO_2-reicherer Strom eingesetzt wird.

217 Siehe das Carbon Pricing Dashboard der Weltbank. https://carbonpricingdashboard.worldbank.org/compliance/instrument-detail. Aufgerufen am 23.5.2024.

218 Siehe Shapiro, Joseph (2016), Trade costs, CO_2, and the environment. American Economic Journal: Economic Policy. 8 (4). S. 220–54.

219 Siehe Nordhaus, William (2015): Climate clubs. Overcoming free-riding in international climate policy. American Economic Review. 105 (4). S. 1339–1370.

220 Siehe https://icapcarbonaction.com/en/ets. Aufgerufen am 26.5.2024.

221 Allein schon der Begriff »Klimaclub« weckt in vielen ehemaligen westlichen (vor allem britischen) Kolonien unangenehme Erinnerungen, waren »Clubs« vor Ort doch oft Versammlungen der Kolonialherren.

222 Siehe https://www.bmwk.de/Redaktion/DE/Pressemitteilungen/2022/12/20221212-gemeinsame-pressemitteilung-von-bundeskanzleramt-und-bundesministerium-fur-wirtschaft-und-klimaschutz-g7-grundet-klimaclub.html. Aufgerufen am 26.5.2024.

223 Siehe https://fashionunited.de/v1/leads/wieder-tote-bei-grossfeuer-in-textilfabrik/201211262969. Aufgerufen am 26.5.2024.

224 Siehe https://www.bpb.de/kurz-knapp/hintergrund-aktuell/268127/vor-fuenf-jahren-textilfabrik-rana-plaza-in-bangladesch-eingestuerzt/. Aufgerufen am 26.5.2024.

225 Pazifisten lehnen oftmals den Dienst an der Waffe ab und begründen dies damit, dass das Töten von anderen Menschen grundsätzlich nicht ihrer ethischen Gesinnung entspricht, unter keinen Umständen. Verantwortungsethisch könnte man dagegen argumentieren, dass das durch den Pazifismus ausgestrahlte Signal an einen potenziellen Feind gerade eine Einladung darstellt, Krieg zu führen und anzugreifen. Die Folgen des Pazifismus wären damit sogar ein Mehr an Krieg. Der in Kapitel 2 zitierte lateinische Ausdruck »si vis pacem, para bellum«

(wenn du Frieden willst, rüste zum Krieg) zeugt dagegen von einer verantwortungsethischen Herangehensweise, denn entscheidend ist dabei das Handlungsziel (Frieden).

226 Siehe https://lehrerfortbildung-bw.de/u_gewi/religion-rk/gym/bp2016/fb6/2_gewissen/1_phil/4_weber/. Aufgerufen am 26.5.2024.

227 Siehe https://www.welt.de/politik/deutschland/article165632182/Entscheidend-ist-was-hinten-rauskommt.html. Aufgerufen am 26.5.2024.

228 Siehe https://data.worldbank.org/?locations=IN-PK-BD-LK. Aufgerufen am 26.5.2024.

229 Siehe https://www.gesetze-im-internet.de/lksg/__2.html. Aufgerufen am 27.5.2024.

230 Siehe https://www.ifo.de/pressemitteilung/2021-06-11/firmen-buerokratischen-aufwand-lieferkettengesetz. Aufgerufen am 27.5.2024.

231 Siehe https://www.roedl.de/themen/nachhaltigkeit-csr/sorgfaltspflicht-gesetz-entwurf-lieferkette-schutz-menschenrechte-verantwortung. Aufgerufen am 27.5.2024.

232 Siehe https://www.iwkoeln.de/presse/iw-nachrichten/galina-kolev-schaefer-adriana-neligan-katastrophale-folgen-fuer-entwicklungslaender.html. Aufgerufen am 27.5.2024.

233 Siehe ebenda sowie https://www.statista.com/statistics/987683/bangladesh-garment-share-total-exports/. Aufgerufen am 27.5.2024.

234 Siehe https://www.europarl.europa.eu/news/en/press-room/20240419IPR20585/due-diligence-meps-adopt-rules-for-firms-on-human-rights-and-environment. Aufgerufen am 27.5.2024.

235 Siehe https://ourworldindata.org/grapher/human-rights-index-vdem?tab=table. Aufgerufen am 27.5.2024.